Reading 泛读中世纪 丛书
THE Medieval AGE
—— 广泛探索 轻松阅读 ——

LOST HEIRS OF THE MEDIEVAL CROWN
The Kings and Queens Who Never Were

J. F. Andrews

失落的王冠
中世纪英格兰盛期的王位继承战

[英]J.F.安德鲁斯 著

张三天 译

上海社会科学院出版社
SHANGHAI ACADEMY OF SOCIAL SCIENCES PRESS

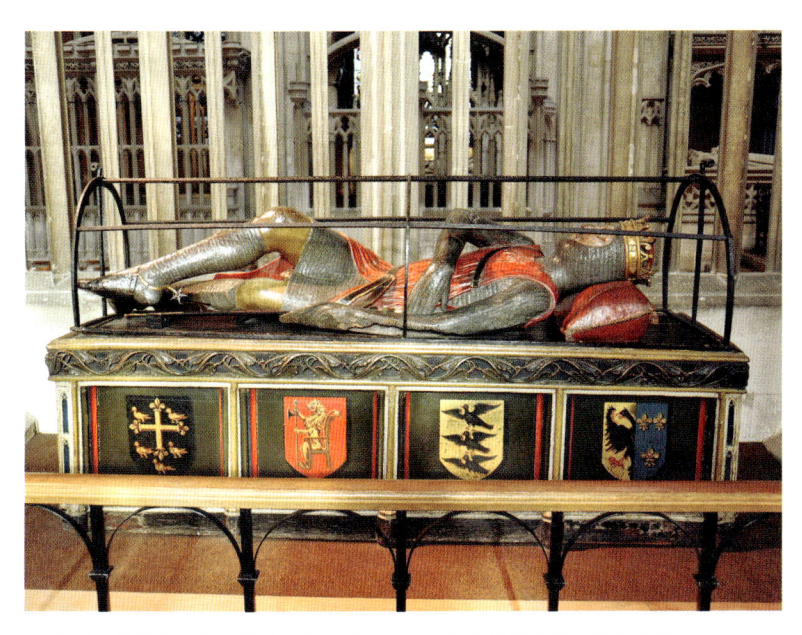

图 1 罗贝尔·柯索斯（Robert Curthose）位于格洛斯特大教堂（Gloucester Cathedral）之墓（Wikimedia Commons，Nilfanion. 按照知识共享许可协议翻印）

图 2　罗贝尔·柯索斯的系谱图
（British Library, MS Royal 20 A II, fol. 5v）

图 3　卡迪夫堡（Cardiff Castle，Pixabay）

图 4　纪尧姆·克利托（William Clito）的陵墓雕像（Wikimedia Commons，公共版权）

图 5　亨利一世和"白船"（*White Ship*, British Library, MS Royal 20 A II, fol. 6v）

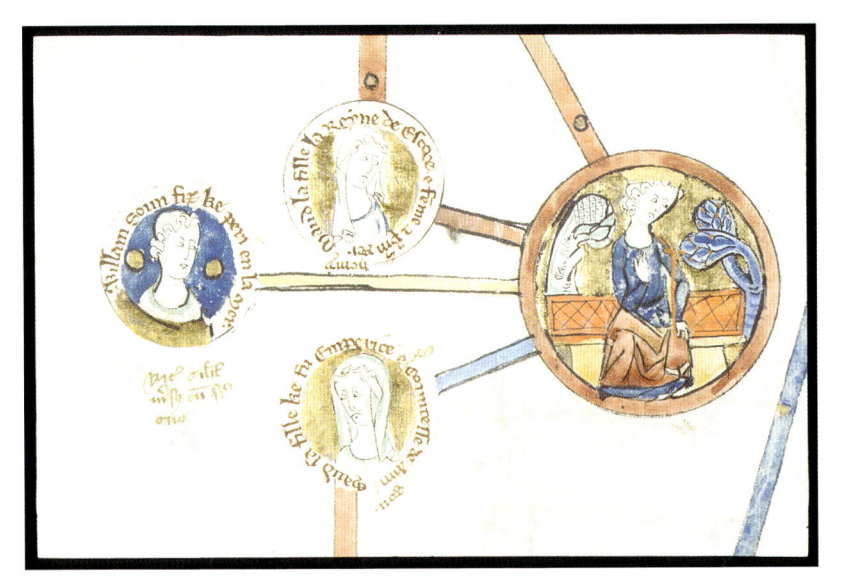

图 6　亨利一世及其合法婚姻所组建的家庭
（British Library, MS Royal 14 B V, membrane 5）

图 7　阿伦德尔堡（Arundel Castle, Pixabay）

图 8 国王斯蒂芬（King Stephen, British Library, MS Royal 20 A II, fol. 7r）

图 9 威斯敏斯特教堂（Westminster Abbey，Pixabay）

图 10 "幼王"亨利(Henry the Young King, British Library, MS Royal 14 C VII, fol. 9r)

图 11　位于手抄本页边的王冠图片（British Library, MS Royal 13 EVI, fol. 1r）

图 12　科夫堡（Corfe Castle, Pixabay）

图 13 爱德华三世（Edward III）和"黑太子"
（the Black Prince，British Library, MS Royal 20 D X, fol. 28r）

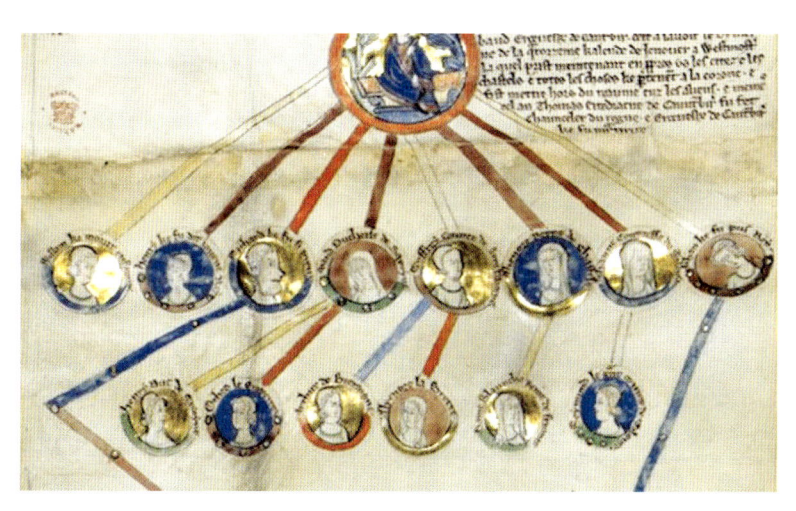

图 14 布列塔尼的亚瑟(Arthur of Brittany)的系谱树
(British Library, MS Royal 14 B Ⅵ, membrane 6)

图 15 "黑太子"(British Library, MS Stowe 594, fol. 14r)

图 16 爱德华三世的后裔系谱（British Library, MS Harley 7353，右上部分）

图 17 桑德尔堡(Sandal Castle, Julian Humphrys)

图 18 米克盖特门(Micklegate Bar, Wikimedia Commons, Harry Mitchell. 按照知识共享许可协议翻印)

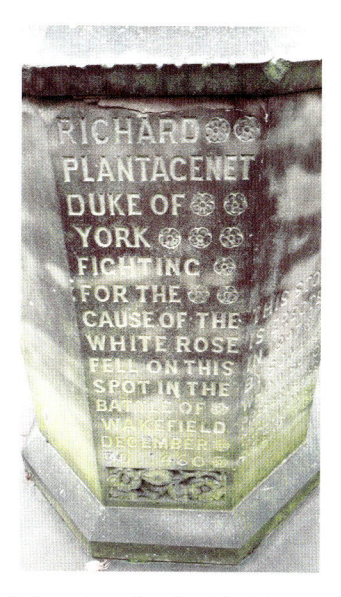

图 19　约克公爵理查（Richard, Duke of York）的纪念石碑（Julian Humphrys）

图 20　图克斯伯里修道院（Tewkesbury Abbey，Julian Humphrys）

图 21　系谱表（British Library, MS Royal 15 E VI, fol. 3r）

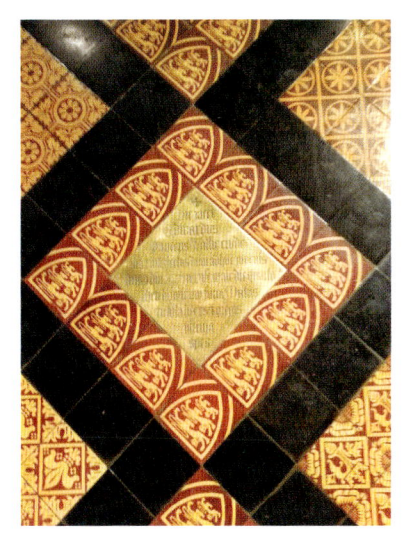

图 22　用以纪念兰开斯特的爱德华（Edward of Lancaster）葬身之地的牌匾（Julian Humphrys）

图 23　勒德洛堡（Ludlow Castle，Julian Humphrys）

图 24 米德尔赫姆堡（Middleham Castle，Julian Humphrys）

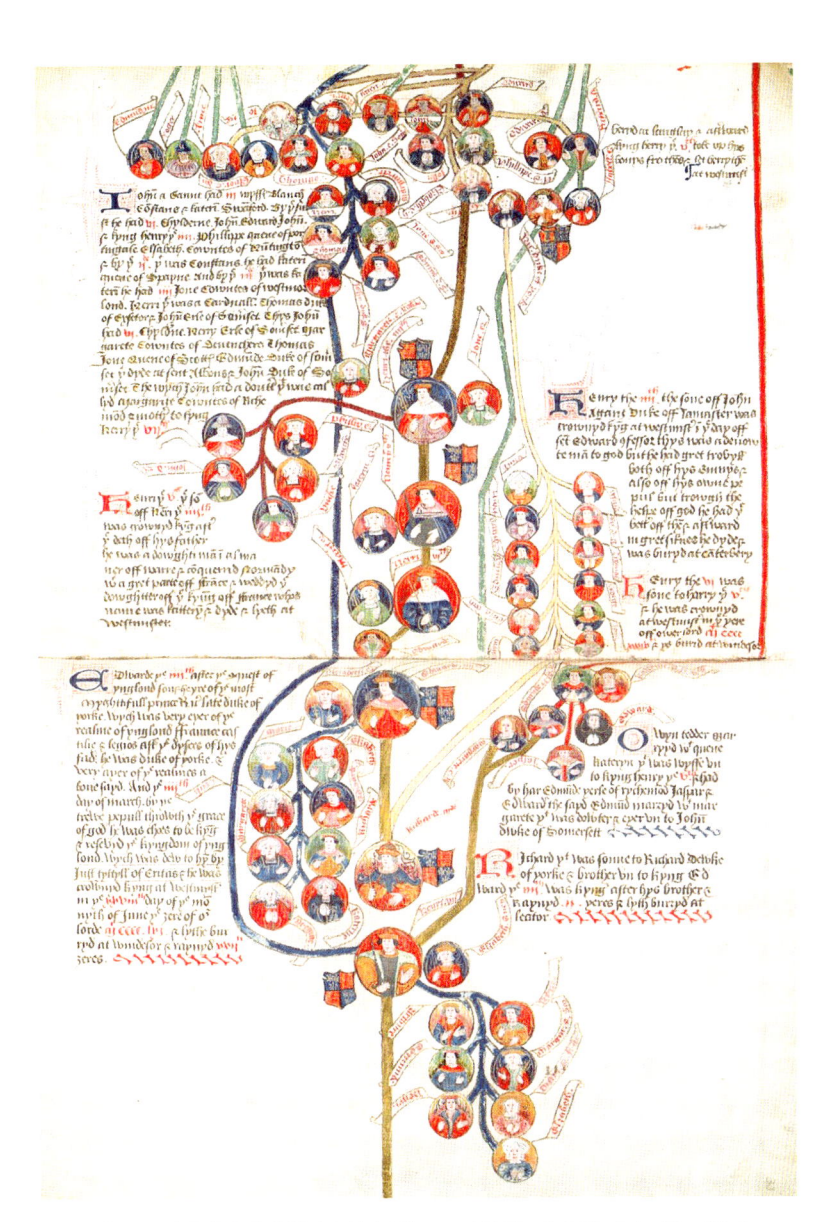

图 25　玫瑰战争的系谱（British Library, MS King's 395, fols. 32v–33r）

献给我的儿子和继承者，祝他好运

目录
Contents

缩略语列表   *1*

引　言   *001*

第一章　罗贝尔·柯索斯和纪尧姆·克利托   *003*

第二章　威廉·阿德林和皇后玛蒂尔达   *028*

第三章　布洛瓦的尤斯塔斯、威廉和玛丽   *052*

第四章　"幼王"亨利   *068*

第五章　布列塔尼的亚瑟和埃莉诺   *089*

第六章　"黑太子"爱德华   *110*

第七章　埃德蒙·莫蒂默   *132*

第八章　约克公爵理查   *150*

第九章　兰开斯特的爱德华   *174*

第十章　爱德华五世、米德尔赫姆的爱德华和沃里克的爱德华   *196*

延伸阅读精选   *222*

缩略语列表

AB　　贝蒂讷（Béthune）的匿名作者，《诺曼底公爵和英格兰国王列传》(*Histoire des ducs de Normandie et des rois d'Angleterre*)，F. 米歇尔（F. Michel）编辑（巴黎：1840）

Arrivall　　《爱德华四世登陆英格兰及最终从亨利六世手中夺回王国史，公元1471年》(*Historie of the Arrivall of Edward IV in England and the Final Recoverye of his Kingdoms from Henry VI, A. D. M.CCCC.LXXI*)，约翰·布鲁斯（John Bruce）编辑［伦敦：卡姆登协会（Camden Society），1838］

AU　　《阿斯克的亚当的编年史，公元1377—1421年》(*The Chronicle of Adam of Usk, AD 1377–1421*)，爱德华·莫德·汤姆森（Edward Maunde Thompson）翻译［伦敦：亨利·弗劳德（Henry Frowde），1904；仿古重印。费林法奇（Felinfach）：拉奈克（Llanerch），1990］

CC　　《克劳兰德编年史续篇》(*The Crowland Chronicle Continuations*)，尼古拉斯·布罗尼（Nicholas Pronay）和约翰·考克斯（John Cox）编辑［伦敦：理查三世协会（Richard III Society）和约克派历史信托会（Yorkist History Trust），1986］

CH　　《钱多斯·赫勒德："黑太子"的一生》("Chandos Herald: The Life of the Black Prince")，出自《"黑太子"的生平和战斗》(*Life and Campaigns of the Black Prince*)，理查·巴伯（Richard Barber）编辑和翻译［伍德布里奇（Woodbridge）：

	博伊戴尔和布鲁尔（Boydell and Brewer），1986］，第84—139页
CWR	《玫瑰战争编年史》（The Chronicles of the Wars of the Roses），伊丽莎白·哈勒姆（Elizabeth Hallam）编辑，理查·莫蒂默（Richard Mortimer）等翻译［戈德尔明（Godalming）：布拉姆利图书（Bramley Books），1996］
Froissart	让·傅华萨（Jean Froissart），《编年史》（Chronicles），杰弗里·布里尔顿（Geoffrey Brereton）翻译（伦敦：企鹅经典，1978）
GB	《杰弗里·勒·贝克：编年史》（"Geoffrey le Baker: Chronicle"），出自《"黑太子"的生平和战斗》，理查·巴伯编辑和翻译（伍德布里奇：博伊戴尔和布鲁尔，1986），第41—38页和第60—82页
GC	坎特伯雷的杰维斯（Gervase of Canterbury），《坎特伯雷的杰维斯的历史作品集》（The Historical Works of Gervase of Canterbury），W. 斯塔布斯（W. Stubbs）编辑，2卷本［伦敦：卷宗丛刊（Rolls Series），1879—1880］
GH	《国王亨利二世传，修道院院长本尼迪克特：亨利二世和理查一世王朝史，公元1169—1192年》（Gesta Regis Henrici Secundi Benedicti Abbatis: The Chronicle of the Reigns of Henry II and Richard I, AD 1169–1192），W. 斯塔布斯编辑，2卷本（伦敦：卷宗丛刊，1867）
GHQ	《亨利五世传》（Gesta Henrici Quinti: The Deeds of Henry the Fifth），弗兰克·泰勒（Frank Taylor）和约翰·S. 罗斯凯尔（John S. Roskell）编辑和翻译［牛津：克拉伦登（Clarendon），1975］
Grafton, Cont.	理查·格拉夫顿（Grafton, Richard），《英格兰史续篇，始于约翰·哈丁停笔的部分》（A Continuacion of the Chronicle

	of England Begynnyng where John Hardyng Left），出自《约翰·哈丁编年史》（*The Chronicle of John Hardyng*），H. 埃利斯（H. Ellis）编辑（伦敦，1812），第 431—607 页
Grafton, *Hist.*	理查·格拉夫顿，《格拉夫顿的英格兰编年史》（*Grafton's Chronicle of History of England*），2 卷本（伦敦，1809）
Gregory	《威廉·格雷戈里的伦敦编年史》（"William Gregory's Chronicle of London"），出自《一个伦敦市民的史料收藏》（*The Historical Collections of a Citizen of London*），詹姆斯·盖尔德纳（James Gairdner）编辑（伦敦：卡姆登协会，1876），第 55—239 页
GS	《斯蒂芬传》（*Gesta Stephani*），K. R. 波特（K. R. Potter）编辑和翻译，R. H. C. 戴维斯（R. H. C. Davis）做注和做引言，"牛津中世纪文献"（Oxford Medieval Texts，牛津：克拉伦登，1976）
GW	威尔士的杰拉尔德（Gerald of Wales），《论王子的教育》（*On the Instruction of Princes*），约瑟夫·斯蒂文森（Joseph Stevenson）翻译［伦敦：西利（Seeleys），1858；仿古重印，费林法奇：拉奈克，1991］
Hardyng	《约翰·哈丁编年史》，H. 埃利斯编辑（伦敦，1812）
HH	亨廷顿的亨利（Henry of Huntingdon），《英格兰民族史，1100—1154》（*The History of the English People 1000–1154*），戴安娜·格林韦（Diana Greenway）翻译，"牛津世界经典"（Oxford World's Classics，牛津：牛津大学出版社，2002）
HWM	《威廉·马歇尔传》（*History of William Marshal*），A. J. 霍顿（A. J. Holden）、S. 格雷戈里和 D. 克劳奇（D. Crouch）编辑和翻译，3 卷本（伦敦：盎格鲁-诺曼文本研究会，2002—2006）

JB	《让·勒·贝尔的真实编年史，1290—1360》(*The True Chronicles of Jean le Bel, 1290–1360*)，奈杰尔·布莱恩特（Nigel Bryant）翻译（伍德布里奇：博伊戴尔，2015）
JF	《乔丹·范特索姆编年史》(*Jordan Fantosme's Chronicle*)，R. C. 约翰逊编辑和翻译（牛津：克拉伦登出版社，1981）
JS	《索尔兹伯里的约翰的教宗史》(*The* Historia Pontifcalis *of John of Salisbury*)，玛乔里·奇布诺尔（Marjorie Chibnall）编辑和翻译［伦敦：纳尔逊父子（Nelson and Sons），1956］
JW	伍斯特的约翰（John of Worcester），《伍斯特的弗洛伦斯编年史的两篇续作》(*The Chronicle of Florence of Worcester with Two Continuations*)，托马斯·福雷斯杰（Thomas Forester）翻译［伦敦：亨利·G. 博恩（Henry G. Bohn），1854］
Mancini	多米尼克·曼奇尼（Dominic Mancini），《理查三世的篡位》(*The Usurpation of Richard III*)，C. A. J. 阿姆斯特朗（C. A. J. Armstrong）编辑和翻译［格洛斯特（Gloucester）：艾伦·萨顿（Alan Sutton），1984］
Margam	《马格姆年鉴》(The Annals of Margam)，收录于《修道院年鉴》(*Annales Monastici*)，H. R. 卢亚德编辑，5 卷本（伦敦：卷宗丛刊，1864—1869），卷 1
MP	马修·帕里斯（Matthew Paris），《圣奥尔本斯修道院的马修·帕里斯，英吉利史》(*Matthaei Parisiensis Monachi Sancti Albani, Historia Anglorum*)，F. 马登（F. Madden）编辑，3 卷本（伦敦：卷宗丛刊，1865—1869）
ODNB	《牛津国家人物传记大辞典》(*Oxford Dictionary of National Biography*)，线上版本，www.oxforddnb.com
OV	奥德里克·维塔利斯（Orderic Vitalis），《奥德里克·维塔

	利斯教会史》(*The Ecclesiastical History of Orderic Vitalis*)，玛乔里·奇布诺尔编辑和翻译，6卷本，"牛津中世纪文献"(牛津：克拉伦登，1968—1980)
Paston	《帕斯顿信札，公元1422—1509年》(*The Paston Letters 1422-1509 AD*)，詹姆斯·盖尔德纳编辑，3卷本［爱丁堡：约翰·格兰特（John Grant），1910］
Rcaen	《卡昂的拉尔夫的〈坦克雷德传〉：第一次十字军东征中的诺曼人史》(*The Gesta Tancredi of Ralph of Caen: A History of the Normans on the First Crusade*)，伯纳德·S. 巴克拉克和戴维·S. 巴克拉克（Bernard S. Bachrach and David S. Bachrach）翻译［奥尔德肖特（Aldershot）：阿什盖特（Ashgate），2005］
Rcog	克格索尔的拉尔夫（Ralph of Coggeshall），《克格索尔的拉尔夫的英格兰编年史》(*Radulphi de Coggeshall Chronicon Anglicanum*)，J. 斯蒂文森编辑（伦敦：卷宗丛刊，1875）
RH	豪登的罗杰（Roger of Howden），《豪登的罗杰年鉴》(*The Annals of Roger of Hoveden*)，亨利·T. 莱利（Henry T. Riley）翻译，2卷本（伦敦：亨利·博恩，1853；仿古重印，费林法奇：拉奈克，1997）
RT	罗伯特·德·特里尼（Robert de Torigni），《罗伯特·德·蒙特编年史》(*The Chronicles of Robert de Monte*)，约瑟夫·斯蒂文森翻译（伦敦：西利，1856；仿古重印，费林法奇：拉奈克，1991）
RW	温多弗的罗杰（Roger of Wendover），《温多弗的罗杰的历史之花》(*Roger of Wendover's Flowers of History*)，J. A. 贾尔斯（J. A. Giles）翻译，2卷本（伦敦：亨利·G. 博恩，1849；仿古重印，费林法奇：拉奈克，1995—1996）
TW	托马斯·沃尔辛厄姆（Thomas Walsingham），《圣奥尔本

斯编年史：托马斯·沃尔辛厄姆大编年史》(*The St Alban's Chronicle: The Chronica Maiora of Thomas Walsingham*)，J. 泰勒（J. Taylor）、W. 查尔兹（W. Childs）和 L. 沃基斯（L. Watkiss）编辑，2 卷本（牛津：牛津大学出版社，2003—2011）

Wace　《诺曼人史：韦斯的〈罗曼·德·鲁〉》(*The History of the Norman People: Wace's* Roman de Rou)，格林·S. 伯吉斯（Glyn S. Burgess）翻译（伍德布里奇：博伊戴尔，2004）

WB　布列塔尼的威廉（William the Breton），《腓力》(*Philippide*)，收录于《布列塔尼的里格尔和纪尧姆的作品集》(*Oeuvres de Rigord et de Guillaume le Breton*)，卷 2，H. F. 德拉博尔德（H. F. Delaborde）编辑［巴黎：雷奈德（Renouard），1882］

WM, *Chron.*　马姆斯伯里的威廉（William of Malmesbury），《英格兰国王编年史》(*Chronicle of the Kings of England*)，J. A. 贾尔斯翻译（伦敦：亨利·G. 博恩，1847）

WM, *Hist.*　马姆斯伯里的威廉，《新历史》(*Historia Novella*)，K. R. 波特编辑和翻译，"纳尔逊中世纪文献"（Nelson Medieval Texts，伦敦：纳尔逊父子，1995）

　　原本用拉丁语、古法语或盎格鲁-诺曼语所写的引文已经尽可能地从已出版的英文译本中摘录了，那些只能找到原语言版本的引文由笔者翻译成英文。笔者已经用现代的拼写方式改写了引自中古英语的引文。

引 言

"征服者"威廉(William the Conqueror)于1087年9月9日去世。他对英格兰的铁腕统治差不多持续了21年,彻底摧毁了旧贵族阶层,给王国内的大部分地区造成了难以言说的苦难和伤害。他于1066年以武力夺得王位,但是,他并不希望自己的去世带来另一次黑斯廷斯①,或者盎格鲁-撒克逊王朝的复兴;不,他想要创建自己的盎格鲁-诺曼王朝,完全凭借血统来统治英格兰。出于这种考虑,他明确表示英格兰王位应该传给他的儿子……他的次子。

在这一问题上,他的长子自然有自己的心思,由此开启了长达4个世纪的血腥纠纷,英国君主制的世袭脉络因而被篡改,扭曲变形,并在1485年金雀花王朝最后一位国王战败后彻底中断。历史是由胜利者书写的,但每一场权力的游戏都有失败者,他们的故事引人入胜,让这段多姿多彩的历史更为丰富和深刻了。如果国王约翰(King John)没有谋害自己岁数不大的侄子,他本不该坐上王位,按照继承顺序,他的侄子本会成为英格兰的第一位国王亚瑟②;亨利五世(Henry V)的父亲要

---

① 此处指黑斯廷斯(Hastings)之战,即"征服者"威廉战胜盎格鲁-撒克逊王朝的最后一位君主的战役。——译者注(如无特别说明,本书脚注皆为译者注)
② 国王约翰的侄子名为亚瑟(Arthur),若按照继承顺序本该成为国王亚瑟,此处也是借用传说中的不列颠国王"亚瑟王"的典故,而且此前的英国君主中没有叫作亚瑟的。

是没有通过篡位和杀害堂兄的方式夺得王位，他永远不会出现在阿金库尔①；而倘若没有约克家族和兰开斯特家族这两个劲敌在玫瑰战争期间的血腥对抗，对于一个名为埃德蒙（Edmund）的小男孩而言，生活也不会变得那么险象环生。

  本书将会讲述上面所有人的故事，甚至更多；有很多中世纪时期本该成为国王——偶尔也有女王——的人却未能成为。本书中描绘了一群与众不同的人：其中并不包含那些本就不可能获得统治权的私生子，或那些企图入侵和通过征服占领来夺得王位的人（如于1216年采取这类行动的法兰西的路易王子），或那些不相干的骗子，比如兰伯特·西姆内尔（Lambert Simnel），他牵强地伪装成了沃里克伯爵（earl of Warwick）爱德华，这位爱德华的英年早逝就是我们故事的结尾。反之，本书聚焦于那些确确实实被视为下一任王位继承者的人和那些有望加冕却在各种不同原因的影响下而未能登顶的人。他们中只有极少数人活到暮年；那些活到暮年的人要么心灰意冷地进了坟墓，要么终身被囚禁而亡，而那些没能活到暮年的人大多数都成了暴力或谋杀的受害者。

  每个章节都会以一张简化的家谱开篇，由此可以阐明我们提及的每位"失落的继承人"和前任君主的关系，以及他们为什么期望自己能坐上王位。接着，我们会探讨他们未能达成最终目标的原因。请读者们注意，接下来要讲述的故事几乎没有幸福快乐的结局……

---

① 阿金库尔（Agincourt），在英法百年战争中，1415年亨利五世带领英军在此大败法军，为四年后夺取整个诺曼底奠定了基础。

第一章
罗贝尔·柯索斯和纪尧姆·克利托

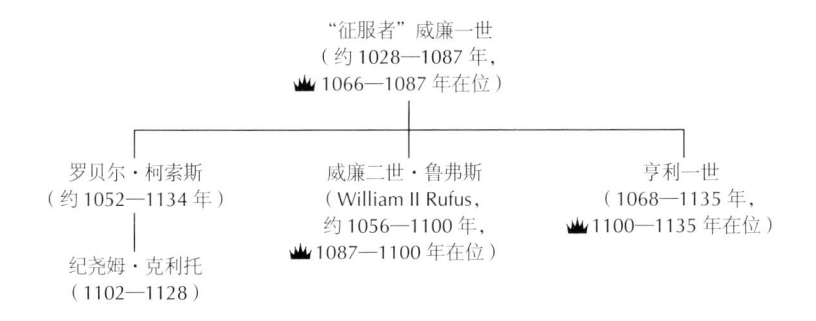

"征服者"威廉一世
（约 1028—1087 年，
♛ 1066—1087 年在位）

罗贝尔·柯索斯　　　威廉二世·鲁弗斯　　　亨利一世
（约 1052—1134 年）　（William II Rufus,　　（1068—1135 年，
　　　　　　　　　　　约 1056—1100 年，　　♛ 1100—1135 年在位）
纪尧姆·克利托　　　♛ 1087—1100 年在位）
（1102—1128）

1100 年 9 月，诺曼底公爵（duke of Normandy）罗贝尔，也就是"征服者"威廉的长子从圣地凯旋。他是第一次十字军东征中的英雄，他的名字响彻整个基督教世界（Christendom）。他刚刚迎娶了一位富有又美丽的妻子，是公认的英格兰王位继承人。他终于功成名就了。但是，他的喜悦转瞬即逝；在罗贝尔快到达他的诺曼故土时，一个令人震惊的消息传来——英格兰国王去世了，而王位传给了他的弟弟，这是他人生中的第二次挫败。他的追随者们想要知道的是，接下来他打算怎么做？

***

罗贝尔出生于 1052 年左右，当时他的父亲是诺曼底公爵，没有可能加冕为任何地方的国王。[1] 在威廉踏上征服英格兰的征程时，罗贝尔大约 14 岁；他留在了诺曼底，作为公认的继承人，在其母玛蒂尔达（Matilda）的指导下进行统治。在她也于 1068 年起航前往英格兰，加冕为王后并在之后生下小儿子亨利时，人们认为罗贝尔已经到了能奉自己之名来执掌诺曼统治权的年龄了。

罗贝尔和他的父亲截然不同。他们在身材上有相似之处，罗贝尔继承了威廉壮硕的体格和宽厚的胸膛——对于被期望着参加武装战斗的人来说是有利的特质——但是他继承了母亲相对较矮的身高。[2] 这导致他在年轻时被称为"柯索斯"①［意味着"短裤腿"（short-breeches）或"短腿"（short-legs）］，这个绰号一直伴随着他的余生，直至今日仍旧广为人知。他们在性格上也大相径庭；罗贝尔和蔼可亲、平易近人，这些通常都不是用来形容国王的词汇，他还被描述为"健谈和挥霍无度的"。[3]

在威廉专注于镇压英格兰内的反抗时，罗贝尔迈出了统治诺曼底的第一步，因而大约 10 年间，父子俩并没有什么明确冲突。在已经过了十几岁，到了 20 多岁时，罗贝尔变得更为自信，人们也对他抱有了更高的期望，他自然也就想要承担更多的责任。在这一点上，他得到了一群和他年龄相仿者的支持，他们都是他父亲手下的诺曼权贵之子，他们鼓励他大肆挥霍。他们劝他向威廉要更多的钱和更大的权力："不能享有王室财富，于您而言是极大的耻辱，于我们和很多其他人而言也是极大的伤害［……］您怎么能容忍呢？"[4]

尽管罗贝尔在名义上掌管着诺曼底，而这个公国曾一直是他最大的期望，也是他家族权力基础的核心，但此时，他实际上已经处在他父亲

---

① "Curthose"出自诺曼法语，意为"短袜子"，本书中从音译。

领地的边缘位置了，因为英格兰占据了威廉越来越多的时间和精力。罗贝尔的弟弟理查和威廉·鲁弗斯都在英格兰，陪伴在父亲身边，因此得到了更多关注，也更有机会直接给父亲留下深刻的印象，这对于罗贝尔来说是不利的。理查大约于 11 世纪 70 年代初死于一场意外，当时，他才十五六岁；而威廉·鲁弗斯则继续健康地长大了。[5] 他在性格和体型上很像自己的父亲，因此，罗贝尔——除了作为长子的身份外——有理由认为鲁弗斯正在取代他，成为备受宠爱的儿子。罗贝尔需要巩固自己的地位；1077 年，他请求威廉完全交出诺曼底。

威廉对此给出了否定的答复。他是成了英格兰国王，但同时也是诺曼底公爵；在青年时期，他一直为诺曼底而战——有好几次差点儿被谋害——因此他不想让其脱离自己的掌控。一直致力于提出这一要求的罗贝尔此时因被拒绝而颜面扫地，他觉得不得不彻底离开公国了。而幸运的是，他有一群显贵的亲戚朋友，他们都愿意帮助他，同时为国王威廉制造一点儿麻烦，因为他的权势实在是太大了。罗贝尔在他舅舅佛兰德斯（Flanders）伯爵和法兰西的腓力一世（Philip I）的宫廷里都大受欢迎。

没过多久，罗贝尔就不知不觉地加入了腓力在维克森（Vexin，位于诺曼底和法兰西交界处的一个地区，多年来一直是两个领地的统治者发生冲突的舞台）的战争。他在热尔伯鲁瓦（Gerberoy）拥有一座城堡，可以从这里突袭他父亲的领地，从而制造麻烦；已经越过英吉利海峡来亲自处理诺曼底事务的威廉于 1078 年底开始进攻这里。在发生于 1079 年初的一场小冲突中，他负了伤。据说在另一场小冲突中，罗贝尔差点儿杀了威廉，当时他们狭路相逢，在认出头盔下的人后，罗贝尔放走了威廉。[6] 但是，他们的关系破裂了，威廉手下的权贵试图说和时遭到了他的怒斥："他［罗贝尔］激起了国内对我的反对，引诱我的年轻骑士们弃我而去［……］从罗洛①时代起，我的祖先中有谁像我一样遭受过孩子这么大的敌意吗？"7罗贝尔和其他人相处得都很好——甚至常常会被利用，因为他太宽宏大量了——但和自己的父亲似乎在涉及彼此的问题上存在盲区。

幸亏王后玛蒂尔达费尽心力地在丈夫和儿子间调解，他们之间才或多或少地避免了公开的灾难性战争。由于她促成的这种和解，罗贝尔于1080年陪同威廉回到了英格兰；此时，他开始公开宣称自己是王国的继承人。罗贝尔代表其父率军在北方和苏格兰国王马尔科姆·坎莫尔（Malcolm Canmore）开战，但是他以独特的随和作风结束了这场战争，既和马尔科姆达成了友好协议，又成了马尔科姆尚在襁褓中的女儿伊迪丝（Edith）的教父。

罗贝尔在英格兰一直待到1081年春天才返回诺曼底，但是他对自己的地位仍然不满意。他已年近三十，却仍然只是其父在诺曼底的摄政者，并非名副其实的公爵，而且他还没有被公开宣布为英格兰王位的继承人。王后玛蒂尔达设法让他们和谐相处了一段时间，但她于1083年11月去世了，这令她的丈夫和儿子悲痛万分，也导致他们之间的关系出现了更为严重的裂痕。罗贝尔再次流亡，当1087年9月传来国王威廉去世的消息时，罗贝尔仍旧远在诺曼底之外。

此时，罗贝尔的机会来了。他首先可以确保的是诺曼底；他继任公爵是毫无争议的，因为他是前任公爵的长子，至少自1063年以来就是公认的继承人。8由于这个头衔肯定是他的囊中之物，所以罗贝尔将注

---

① 罗洛（Rollo，约860—约930年）是维京人，也是诺曼底地区的第一位统治者。

意力转向了英格兰，但他已经功亏一篑了，有两条讨厌的消息令他大受打击：威廉·鲁弗斯已经加冕为王，而且得到了其父的事先许可。

对于出现的这种情形，也许需要进行一些解释。数代诺曼底公爵历来的惯例是所有的儿子至少都会得到一部分遗产，他们倾向于将祖产——代代相传的家族土地——给长子，将通过征服或联姻而获得的额外收获给次子。三子及其后的儿子会得到钱或较低的贵族身份，再或者被送到教会。[9] 在这一体制下，将诺曼底留给长子，将英格兰留给健在的次子威廉·鲁弗斯，将一捆钱留给小儿子亨利的想法是合情合理的。然而，这一体制通常没有顾及额外收获比祖产包含更高的头衔和更广阔的领地的情况——更别提王位了——因此，罗贝尔觉得自己遭受了不公。

此外，英格兰的传位问题还不清不楚。尽管在过去，国王往往会偏袒自己的儿子，并且会给被选中的儿子起名为阿瑟林（*Aetheling*，字面意思为"拥有王室血统之人"，但更精准的含义是指定的王位继承人），可实际上，盎格鲁-撒克逊人采用的是一种推举制，其中所有拥有王室血统的人都会被视为候选人。这种做法有双重好处，既可以将王位留在家族中，也可以确保生育能力和出生顺序的变化无常不会导致某个孩子、某个女性或者某个不合适的男性登上王位。

考虑到王国内和公国内的惯例，威廉觉得完全有理由不考虑让其长子继承王位。而且，这样做可以让两个实体独立开来。英格兰是一个王国，在一个王权统治下；因此，它不能被分割，统治权不能由他的两个儿子共享。同理，英格兰和诺曼底并不是一个实体：它们有各自的头衔，只是碰巧由同一个人所拥有，所以，对于威廉来说，将它们留给不同的儿子是完全合法和可接受的。21 年来，威廉既是国王又是公爵，而这个碰巧出现的联盟此时要被解散了，其所基于的假设就是鲁弗斯和罗贝尔都会有他们自己的儿子，会分别继承英格兰和诺曼底。

然而，这个如意算盘没有考虑到以下几个因素。首先，尽管王国和公国的联盟仅仅存在了一个世代，但是此时的许多权贵是乐意接纳这种联盟的；他们在英吉利海峡两边都拥有土地，两个地方只拥有一位最高统治者会让他们的生活更舒适些。其次，罗贝尔感觉愤愤不平，因为作为长子的他并没有得到更高的头衔。再者，继承了父亲的王国和好斗性格的鲁弗斯不理解为什么他不能既拥有诺曼底又拥有英格兰。于是，冲突似乎在所难免。

不过，罗贝尔的终身特点之一就是缺乏主动性，在这种不寻常特点的影响下，他似乎并没有迫不及待地立刻采取行动去夺取王位。也许，他是想要先巩固自己在诺曼底的统治；也许，他是想要考虑一下自己的选择。毕竟，鲁弗斯此时控制着英格兰的王室国库，大大胜过了罗贝尔所拥有的资源。但是，人们不允许他听天由命，其他人敦促他采取行动。其中为首的是三位近亲：他最小的弟弟亨利（此时他已经十八九岁，没有继承任何领地或头衔的可能性，因此准备在他的哥哥间制造争端）；他的两位叔叔，也就是"征服者"威廉同母异父的弟弟巴约主教厄德（Bishop Odo of Bayeux）和莫尔坦伯爵罗贝尔（Count Robert of Mortain）。亨利以其父留给他的 3000 英镑买下了罗贝尔在科唐坦（Cotentin）——这片区域现在更广为人知的名字是瑟堡半岛（Cherbourg Peninsula），当时大约占诺曼底的三分之一——的领地，由此触发了他自己在领土上的野心；而厄德和他的弟弟亲赴英格兰，为入侵做准备，并争取当地权贵的支持。他们成功地鼓动了一些人，但是到头来罗贝尔却没腾出时间来集结军队，也没有亲自漂洋过海而来，所以，他们不得不灰溜溜地回去了。

这是罗贝尔人生中的典型情况。他善于作战，并且热衷于参战——没人会质疑他个人的胆量和勇猛——但他完全没有战略头脑；他更喜欢直接和简单的行动，而由其他人负责长远的规划和后勤工作。他经常会开始做一些没有坚持到底的倾向或意愿的事情。

与此同时，威廉·鲁弗斯对诺曼底有自己的打算，和他哥哥显而易见的没什么干劲儿相反，他实实在在地将自己的计划付诸实施，于1091年2月抵达了诺曼底。但并没有爆发全面战争；正如上面提及的，许多权贵在两片领土上都拥有土地，或者是他们所在的家族拥有这类土地，所以，他们并不怎么热衷于同自己的手足及其他亲戚开战。反之，罗贝尔和鲁弗斯进行了谈判；两人都未婚，都没有婚生子，因此谈判的结果是双方都指定另一方为其继承人。罗贝尔没有成为英格兰国王，但他保住了对诺曼底的所有权，而且，他在英格兰王权上的地位得到了正式认可——这一切都不需要组织一场战争来获得。

鲁弗斯坐船回了英格兰，罗贝尔将自己的注意力转向了公国内的治理事务。不幸的是，对他来说，实际上也是对所有相关人士来说，结果证明他无法胜任这项工作。亲切温和让他在青年时期赢得了友谊，也帮助他和颇为高尚的苏格兰王室达成了和解，但在统治诺曼底时毫无用处。那里的权贵总体上是一群难以驾驭的家伙，只是在"征服者"的铁腕统治和一旦作对可能会被他施以严厉惩罚的威胁下才勉强俯首听命。"所有人都知道罗贝尔公爵软弱无能；因此，闹事者都看不起他，随时随地都会挑起令人厌恶的派系斗争"，一位编年史家如是说道，[10] 就维持公国内的安宁而言，罗贝尔必定经历了比他父亲多得多的问题。在1092—1094年整个时段内，他一直忙于镇压诺曼底的小规模叛乱，其中有些是威廉·鲁弗斯煽动的，另一些则是贵族们为了自身利益而煽动的。他没时间思考英格兰的事情,最大的指望就是他的弟弟能自然死亡。

接下来,在 1095 年,发生了一件彻底改变罗贝尔人生和声望的事件。教皇乌尔班二世(Urban II)发出了进行十字军东征的著名号召,罗贝尔——他这一次有足够的干劲儿和热情来筹备了——是率先响应的人之一,也是其中地位较高的人之一。这是他的重要机遇,但是他需要钱来装备军队,而且是急切地需要。也许没有考虑到长期后果,他将整个诺曼底抵押给了威廉·鲁弗斯,总共获得 10000 马克①的现金,[11] 集结起军队,于 1096 年秋季出发。

十字军东征发挥了罗贝尔的强项。他从无聊和困难重重的公国治理事务中解脱出来,因此可以更专注于自己的戎马生涯了,而且,他还可以声称这是为了神圣教会的正义事业而战。他不负众望,展现出个人勇气和为这一理想而献身的精神,正如一些同时代或差不多同时代的编年史家所说的:他是"所向披靡的诺曼人的公爵"[12],他"在这里表现得很优秀[……]他因战功赫赫而声名大噪"[13]。在一场战斗中,当被突厥人(Turks)围攻而四面楚歌时,罗贝尔召集起其他的战友:

> 最终,那个拥有威廉王族血统的人回想起自己的家族和身为一名战士的事实。他摘下头盔,大喊道:"诺曼底![……]我们要在这里全力抵抗,我们将会得到的,要么是虽败犹荣,要么是大获全胜。我认为这两种可能都是充满荣耀的,前者甚至是更受

---

① 马克(mark),欧洲中世纪时的货币计量单位,最初相当于 8 盎司,即约 249 克,这种货币曾通用于中世纪时的西欧地区,也包括英格兰(由"征服者"威廉在入侵之后引入)。

尊敬的。"¹⁴

罗贝尔深受其他十字军战士的尊敬；他的勇猛令人钦佩，而且因为其他响应号召的领主中有很多都有诺曼血统，所以他们自然而然地将罗贝尔视为了领袖。据说，在 1099 年占领圣城之后，他被授予了耶路撒冷王位，但是他拒绝了，"不是因为对这一显要高位望而生畏，而是因为对没完没了的事务心怀忐忑"。¹⁵ 这听起来非常像其他同时代人所描绘的罗贝尔，但也应该注意到的是——与其他十字军战士不同——他拒绝通过掠夺来获取个人利益。他是出于理想而东征的，并不是为了获得财富或王位。

在耶路撒冷已经落入基督徒之手的此刻，罗贝尔的使命达成了，他开始启程返乡，途中经过君士坦丁堡和意大利南部，他在意大利迎娶了孔韦尔萨诺伯爵（Count of Conversano）的女儿西比尔（Sybil），这位伯爵也是诺曼人后裔。在威廉·鲁弗斯仍旧未婚且无子的情况下，罗贝尔此时有望带着重振且更高的声望回到诺曼底，还有可能在不久之后就生下一个继承诺曼底和英格兰的儿子。他收到的新娘带来的嫁妆是现金，这样一来，他回家之后就能赎回自己的公国了。

然而，在罗贝尔于 1100 年 9 月到达诺曼底时，形势对他很不利。就在上个月，威廉·鲁弗斯出人意料地死于一场狩猎意外，如果罗贝尔当时在英格兰，甚或在诺曼底，情况都会对他有利。但是他不在，因此，另一个男人掌握了主动权：罗贝尔最小的弟弟亨利，当时他正在新森林（New Forest）的出事地点附近，他急忙控制住位于温切斯特（Winchester）的王室国库，奔向伦敦，并加冕为英格兰国王，这一切都发生在鲁弗斯去世后的一个星期内。

这里需要重点注意的是，当时正是加冕这一行动将一个普通人变成了一位上帝所选定的国王。一位国王去世了并不意味着王位自动传给了他最亲近的继承人或指定的继任者；准确地说，它预示着在新国王加冕之前有一段空位期（interregnum）——只有加冕了，他才是国王。直到 1272 年，英格兰国王才是在其前任去世时就宣告继位，而非等到他自己的加冕礼时［这是由于亨利三世（Henry III）去世时，他的长子爱德华一世（Edward I）正在国外进行十字军东征］，[16] 而那句"国王已死，国王万岁"（the king is dead, long live the king）则直到 15 世纪时才被使用。那都是将来的事情；在 1100 年，加冕和涂油之后，亨利的国王身份就得到了神的认可，木已成舟。无论罗贝尔是否情愿，他最小的弟弟此时都是英格兰国王亨利一世了，他再次被略过了。

这时的情况与 1087 年大不相同。在这两次中，罗贝尔都是新任国王的兄长，但此时他还有个额外的身份，即指定继承人（因为他在 1091 年和鲁弗斯达成了协议），所以，他认为自己受到了更为不公正的对待；而且，这四年来，他一直为了基督教世界而战，声望大振，可亨利却安稳地待在国内。这次，他必须采取更为果决的行动了。罗贝尔将新婚妻子留在诺曼底作为他的摄政者，集结起军队，漂洋过海，于 1101 年 7 月登陆英格兰。

然而，再次令人费解的是，没有发生武力冲突。有一种传言称，罗贝尔在迫近温切斯特时又撤退了，因为他听说亨利的王后在城内，而她正处在孕晚期；他毕竟是个有骑士精神的英雄人物，不想要吓到或打扰到处于这种状况中的女性。然而，已知的任何一个王后所生子女的出生日期都与该日期不符，所以除非她生下了一个无人愿意提及的孩子，否则这个故事就是杜撰的。不过，从表面上看，出现这种故事就说明同时代人认为罗贝尔看起来真的会这么做。可能更重要的是，讨论中的这位王后玛蒂尔达原名伊迪丝，是苏格兰国王马尔科姆·坎莫尔之女，也就是说，她不仅是罗贝尔的弟媳，还是他的教女。这并不是一场敌人间的冲突，而是近亲间的，所以会尽可能地避免杀戮。

无论确切的原因是什么，罗贝尔最终都再次进行了谈判，而在这方面，他完全敌不过狡猾的亨利。罗贝尔从这次协商中得到的一个意外收获是，他可以用此时所拥有的钱从弟弟手中赎回科唐坦了。但是剩下的都是坏处。罗贝尔再次被说动，放弃了近在咫尺的王位，赞成在亨利无子的情况下被指定为他的继承人，反之亦然。这听起来很像10年前他和鲁弗斯达成的协议，但这次是更为不利的。首先，亨利比罗贝尔小十五六岁，而且非常健康，所以很可能比罗贝尔活得长；其次，亨利刚刚迎娶了一位年轻的妻子，而且已经有了一群私生子，因此，他的王后有可能很快就会为他生下一个继承人。实际上，如果我们仔细回看日期，就会推断出此时的王后其实已经处于孕早期了，不过亨利可能还不知道这件事。《温切斯特协议》（Treaty of Winchester）正式达成，并于1101年8月签署。

罗贝尔返回了诺曼底，1102年10月，他在这里庆祝了自己的儿子纪尧姆的诞生，不过不幸的是，他的妻子去世了，公爵夫人西比尔在几个月后死于分娩并发症。亨利的第一个孩子于同一年早些时候出生了，但因为是个女孩，所以罗贝尔和他的英格兰王位继承权还有一线希望。在1103年夏季，王后伊迪丝/玛蒂尔达生下一个儿子（起名为威廉）时，希望才彻底破灭。这两个男孩都肩负着争夺英格兰王位继承权的责任，他们都有一个反映这一点的名号：亨利的儿子叫作威廉·阿德林

（William Adelin，此处的"Adelin"即"*Atheling*"的诺曼法语形式①），而罗贝尔的儿子叫作纪尧姆·克利托（William Clito）②，这两个名字都源自类似的拉丁语单词"*Inclitus*"。

罗贝尔现在有了更多奋战的理由，但是此刻，他却几乎没什么闲工夫去为自己或自己的儿子争取在英格兰的权利，因为他再次卷入了试图让诺曼底争执不休的各派和平相处的纠纷中。他无法有效地解决纷争，所以有些诺曼权贵开始向亨利示好。至1106年，诺曼底主要有两个不同的派系，分别支持兄弟二人，公开的战争一触即发。

当年9月，双方已经势如水火，当时，亨利正在围攻为罗贝尔所有的坦什布赖城堡（Castle of Tinchebrai）。[17] 为了给城堡解围，罗贝尔将自己的军队调到了围攻部队的后方，其间进行了一次虚伪的调解，但罗贝尔认为亨利提出的条件是无法接受的。亨利说他的哥哥"只是名义上的公爵，被自己的下属公然嘲笑"，并且建议他将公国的管理权交给自己，这样一来，他就可以"无官一身轻地"过着半退休生活了："之后你就可以舒服地享受宴会、嬉戏和各种消遣了。我的话，将承担起一切保持和平的必要工作，在你休息的时候，我将忠实地履行自己的承诺。"[18] 罗贝尔自然觉得这是一种居高临下的态度，最终决定和他的兄弟在战场上短兵相接。

双方都下了马作战，在当时，这是一种常规策略，是要鼓励低等士

---

① "*Atheling*"是古英语词汇，在盎格鲁-撒克逊时期的英格兰，常用于为有资格成为国王的王子命名；下文中的撒克逊语"Clito"和拉丁语"*Inclitus*"也具有同样的意义。
② 纪尧姆·克利托出生于诺曼底，所以他的名字实际上是"Guillaume"，只是译为英文时是"William"，因此在译文中还是使用法语译名。

兵坚守阵地，因为他们知道，在这种情况下，骑士们不能骑马逃走，留他们独自面对敌人。罗贝尔手下的骑士朝着亨利的队伍冲过去，罗贝尔自己冲在最前面——正如十字军东征的经历所证明的，他可不是个懦夫。他们逼得敌人不断后退，但却没能突破整条防线，并且很快就陷入了困境，士兵越聚越多，几乎连挥剑的空间都没有了。但是，亨利在侧翼藏了一支骑兵；在罗贝尔的军队被困在厮杀混战的士兵间时，这支骑兵一拥而入，击溃了他们。罗贝尔的后备军指挥官逃跑了，令他孤立无援；他手下的大部分士兵都被杀死了，其他人则被俘了，包括罗贝尔自己。[19]

在严密的看守下，罗贝尔先是被带到了鲁昂（Rouen），接着在年底之前的某个时候越过英吉利海峡，被带到了多塞特（Dorset）的韦勒姆（Wareham）或科夫（Corfe）。这是他最后一次的英格兰之行，但并不是乘胜而来，也不会被加冕为王；反之，他成了弟弟的俘虏，余生都将在监禁中度过。

与此同时，亨利去了位于法莱斯（Falaise）的公爵城堡，在这里，他见到了纪尧姆·克利托。据说，纪尧姆"害怕到颤抖不已",[20]这是很有可能的，因为当时他还不到4岁，只能完全听凭国王处置。亨利少见地大发慈悲，放过了这个男孩，把他交托给了海利亚斯·德·圣桑（Helias de St Saëns）照看，圣桑迎娶了纪尧姆同父异母的姐姐，也就是罗贝尔·柯索斯年轻时的私生女，她比纪尧姆大很多岁。[21]亨利如此宽宏大量的原因不得而知，但我们可以推测，他是为了不让自己的声望受损（即便是按照12世纪诺曼底的行为标准来看，谋杀幼儿也被视为可耻的），同时也是认为年幼的纪尧姆·克利托并不会构成什么威胁。

亨利为诺曼底带来了和平与稳定——但却是有代价的。对于罗贝尔,有位同时代人不屑一顾地说道,"皆大欢喜[……]迄今为止,因为随和的性格,人们一直认为他不适合掌权",这位作者还说道,亨利"是不会不惩罚那些冒犯其尊严的失职者的",他"会以其威名震慑反叛者"。[22]

罗贝尔再也见不到诺曼底了。在登上英格兰的南部海岸之后,他被带到了位于迪韦齐斯(Devizes)的坚固堡垒,由索尔兹伯里主教(Bishop of Salisbury)罗杰监管,罗杰是亨利的首席政法官(justiciar,王国内的主要行政官员,在国王远赴海外时担当摄政者)。罗贝尔在这里待了 20 年。1126 年,他被移交给格洛斯特伯爵罗伯特(Earl Robert of Gloucester),他是亨利的众多私生子中最年长的一个;罗贝尔被转移到了这位伯爵位于布里斯托尔(Bristol)的一座城堡,之后又被转移到了位于卡迪夫的另一座城堡,每次都离诺曼底和他的儿子越来越远。

亨利不能直截了当地杀了他的哥哥;毕竟,他是名正言顺的诺曼底公爵,也是十字军东征中的英雄人物。因此,他起初散布了一个谎言,说罗贝尔仍旧是公爵,亨利只是替他统治(亨利并没有立即给自己加上"诺曼底公爵"的称谓,只是后来悄悄地将其收入囊中)。罗贝尔显然得到了很好的对待:一位同时代人引用了亨利对教皇所说的话,"我并没有像对待被抓获的敌人那样给我的哥哥戴上枷锁,而是把他视为一名经历了许多艰难而疲惫不堪的高贵朝圣者,将其安置在一座王室城堡里,为他提供丰富的食物以及其他各类舒适的条件和陈设",[23]而另一位同时代人说道:"他被俘了,如今仍然处于松散的监禁中,这都得感谢他的弟弟那值得赞扬的责任感,除了孤独之外,没有什么更糟糕的了。"[24]现存的 1129—1130 年亨利统治期间的财税卷宗(Pipe Roll)记录显示,他为自己哥哥支出的服装费用是 23 英镑 10 先令,家具费用是 12 英镑;

这并不是笔小数目,由此表明罗贝尔实际上过得很舒服。[25]

在此期间,罗贝尔显然从未试图逃跑。在接下来的几十年间,编年史家们并没有完全相信这一点,因此四处寻找原因;最终,在13世纪时开始出现一个谣言,说亨利下令把罗贝尔弄瞎了,但是根本没有同时代的证据支持这种说法,这几乎是不可信的。不如说,他显然只是放弃了。他年龄不小了(被抓的时候已经50多岁了),反正也从不想承担公国或者王国的管理责任;此时,他怎么有可能组织起一场反叛呢,谁会支持他进行这项事业呢?完全没有,他会一直待在所在之地,他这一脉的所有希望都寄托在他儿子身上了。

***

在1106年罗贝尔被抓时,诺曼权贵并没有提出抗议;支持亨利的人都沉浸在胜利的喜悦中,支持罗贝尔的人很快就为了自己的利益而妥协了。但在亨利数年的专权统治,有时甚至堪称严酷的统治之后,他们再次变得不满于现状了。远在英格兰西部的罗贝尔几乎被遗忘了,但是,他们有一个现成的傀儡——纪尧姆·克利托。

1119年,纪尧姆·克利托已经是个16岁的少年了,和他父亲得到诺曼底的摄政权时一样大,但是他的个性截然不同。克利托是在逆境中成长起来的,几乎一辈子都处于提心吊胆中。在罗贝尔于1106年被抓以及接下来被监禁之后,克利托实际上成了孤儿;他暂时在同父异母的姐姐及其丈夫海利亚斯·德·圣桑的家里获得了安身之所,但在1109年,亨利也许是意识到了他早些时候的仁慈可能会招致危机,所以企图抓住克利托。海利亚斯成功地让这个男孩逃出了诺曼底,在法国待了一段时间之后,他最终于1113年来到了佛兰德斯,得到了此时的佛兰德斯伯爵鲍德温七世（Baldwin VII）的庇护，鲍德温是克利托的第二代表兄。

纪尧姆在佛兰德斯待了数年，于1116年被鲍德温封为骑士，鲍德温开始代表他袭击诺曼底。至1117年，亨利一世和包括纪尧姆、鲍德温、法兰西的路易六世及一些诺曼权贵在内的联盟爆发了一场全面战争。在这一阶段，纪尧姆·克利托的支持者并没有试图让他登上英格兰王位，只是在他父亲被监禁之后，他们将他视为诺曼底的当然继承人①——谁知道一旦他掌管了公国能做成什么呢？

1119年夏天，这场战争到了生死攸关的时刻。当时没有子嗣的鲍德温七世去世了，由他的表兄查理一世（Charles I）继位，佛兰德斯因此退出了，这样一来，克利托和路易就失去了一位主要的盟友，8月20日，他们在布雷米勒（Brémule，位于诺曼的维克森）与亨利的军队交锋。在这次交战中，纪尧姆有双重目的：他"在这里备战，既是为了能把他的父亲从漫长的监禁中解救出来，也是为了收复他的祖传遗产"。26 但他注定要大失所望了，之所以未能成功，一方面是因为亨利丰富的经验和高超的战术，另一方面则是因为他缺乏资源。

亨利一收到情报，得知包括他的两名对手在内的一支小规模军队正在附近时，就将他自己规模更大的军队划分成了两部分：一支小规模的马上骑士（mounted knights）队和一支较大规模的步行士兵分遣队。后一队人遇到了路易手下骑士的猛攻，这些骑士都骑着马，但是没受过什么训练，很轻易地就被组织有序的步兵编队击败了。大量骑士摔下了

---

① 当然继承人（natural heir），指确定可以继承的继承人，这类继承人只有在自己先于被继承人死亡或在有效遗嘱中被剥夺权利的情况下才会丧失继承权。

马，引发了混乱，他们中很多人都被俘了。路易和纪尧姆·克利托并没有被抓住，但是不得不丢下马，从战场上落荒而逃；尽管路易逃过一劫，但这一结果足以让他决定同意就诺曼底问题进行谈判了。[27]

1199年10月，教皇卡利斯托二世（Pope Callixtus II）促成了一项和平协议，但这项协议事倍功半。纪尧姆·克利托请求释放他的父亲，历经13年的分离后，他几乎都记不起父亲的样子了，他还声泪俱下地承诺，只要能够团聚，他们就会一起去耶路撒冷，再也不回来了，这揭示出当时文献中不常出现的人性的一面。亨利并不打算释放罗贝尔，但他的确提出，如果克利托能放弃其他权利要求，他就在自己的王宫里为克利托安排个位置，让他成为英格兰三个郡的伯爵。克利托拒绝了，因此除了继续从诺曼底流亡外，他别无选择，而亨利则权势日盛。

随着被监禁中的罗贝尔年岁渐大，而他的儿子也处于没有领地的流亡中，"征服者"威廉家族里年长一脉继承的希望看起来完全破灭了。但是，一场影响深远的悲剧再次点燃了他们的希望；1120年11月，威廉·阿德林在"白船"之难中溺亡，亨利失去了唯一的合法继承人，在下一章中，我们将进一步探讨这段插曲。这使他精心安排的继承计划被彻底打乱了。

无论是在英格兰，还是在诺曼底，此时的纪尧姆·克利托都是亨利顺理成章的继承人。作为"征服者"长子唯一的儿子，他的继承权无疑优先于任何其他人；他这时18岁，身体健康，颇受欢迎，还参加过很多次军事作战。但是，亨利坚决反对这种安排——他这一生花费了大量的精力和他的哥哥斗争，并不是为了把所获都让给他哥哥的儿子。此外，也许有人会提出质疑，如果论出身，克利托是亨利的继承人，那么，为什么他实际上不是国王呢？

如果纪尧姆·克利托认为他的成王之路会畅通无阻,那就大错特错了;事实上,亨利甚至比之前更加强烈地反对他了。1123 年,纪尧姆结成了一个战略同盟,迎娶了安茹伯爵富尔克(Count Fulk of Anjou)之女西比尔,安茹伯爵的领地与诺曼底南部接壤,因而可以巩固纪尧姆的地位。不到一年,亨利就成功地让教皇以亲缘关系为由(也就是声称双方的血缘关系太近)宣布这场婚姻无效——尽管事实上,他的儿子威廉·阿德林迎娶了西比尔的姐姐玛蒂尔达,他后来还安排了自己的女儿玛蒂尔达和西比尔的弟弟若弗鲁瓦(Geoffrey)的婚约,准确地说,这两对夫妇的亲缘关系与克利托和西比尔之间的关系是一样近的。

在失去了相关资源之后,克利托被迫再次开始浪迹天涯的流亡生活,但是更糟糕的事情来了。1126 年末,亨利正式指定了一名新的继承人;并不是克利托,而是亨利唯一健在的婚生子女,即他的女儿玛蒂尔达。她在孩童时期就被送到了国外,嫁给了神圣罗马帝国的皇帝,但是在 1125 年,成为寡妇且无子的她回来了,这给了亨利将王位留给他自己血脉的最后一个选择。

1127 年 1 月,亨利让手下的权贵立誓会在他死后拥戴玛蒂尔达为女王。在亨利的威胁下,他们确实发誓了,但反对之声此起彼伏。有些人支持以纪尧姆·克利托为继承人,一则是因为对出现前所未有的女性统治者的前景感到担忧,二则是因为克利托的出身和世袭继承权,三则是因为克利托的声望渐涨。这是克利托能够利用的一线希望,靠着他人生中差不多仅有的两次好运气,他的处境变好了。首先,他的支持者路易六世急于做些事情来削弱亨利一世不断膨胀的影响力,于是安排了他自己妻子的妹妹和克利托的婚事,并且同意以法国的维克森作为嫁妆。这让克利托拥有了正好和诺曼底接壤的领地和堡垒,在失去和安茹的同盟以后，这是一个有用的立足点。其次，佛兰德斯伯爵查理被谋杀了。在紧随其后的骚乱和继位之争中（查理没有孩子，也没有兄弟），路易说服佛兰德斯的领主们认可了克利托，因为他是鲍德温五世的曾外孙，就血缘而言拥有继承权。

纪尧姆·克利托此时拥有了头衔、领地和财富，可以向他的叔叔下战书了。他骑行至吉索尔（Gisors），正式提出自己有继承诺曼底的权利。1127 年 4 月 14 日，他在颁发给佛兰德斯的圣奥梅尔（St-Omer）镇的特许状中承诺，如果"能统治英格兰"，就会授予镇民们特权。[28]

纪尧姆·克利托和他的父亲截然相反，他是个精力充沛、井然有序和足智多谋的人。他似乎正如日中天：身为国王和公爵的后裔，24 岁的他身强体健，以勇敢无畏闻名，而且他已经是一位经验丰富的军事领袖了。迄今为止，他成功地利用极少的资源获得了极大的成就，在他的父亲被抓和被监禁差不多 20 年后，他仍旧被吹捧为英格兰和诺曼底的合理继承人，就是明证。他在追随者间大受欢迎，这些人大部分都同样年轻而充满活力，同时代人以一种积极的视角描绘道：

> 纪尧姆以锐不可当的勇猛弥补了自己的势单力薄。他所有的盔甲上都沾满了敌人的鲜血，他会举着如闪电般的利剑冲杀进敌军的骑兵队伍中。敌人抵挡不住他那年轻臂膀的可怕力量，都惊恐地逃之夭夭了。[29]

然而，亨利一世并没有终结于他的侄子之手。邪恶的叔叔在本书中常常扮演至关重要的角色，正如我们将会看到的，只有把年轻的纪尧姆置于死地，亨利才会心满意足。他已经使原本有利于克利托的和安茹的联姻被取消了；此时，他又支持另一个竞争者——阿尔萨斯的蒂埃里（Thierry of Alsace，他也是鲍德温五世的曾外孙）——对佛兰德斯伯国的继承权，并且将他的影响力和金钱都投入了这场争斗中。亨利利用他在洛林（Lorraine）和布洛涅（Boulogne）——分别为他的岳父和外甥布洛瓦的斯蒂芬（Stephen of Blois）所控制——周边地区的盟友向克利托的边境施加压力，并且派斯蒂芬亲自挑战这位新伯爵。与此同时，他利用贿赂和从经济上制裁佛兰德斯各个城镇的联合策略，想让它们反对克利托；这些城镇的大部分财富都建立在和英格兰的贸易的基础上，因此，这样做可能严重影响整个地区的繁荣。

纪尧姆和他的父亲形成了鲜明的对比，他并没有忍气吞声。他远不如亨利那么有钱有势，但却拥有一支忠诚的骑士队伍，站在他这边的人年轻又精力充沛。他在1127年夏天发动了一场战争，轻而易举地击败了斯蒂芬，后者请求休战三年。但这还远远不够，克利托是无法与其叔叔的影响力相匹敌的。此时，亨利对佛兰德斯城镇的经济制裁开始更为严厉，结果引发了对克利托普遍的反叛，因为市民们必定会为了自己的利益行事。他再次拒绝投降；在所拥有的资源所剩无几的情况下，他集结起自己的军队，开始了一系列围攻反对派据点的行动，希望将蒂埃里的支持者们赶出去。

对于纪尧姆·克利托来说，遗憾的是，就在他的努力开始扭转局势时，他遭遇了突如其来的致命逆转。1128年7月，在围困蒂埃里位于佛兰德斯东部的阿尔斯特（Aalst）堡垒时，他的手受伤了，为了治疗，他认为需要暂时从战场上撤退。由于伤口发炎，"他不得不卧床休养[……]他整个手臂，直到肩膀都变得像煤炭一样黑"，[30] 5天后，他痛苦地死于败血症。他这一脉就此终结。纪尧姆·克利托终身都在为他自己和罗贝尔的合法权利而战，尽管有过两段婚姻，但是他没有孩子，因此，没人能继承他的事业。

同时代人常常对克利托充满了偏爱和怜悯，编年史家留给我们的墓志铭反映出了这一点：他"品质高尚"，"备受手下骑士的爱戴"，他的死"令人悲痛欲绝"。[31] 在"他短暂的人生中，这位无比高贵的年轻人赢得了永恒的名声［……］玛尔斯①与世长辞，众神都为这位与他们旗鼓相当的人物扼腕叹息"。[32] 他的运气不好是公认的：

> 这位年轻的贵族生来就不幸，他这一生都未能摆脱这种不幸。他是个勇敢、俊朗、生气勃勃的人；非常喜欢战争般的冒险［……］对于拥护他的众人而言，他带来的更多的是苦难而非好处。[33]

纪尧姆·克利托从未忘记过他的父亲，或者说他这一世系应有的权利，但他被葬在了圣奥梅尔，没有任何一位家庭成员出席他的葬礼。随着时间的流逝，有关这位在劫难逃的年轻人的传说越来越多，在去世多年后，他声名日盛；12 世纪 80 年代的某个时候，他的坟墓上多了一座缅怀他的壮观雕像。

纪尧姆的死讯最终传到了卡迪夫，也就是罗贝尔·柯索斯的所在地，据说，此时已经快 80 岁的罗贝尔在梦中预知了这一消息。他早就已经放弃了任何恢复自己地位的希望，而他寄托在自己儿子身上的希望也在阿尔斯特外的战场上破灭了，自后者 4 岁以来，他们就再也没有见

---

① 玛尔斯（Mars），古罗马神话中的战神，此处意指纪尧姆·克利托骁勇善战。

过面。罗贝尔总算又活了 5 年半，在此期间，他一直在学习威尔士语和写诗，最后在 1134 年 2 月，80 多岁的罗贝尔去世了，这已经是他被监禁的第 28 年了。他早已变得无关紧要了——而且似乎也失去了自己的欲望。有一首被认为是他所作的三行诗让我们得以一窥他漫长人生的最后阶段的精神状态：

> 处于敌人掌控之中的他要遭殃了；
>
> [……]
>
> 还没有老死的他要遭殃了；
>
> [……]
>
> 没有看见死神的他要遭殃了。[34]

从 1087 年到 1128 年的 40 多年间，罗贝尔·柯索斯和纪尧姆·克利托一直主张自己拥有英格兰王位的继承权，尽管他们一向是盎格鲁-诺曼国王的眼中钉，但在"征服者"威廉其他儿子们的果决和英国王室财富力量的联合作用下，两人都功亏一篑了。罗贝尔也许缺乏政治敏锐性，但他个人的勇猛弥补了这一点；他的儿子继承了他的勇敢，还极具毅力和决心。如果能在命运的安排下并肩作战，他们本可以获得更多的成功，但事与愿违。

和对英勇年轻的纪尧姆·克利托的英年早逝的惋惜相比，罗贝尔·柯索斯的墓志铭则更为平淡：

> 尽管这位公爵勇敢无畏，拥有值得赞扬的骑士风度，能言善辩，但他自己及其下属放浪形骸。他挥霍无度、轻诺寡信、反复无

常，完全靠不住。他会对乞求者大发善心，软弱且易受人影响，因而无法严惩不法者；他无法始终如一地执行任何计划，在所有的人际关系中都太过和蔼可亲、乐于助人，因此遭到了道德败坏者和愚蠢者的蔑视［……］他一直希望让所有人都满意，因而会赠予、承诺或授予任何其他人所求之物。35

罗贝尔被葬在了格洛斯特修道院，和他的儿子一样，他的坟墓上后来新添了一座雕像；他的雕像是用橡木制成的，在他去世之后很多年，大约是在13世纪中叶时才有的。这座雕像描绘的人物穿着当时人所穿的盔甲，身材高大且修长，因此无论是外表还是服装都不像他，但是它表明，在未能成功夺得英国王位的100多年后，他仍旧没有被世人遗忘。

英格兰王国和诺曼底公国一直掌控在亨利一世手中，当时人的普遍看法是在他的严苛和有点儿残酷的统治下，英格兰和诺曼底都变得更好了；和蔼可亲的家伙是无法成为好国王的。但是正如我们将要看到的，亨利有他自己的继承问题。

注释

1. 也许令人感到惊讶的是，"征服者"威廉的长子竟然如此鲜为人知，不过，这无疑是因为他从未登上王位。有两部重要的学术传记的传主是罗贝尔，参见 David, C. W., *Robert Curthose, Duke of Normandy* (Cambridge, MA: Harvard University Press, 1920); Aird, W. M., *Robert Curthose, Duke of Normandy, c.1050–1134* (Woodbridge: Boydell, 2008)。也可参见 Thompson, K., "Robert [called Robert Curthose], duke of Normandy, b. after 1050, d. 1134", ODNB。
2. 从前，玛蒂尔达的身高问题一直颇为棘手，据称，她的身高只有4英尺2英寸（约1.27米。——译者注）。然而，对从她的坟墓中找到的遗骸进行检查后发现，她有 5 英尺（约 1.52 米。——译者注）高，并不比当时的平均女性身高矮多少。她至少怀孕和分娩过 9 次，因此一定相当健康。参见 Dewhurst, J., "A Historical Obstetric Enigma: How Tall was Matilda?", *Journal of Obstetrics & Gynecology*, 1.4 (1981), pp. 271–272。

3. OV, vol. II, p. 357.
4. OV, vol. III, p. 97.
5. "鲁弗斯"这个绰号意味着"红色的"，但更有可能是指红润的脸色而非红色的头发；参见 AB, p. 71; Barlow, F., *William Rufus* (Berkeley: University of California Press, 1983), pp. 11–12。
6. 关于这一事件，参见 Aird, *Robert Curthose*, p. 87。
7. OV, vol. III, p. 111.
8. Thompson, "Robert [called Robert Curthose]".
9. 当时，贵族家庭将其中的一个孩子"献给"教会是常见的做法，孩子们自己在此事上通常没有发言权。然而，人们都期望着他们在宣誓入教之后，能成为高级神职人员，而非普通的修士和修女，如此一来才会被认为处于和世俗贵族一样的社会阶层。
10. OV, vol. IV, p. 115.
11. 1 马克约合 13 先令 4 便士（13s 4d），或者 2/3 英镑（pound）；1 英镑的钱就是字面上的意思，即 1 磅的重量，所以这就代表着 6667 磅银，也就是 160 万银币，按照当时的标准来看是相当大的一笔钱。
12. HH, p. 42.
13. Wace, p. 200.
14. R. Caen, p. 46.
15. WM, *Chron.*, p. 421.
16. 参见 Morris, M., *A Great and Terrible King: Edward I and the Forging of Britain* (London: Windmill, 2009), p. 104。
17. 坦什布赖位于诺曼底西南部，在法莱斯西南方约 30 英里（1 英里约合 1.61 千米。——译者注）处，与莫尔坦伯国相邻；莫尔坦伯爵是效忠于罗贝尔的权贵之一。
18. OV, vol. VI, p. 87.
19. 关于坦什布赖之战的更多内容，参见 Bradbury, J., "Battles in England and Normandy, 1066–1154", in Strickland, M. (ed.), *Anglo-Norman Warfare* (Woodbridge: Boydell, 1992), pp. 182–193; Morillo, S., *Warfare under the*

Anglo-Norman Kings, 1066–1135 (Woodbridge: Boydell, 1994), pp. 169–170。
20. OV, vol. VI, p. 93.
21. 罗贝尔之女的名字并没有记载，这是当时的惯例；相比于女性在王朝中所发挥的作用而言，编年史家对她们的名字和性格都不太感兴趣，即便是女性贵族。
22. WM, *Chron.*, pp. 423 and 443.
23. OV, vol. VI, p. 287.
24. WM, *Chron.*, p. 423.
25. Aird, *Robert Curthose*, pp. 251–252. 财税卷宗是中世纪英格兰的财政记录，之所以这么叫是因为它们被卷起来，像管子一样。
26. OV, vol. VI, p. 237.
27. 关于布雷米勒之战的更多内容，参见 Morillo, *Warfare under the Anglo-Norman Kings*, pp. 171–173; Strickland, M., "Henry I and the Battle of the Two Kings: Brémule, 1119", in Crouch, D. and Thompson, K. (eds), *Normandy and its Neighbours, 900–1250* (Turnhout: Brepols, 2011), pp. 77–116。
28. Hollister, C. W., "William Clito, 1102–1128", ODNB.
29. HH, p. 61.
30. OV, vol. VI, p. 377.
31. Wace, p. 207.
32. HH, p. 61.
33. OV, vol. VI, p. 359.
34. 译文见于 Aird, *Robert Curthose*, p. 275；最初发表于 *The Gentleman's Magazine*, vol. 64, in 1794。
35. OV, vol. IV, p. 115.

第二章

威廉·阿德林和皇后玛蒂尔达

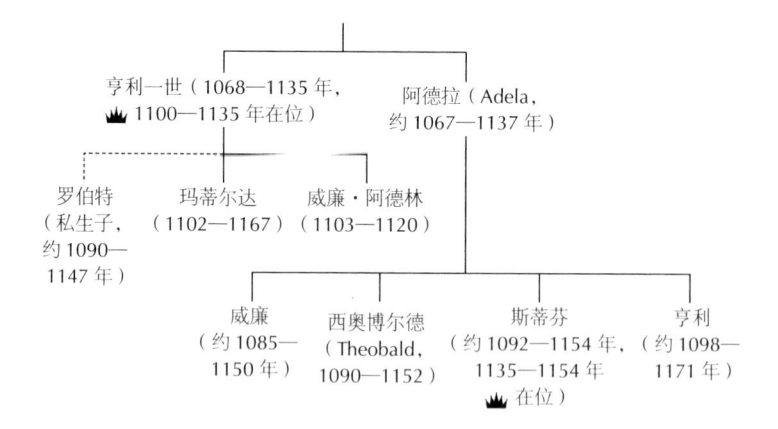

```
                          ┌─────────────┴─────────────┐
              亨利一世（1068—1135年，        阿德拉（Adela，
              ♛ 1100—1135年在位）           约1067—1137年）
         ┌────────┼────────┐                     │
    罗伯特    玛蒂尔达   威廉·阿德林
   （私生子，（1102—1167）（1103—1120）
    约1090—
    1147年）
                    ┌──────────┬──────────┬──────────┐
                   威廉    西奥博尔德    斯蒂芬       亨利
                 （约1085— （Theobald， （约1092—1154年， （约1098—
                  1150年）  1090—1152） 1135—1154年     1171年）
                                        ♛ 在位）
```

尽管亨利一世至少有20个私生子女，但他和自己的妻子只有两个孩子：出生于1102年的玛蒂尔达和出生于1103年的威廉。[1] 玛蒂尔达在只有8岁的时候就漂洋过海，嫁给了神圣罗马帝国皇帝亨利五世，看起来她未来要一直待在这里了；另一边，威廉和他的父亲在一起，作为标准的英格兰和诺曼底继承人被抚养长大。

正如我们在前一章所看到的，亨利一世自己通过无视哥哥的继承权的方式登上了王位，并且以同样的方式占有了诺曼底；但是，他无疑会通过世袭权将这两片领地传给他的儿子和继承人。毫无疑问，威廉·阿德林会成为下一任国王。他的名字尤其暗示出了这一点,他是亨利唯一的婚生子;而且,他生于"紫室"①——也就是说在他出生时,他的父亲已经是国王了,这和亨利自己非常相似,因为亨利是"征服者"的众多儿子中唯一出生于1066年后的。实际上,小威廉拥有两方的王室血统:就其父亲一方而言,他是盎格鲁-诺曼国王和诺曼底公爵的后裔;就其母亲一方而言,他不仅是苏格兰的凯尔特人国王的后裔,而且是古老的盎格鲁-撒克逊世系的后裔。他应有尽有。

威廉·阿德林接受的教育是12世纪的金钱和影响力所能提供的最好的。他自出生起就被指定为继承人,从小便被"寄予了殷殷期望和深切关怀"[2],为继承王位而接受教导和培养,他不仅要学习文法,还要学习治理、政治和骑士技艺——在当时,国王有可能要去前线指挥其军队。在年纪尚小的时候,威廉就被带入了公众视野,和亨利的统治联系在了一起;他开始在王室文件上签名时才10岁,这一切都是为了让他熟悉君主的世界,并且让权贵们知道,威廉迟早有一天会统治他们。

很快,这位岁数不大的王子就被安排了一场有利的联姻,迎娶安茹伯爵富尔克的女儿玛蒂尔达,安茹伯爵的领地就位于诺曼底以南,因此,他是非常重要的盟友。富尔克还凭借他妻子的权利控制着附近的曼恩伯国(County of Maine),他同意将其作为嫁妆,在举行婚礼时送与这对年轻的夫妇(两人当时分别是10岁和2岁)。威廉飞快地踏入了政治世界;1115年,诺曼底的贵族们宣誓效忠于他,1116年3月,英格

---

① 此处原文为"born 'in the purple'",直译是"生于'紫室'",即"出生于帝王之家"。传统上认为是指在父母在位期间出生的王室或皇室成员。该表述在10世纪时变得常见起来,尤其是在拜占庭历史上,比如拜占庭皇帝"生于紫室者"君士坦丁七世(Constantine VII Porphyrogennetos)。

兰的贵族们也向他宣誓效忠。在他的母亲伊迪丝／玛蒂尔达于1118年5月去世后，在国王亨利暂时离开英格兰前往诺曼底期间，他正式担当起摄政者，不过从现存的证据中难以判断出他是否实行过个人统治或者在亨利某位下属官员的指导下实行过。

1119年，16岁的威廉已经被视为一名成年人了。对于他而言，这是意义非凡的一年：他结婚了，还参加了布雷米勒之战，正是在这场战争中，他父亲的军队击败了法兰西的路易六世和纪尧姆·克利托所率领的队伍。[3] 关于他在实际战斗中的参与程度尚不得而知，但是我们都知道，在这场战争之后，他得到了堂兄克利托的坐骑；他把这匹马还给了其主人，不过，这是出于骑士精神，还是残忍的嘲弄，仍旧有待解释。[4] 也是在这一年，威廉·阿德林作为"候任国王"（*rex designatus*）被列在了特许状上，这无疑是公开承认他是英格兰王位的继承人了。他似乎很享受这种地位，围绕在他身边的都是年龄相仿的年轻人，他们怂恿他饮酒作乐——非常像曾经陪伴在他的叔叔罗贝尔·柯索斯身边的人，这对他而言是有害的。

1120年11月25日，威廉·阿德林和他的父亲、很多其他的家庭成员和朋友以及其余王庭人士一起待在巴夫勒尔（Barfleur）。亨利既是英格兰国王，又是诺曼底公爵，因而需要非常频繁地横渡英吉利海峡，这一天看起来没什么不同寻常的；这时已经是年底了，但是天气很好，而且之前，直到12月底都能顺利地横渡海峡。

一艘船的船长来到亨利面前。他的名字是托马斯·菲茨蒂芬（Thomas fitzStephen）；他说他的父亲曾经于1066年载着"征服者"威廉越过了这片海，他想知道自己是否能有幸让国王乘坐他那艘崭新的、华丽的、迅捷的"白船"航行？亨利已经有其他的安排了，而威廉渴望以一种高端时尚的方式出行，他希望在享受朋友们陪伴的同时，和父亲比一比谁先越过英吉利海峡。亨利欣然赞同，威廉将他那些年轻且纵情欢闹的同伴们召集了起来，这样他们就可以在晚潮时登船起航了。其中包括他的同父异母兄弟理查·菲茨罗伊（Richard fitzRoy），同父异母姐妹佩尔什伯爵夫人（Countess of Perche）玛蒂尔达；他的表兄莫尔坦伯爵（Count of Mortain），布洛瓦的斯蒂芬和斯蒂芬的妹妹布洛瓦的玛蒂尔达①，以及玛蒂尔达的丈夫切斯特伯爵（earl of Chester）理查。威廉的妻子玛蒂尔达和他的同父异母哥哥格洛斯特伯爵罗伯特都没有搭乘"白船"；玛蒂尔达年龄太小，而罗伯特年龄太大，都没能成为和他亲近的随行人员。布洛瓦的斯蒂芬在即将起航之前下了船，这不经意间改变了英国王室史的进程；他的理由是胃部不适，但他之所以下船，很可能是因为"船上有太多疯狂和任性的年轻人了"，[5] 他不愿意和这群人同行。

开始的时候一切顺利。国王亨利的船率先起航，与此同时，"白船"正等着出发，而威廉下令将一桶桶葡萄酒打开，分发给乘客……和船员。结果就是起锚时，船上的所有人都酩酊大醉了，在这种情况下，威廉还催促托马斯·菲茨蒂芬全速驶出海港，努力赶上其他人，超过他们，率先到达英格兰。托马斯满足了他的要求——无疑是希望能给王位继承人留个好印象，这对他的未来有好处——他命令手下人划船，因为当时风力不足。不幸的是，在葡萄酒所产生的舒适安逸感的影响下，桨手和舵手都没能适时地注意到正在发生的事情，在出港的路上，"白船"

---

① 也有资料记载称，在"白船"事件中丧生的切斯特伯爵理查夫人名为露西亚-玛特（Lucia-Mahaut）。

的左舷撞上了正好位于水面下的一块岩石。这里就是众所周知的基耶伯夫（Quilleboeuf），如今仍旧能辨识出来。

那个黑暗寒冷夜晚的恐怖之处只能通过想象了，因为没有任何一个有足够读写能力的人在这次沉船事件中存活下来，能记录下所发生的一切。唯一的幸存者是一名来自鲁昂的屠夫，他设法抓住了一根桅杆，整夜都紧紧地抓着；其他人都丧生了。这个屠夫后来因讲述他的故事而大受欢迎，他散布了一些或真或假的故事：威廉最初幸免于难，乘着一艘小船被带往安全之处，可当他听到同父异母姐妹的哭喊声时让船返回，结果船被水淹没，就此翻了船，他被抛进了水里；托马斯·菲茨蒂芬也躲过了最初的撞击，结果听说威廉·阿德林死了，因而宁可淹死也不愿回去面对国王的暴怒。[6] 威廉·阿德林那些健在的朋友们也许鼓动了这类故事的传播，因为最好让人们记住他是一个在试图营救一位女士时丧生的英雄，而不是一个不计后果、烂醉如泥的年轻人，他的行为导致了300人丧生，其中包括他自己。

亨利安全地在南安普敦（Southampton）登陆了，接着前往威尔特郡（WiltShire）的克拉伦登（Clarendon），等待其他王室成员。当这个可怕的消息传来时，听到的人都害怕得不敢告诉他，或者是认为这会让他陷入巨大的悲痛，或者是担心被他的怒火波及。最后，一个痛哭的小男孩——亨利不太可能责备的无辜者——被推到了他的面前，向他传达了这一消息。亨利立刻悲痛欲绝地瘫倒在地，需要被人搀扶着才回到了他的房间。"他极度悲痛；没有比这更令他痛不欲生的了。他倒在床上，没人敢同他说话，他也不跟任何人说话。"[7]

还有许多其他的权贵失去了他们的亲人和朋友，因此整个王庭都处于哀恸中。"哦，上帝啊，多么大的一场灾难啊，多么令人悲痛啊！"一位编年史家痛惜道。"还没有哪艘船给英格兰带来过这么大的痛苦",另一位编年史家说道。[8] 人们在诺曼海岸发现了极少数的几具尸体,大部分尸体都找不到了,包括威廉的;就已知情况来看,他并没有坟墓。

同时代人对威廉·阿德林的看法有些复杂。有些人颂扬他的德行:

> [威廉]慷慨大方地送礼和消费,和非常爱他的父亲住在一起。他确实按照父亲的要求行事,不做任何父亲禁止的事情。英格兰和诺曼底的骑士之花都开始侍奉他,都对他寄予了极大的期望[……]但是,掌握着一切命运的主却做出了大为不同的安排。

然而,还有些人没那么惋惜,他们认为在"白船"上丧生的那些人是因为所犯下的罪孽和奢靡的生活方式才遭到了"上帝猛烈的报复":"他们全都惨死了,并且几乎都没能入土为安。虽说当时的海上非常平静,也没什么风,但死亡会突然毁灭那些应死之人。"[9]

这些不同的看法,再加上英年早逝——他去世时才 17 岁——让我们很难推测出威廉·阿德林会成为什么样的国王。一方面,据传言,他和他的朋友们轻率又放纵,但对于当时(或者说实际上任何其他时代)他这个年龄的年轻人来说,这并不罕见,所以,也许他只是不走运,他不负责任的行为导致了悲剧和多人丧生,而其他人也可能做出类似的行为,却能逃脱惩罚。再过几年也许就完全不同了;毕竟,威廉是在对继承王位的期盼中长大的,他的父亲本就会向他灌输责任感和权势观念,所以,随着年龄的增长,他也许会逐渐稳重起来,就像之前的王子那样,而后也会继续好好干。

"白船"灾难的一个确凿无疑的后果就是国王亨利没有合法婚姻所

生的儿子了，因此，他必须制订替代的继承计划。正如第一章所指出的，顺理成章的候选人是纪尧姆·克利托，就"征服者"的男性世系而言，他和他的父亲罗贝尔是亨利仅存的亲人了。但是就像我们所看到的，这对于亨利来说是无法接受的。在留给他的选项中，没有任何一个是理想的。

亨利的心思转向了他的外甥们。他的其他兄弟们都没有孩子，但是他还有五六个姐妹，其中之一的布洛瓦伯爵夫人阿德拉有 4 个儿子：威廉、西奥博尔德、斯蒂芬和亨利。年轻的威廉一直被他的母亲搁置一旁[10]，亨利是教士，而中间的两兄弟——西奥博尔德和斯蒂芬——自年少时就被送到了国王亨利身边，是整个王室家族都熟悉的人物。他们似乎是合理的候选人，但是在经过了这么多年的筹划之后，亨利还是更想要让自己的孩子继位。

留给他的选择有两个。首先是他的长子格洛斯特伯爵罗伯特，他是个颇有影响力的权贵人物，既忠诚，又能干。当时，他大约 30 岁，正值壮年——但他是私生子，因此不在考虑之列；即便是亨利也无法颠覆教会的力量。罗伯特的祖父"征服者"威廉当然也是私生子，但是这些年间，教会对婚姻神圣性的态度变得更为强硬了，罗伯特的私生子身份此时使他完全失去了继承王位的权利（这种情况将会持续下去：自 1087 年以来，无论是英格兰还是大不列颠的君主都不是私生子）。

亨利总算还有另一个婚生子女：他的女儿玛蒂尔达。

***

1120 年 12 月，玛蒂尔达嫁给了神圣罗马帝国皇帝（因此终其一生，她一直被称为皇后）。[11] 此时，她 18 岁了，人生中的大半时间都是在国外度过的。不过，亨利仍旧从她那里得到了好消息——他和他的女婿是盟友，并且一直保持着频繁的通信——尽管她目前还没有孩子，但是如果她有不止一个儿子的话，那么就有可能让其中一个继承英格兰和诺曼底，而另一个统治神圣罗马帝国。在亨利自己没有儿子的情况下，他宁愿将王位留给外孙，而不是侄子。玛蒂尔达自己此时还没有被列入继承人的考虑之列，因为她的婚姻意味着她属于她的丈夫，而非她的父亲，因此，她必须和自己的丈夫留在神圣罗马帝国。

然而，亨利不能将全部希望都放在理论上会出现却还没被怀上的外孙身上，因此，他采取了更为直接的行动。自伊迪丝/玛蒂尔达于1118年去世后，他一直寡居，此时，他急忙安排了一桩新婚事，在"白船"灾难发生还不到3个月的时候，他迎娶了鲁汶的阿德莉萨（Adeliza of Louvain）。她还是个十几岁的孩子，年龄还不到他的一半大；他一直具备生育能力；他到哪里都带着她。他的计划显然是再生一个合法婚生子，接着活得久一点儿，看着他长大成人，成为公认的继承人。到头来，这些事情都没发生：结婚5年后，阿德莉萨还是没有怀孕，而亨利此时已经接近60岁了，他不得不重新筹谋。然后，在1125年春天出现了另一种选择，当时神圣罗马帝国皇帝亨利去世了。玛蒂尔达成了寡妇，而且没有孩子，之前需要作为摄政者留在神圣罗马帝国的她可以被召回了。

正如上面所提到的，玛蒂尔达自很小的时候起就与她的家人分离了，一直在国外，生活在一群陌生人间。皇帝亨利当时是欧洲最有权势的男性之一，因此，这种处境对于一个只有8岁的小女孩来说无疑是可怕的。然而，她并没有望而生畏，而是尽可能地利用自己的处境，并从它能提供的机遇中获益。比她年长许多的丈夫安排她接受教育，她努力地学习；没过几年，就精通了多门语言，还对帝国的历史、政治和治理有了深刻的理解。等到她16岁的时候，亨利已经非常信任她了，并且对她的能力也深信不疑，因而将她留在意大利作为他的摄政者；也就是说，当他身处德国时，玛蒂尔达代表他来统治帝国的这个地区。如果他觉得她无法胜任这项工作，不管她的地位多高，他都不会这么做的，因此，这足以说明她的能力。

然而，在几年后，皇帝亨利对继承人的需求超过了其他考量，于是玛蒂尔达被召回了德国。无论是在宫廷里，还是在旅途中，她都常伴他的左右，但是至他于1125年因病（很可能是癌症）而亡时，他们并没有孩子。这时，玛蒂尔达才23岁，她有很多选择——例如，一直守寡或者到女修道院隐居——但这些选择都没什么吸引力。

当然，在4年半前，玛蒂尔达听说"白船"之难时，就个人层面而言，她很可能悲痛不已，但当时她一定觉得这对她的终身不会产生什么影响，因为她已经在神圣罗马帝国站稳脚跟了。可此时，一切都不同了，由她自己掌权这一前景一定极具吸引力。她在意大利尝试掌权期间，处理得很好，英国王冠会为她的抱负和自主权提供能够施展的余地，几乎没有女性拥有过这样的机会。

玛蒂尔达放弃了她在帝国仍旧掌管着的领地，切断了自己和那里的联系，返回了诺曼底，整个1126年，她一直和父亲在一起。她需要重新学习她的母语，并且重新认识王庭中的重要人物，与此同时，她的父亲也需要看看她变成什么样了。国王断定，他所看到的一切就是他想要的（当然，她是他自己的孩子的事实影响了他的看法），因而决定指定她为自己的继承人。被指定的仅仅是她——并不是她未来的丈夫或儿子，只是她。英格兰似乎注定要拥有第一位女性君主了，[12]亨利于

1127 年 1 月组织了一场大规模的典礼，在典礼上，所有的权贵和主教都宣誓，一旦亨利去世，他们会拥护玛蒂尔达继承王位。

玛蒂尔达无疑期待着继承王位，但是有个隐患：她本该再次结婚的。尽管是她本人被指定为继承人，但是如果之后没有自己的孩子，她登上王位就没什么意义了，或者说只会重复当前的情况，而亨利的王朝终将灭亡。因此，亨利四处寻找合适的对象，他的目光再次转向安茹。除了两个短暂地嫁给威廉·阿德林和纪尧姆·克利托的女儿之外，富尔克伯爵还有两个儿子。年龄较大的若弗鲁瓦是他的继承人；富尔克和亨利安排了这桩让双方都满意的婚事，玛蒂尔达于 1128 年春天被送到安茹完婚。

在亨利看来，这桩婚事非常令人满意，但玛蒂尔达却不这么想。她曾经是一位皇后；而现在，她要嫁的只是一位伯爵之子。这太丢脸了，而且她已经 26 岁，他才 14 岁，这件事更是火上浇油。从一开始，这场婚姻就是场灾难，不到一年，玛蒂尔达和若弗鲁瓦就分居了。但这并不符合亨利的计划，因此，1131 年，他强迫玛蒂尔达回到她丈夫的身边；不过，他确实重申了她作为继承人的地位，在当年 9 月让权贵们再次宣誓，他们会在他去世之后拥护她继承王位的权利。玛蒂尔达的堂兄和主要对手纪尧姆·克利托于 1128 年去世了，因此，她通往王位之路似乎没什么阻碍了，当她和若弗鲁瓦破镜重圆，并分别在 1133 年和 1134 年生下两个儿子——亨利和若弗鲁瓦——之后，更是如此了。

但是，玛蒂尔达的丈夫有自己的野心，可他的地位却是模棱两可的。他只是一名统治者的配偶，还是说可以凭借他妻子的权利，在适当的时候成为英格兰国王，就像迎娶了一名女性继承人而成为伯爵的男人那样？更重要的是，他可以控制诺曼底这片他和他的家族一直觊觎的土地吗？这一点希望渺茫，因为亨利不仅在 1131 年的宣誓仪式上直截了当地省略了若弗鲁瓦的名字，而且拒绝交出理应是玛蒂尔达的嫁妆的三座诺曼底城堡。

若弗鲁瓦对自己没有得到认可而感到恼怒，于是故意招惹和挑衅亨利；"受到这些刺激的'国王'勃然大怒，火冒三丈"，[13] 和他的女婿开战了。这让玛蒂尔达进退两难，但最终，她站在了自己丈夫一边，反对她的父亲，结果当 1135 年 12 月亨利非常突然地去世时，她既不在英格兰，也不在诺曼底。实际上，等亨利去世的消息传到她那里的时候，她的表兄布洛瓦的斯蒂芬已经横渡了英吉利海峡，控制住了王室国库（在他的弟弟温切斯特主教亨利的帮助下），继承了王位，策马前往伦敦并在那里加冕了。

玛蒂尔达大为恼火，她理当如此，但是眼下她什么也没法做。她被困在了安茹，因为她怀孕了（难以长途跋涉），也不能和斯蒂芬此时所掌控的巨额财富相抗衡。与此同时，斯蒂芬如此迅速和成功地夺得了王位令时人惊诧不已：他既没有被指定为继承人，也不是他自己家族的长子，而且，他还曾两次宣誓拥护玛蒂尔达的继承权。但是，因为公认的传统，他的加冕是不可更改的。[14] 权贵们接受这一现实并和斯蒂芬达成协议的速度看起来也令人惊诧，或者起码来说，如果玛蒂尔达是男性的话，他们的接受速度本会令人惊诧。很难想象，前任君主唯一的合法婚姻所生的成年儿子会被完全忽略，而一位表亲却获得了支持——这位表亲既是王室的女性后裔，而且本身还是小儿子。但玛蒂尔达不是男性，这导致了她的失败："所有曾经宣誓效忠于国王的女儿及其继承人的主教、伯爵和男爵都转而尊奉国王斯蒂芬，他们认为让如此多的贵族臣服于一位女性是一种耻辱。"[15]

过了整整4年，玛蒂尔达才集结起足够的力量发动对英格兰的入侵。她留下若弗鲁瓦和她的3个儿子，于1139年秋季起航，在阿伦德尔（Arundel）登陆，她在这里受到了欢迎，一开始住在王太后阿德莉萨位于这里的城堡中。玛蒂尔达有两个主要的盟友：她同父异母的哥哥格洛斯特伯爵罗伯特，她的舅舅苏格兰国王戴维（David），他是玛蒂尔达已逝的母亲伊迪丝/玛蒂尔达的弟弟。在玛蒂尔达行动之前，戴维已经以她的名义先采取行动了，他于1138年发动了入侵，但他在当年8月的军旗之战（Battle of the Standard）中被击败，被迫向斯蒂芬妥协。然而，玛蒂尔达此时正在英国国土上给了他再次以她的名义采取行动的动力。

陪同玛蒂尔达乘船而来的罗伯特将她留在了阿伦德尔城堡的高墙之后，自己向西疾驰，前往他位于布里斯托尔（Bristol）的城堡，去征募士兵。斯蒂芬立刻来包围了她所在的地点，但是玛蒂尔达哄骗住他，兵不血刃地就获得了一张安全通行证，允许她不受阻碍地前往布里斯托尔和罗伯特会合，而护送她的只有斯蒂芬的弟弟，也就是温切斯特主教亨利。[16]

就这样，一场接下来持续了14年的战争开始了，各方都有得有失，有胜有败，但每一方都没能取得最终的决定性的突破。王国内的一些权贵开始默默地舍弃了斯蒂芬，转而向玛蒂尔达宣誓效忠，这要么是因为他们（马后炮地）认为应该遵守曾经对她许下的誓言，要么是因为他们认为这么做符合自己的利益。这并没有立刻引发全面的战争，而是出现了许多小规模的地方性叛乱，斯蒂芬不得不赶往王国内的各处，去平息这些叛乱。另一边，玛蒂尔达并没有将自己定位为反抗国王的贵族，而是享有自己权利的合法君主——由此占据了道德制高点，并暗指那些拥护斯蒂芬的人才是大错特错的。她为此而采取了一些行动,包括不再以罗伯特客人的身份待在布里斯托尔,而是搬到了位于格洛斯特的王室城堡内,铸造有她的肖像的硬币,并授予领地和头衔。顺带一提,在英格兰的许多地区,这最后一项行动造成了很多的混乱,因为有些郡县会在名义上拥有两个伯爵,一个是玛蒂尔达指定的,另一个是斯蒂芬指定的。

玛蒂尔达并没有称她自己为英格兰王后(queen of England),因为斯蒂芬的妻子,也就是另一位玛蒂尔达已经拥有这个头衔了。不管怎么说,"queen"只有一位国王的妻子的意思,这当然不是玛蒂尔达对自己的定位。[17] 她的丈夫若弗鲁瓦几乎被遗忘了:她并没有称自己为安茹伯爵夫人,而且,她更喜欢坚持用"皇后""罗马人的王后"[18] 和"国王亨利之女"这样的头衔,它们都能让她在不从属于任何相关男性的情况下增强自己的声望,因为这些男性都早已经去世了。

在大约进行了一年的游击战、攻城战和反攻战之后,玛蒂尔达在1141年初取得了一次重大的突破。当年1月,切斯特伯爵拉努夫(Ranulf)占领了位于林肯(Lincoln)的城堡——这更多的是他自己的收获,而非玛蒂尔达的,但对于斯蒂芬来说,损失是一样的。斯蒂芬无法对这种犯上行为坐视不理,为了夺回城堡,他行动起来;然而,他最终陷入了危险的境地,被夹在城墙和城堡之间。这是玛蒂尔达的良机,尽管此时正值冬季,她还是派了格洛斯特的罗伯特率军前往林肯。罗伯特急于尽可能快地赶到那里,这一方面是因为他忠于玛蒂尔达,另一方面是因为他的女儿就是拉努夫的妻子;拉努夫在寻求援助时,谨慎地提到,国王正在进攻城堡,而她正被困在城堡里。

这支军队到达林肯的速度比斯蒂芬预料的快得多。他并没有撤退,

"不愿以逃跑之耻玷污他的名号"；[19] 但是，他并没有冒险在两道城墙之间的狭窄范围内作战，而是选择出城，前往西部的一个平原开战。两支军队于 1141 年 2 月 2 日交锋，但是，斯蒂芬的那支缺乏热情的队伍不是玛蒂尔达的对手；他手下的伯爵们都逃离了战场，留下的他被抓住了。[20]

斯蒂芬被送到了格洛斯特，带到了玛蒂尔达面前，对于墙上的苍蝇来说，这次面谈一定很有趣。她得决定如何处理他；尽管她认为他是个篡位者，但事实是他已经加冕为王，冷血无情地杀害他是不可行的。如果他在激烈的战斗中"意外"被杀的话，就完全不同了，但是此刻作为上帝受膏者的他正处在这里，活蹦乱跳且毫发无伤。玛蒂尔达别无选择，只能将他监禁起来，在被带往布里斯托尔时，斯蒂芬可能曾试图忘掉任何有关他舅舅罗贝尔·柯索斯的悲惨命运的点点滴滴。

在斯蒂芬被监禁的时候，战争似乎就结束了。玛蒂尔达与英格兰最高等级的神职人员进行了会谈，这位神职人员正好就是温切斯特主教亨利，也就是她的表兄和斯蒂芬的弟弟。通常情况下，坎特伯雷大主教（Archbishop of Canterbury）是英格兰最高级的教会人员，但仅仅是一名主教的亨利承担了教皇使节这一额外的身份，这意味着他是教皇的直接代表，因此其地位超过了教会等级制度中的大主教。玛蒂尔达于 3 月间见了主教亨利；他突然背弃了斯蒂芬的事业，声称支持玛蒂尔达，宣布她为"英格兰的女主人"（Lady of the English）。她的加冕礼的准备工作开始了，6 月，她启程前往威斯敏斯特参加典礼。

然而，玛蒂尔达严重低估了一个关键因素：男性们对一位女性统治者这一想法的绝对抵制。尽管她有几个忠心耿耿的支持者，但大多数其他支持她的（或者是反对斯蒂芬，实际上却没有宣誓效忠于玛蒂尔达的）权贵，之所以这么做是因为对斯蒂芬及其不稳定的统治有所不满。而此时面对着也许会有一位女性确确实实地统治他们的想法，他们坐立不安了。

同时代的编年史家中出现了一场抹黑运动，我们应该注意到的是，这些编年史家都是男性；实际上，他们很可能是神职人员，而作为神职人员，他们比普通人更少接触到有能力的女性——或者说实际上是所有的女性——所以，他们往往对整个女性群体有所质疑。玛蒂尔达一到达伦敦，他们中的一人就向我们记述道："她傲慢到令人难以忍受的地步［……］她几乎拒所有人于千里之外。"[21] 难道她有什么迄今为止尚不为人知的性格缺陷吗？看起来并不是。不需要特别缜密的分析就会发现，人们在评论她为王位所做的准备时，都有明显的性别指向。她

> 立刻表现出了尤为傲慢的姿态，全无一位温婉女性所具有的温和步态和举止，她开始在走路、说话和做所有事情的时候都表现得比原来更为顽固和趾高气扬［……］她实际上是将自己视为整个英格兰的女王，并以此名号为荣。[22]

好吧，就是这样：她将被加冕为女王，因此她开始像女王一样行事。

指责仍在继续："接着，她［玛蒂尔达］一被如此荣耀优待地抬举到这种显赫的地位，就开始在行事过程中表现得专横武断，或者说非常刚愎自用"；她不再信赖她无比亲近的顾问们的意见了，而是"根据她自己专断的意愿，按照她自己认为合适的方式安排一切"。[23] 一位君主自己做决定，并且以具有权威的方式说话？多么怪异啊。撇开讽

刺不说，显然，如果这些指控是针对一名男性的话，听起来会多么可笑——玛蒂尔达被视为"傲慢自大的"，只是因为她是一位追求权势的女性。

在12世纪，女性在生活中有她们自己的指定位置，并被期望着坚守在这一位置上。事实证明，贵族女性经常被要求承担起一些在传统上可能被视为"男性化的"活动，比如管理财产或是保卫领地，而她们周围的男性们也希望她们能够承担这样的责任。但是，只有在女性是代表一位男性亲属——丈夫、兄弟、儿子——行事时，对于社会来说才是安全的，因为这样一来，女性权威会被限制在可接受的由男性定义的范围内。在一位新玩家，也就是斯蒂芬的妻子王后玛蒂尔达①加入这场博弈时，编年史家的双重标准甚至变得更明显了。她可以参战，她可以召集并指挥军队，她可以取得控制权，因为她是以被囚禁的丈夫的名义行事的。正是那位指责过皇后的编年史家说道，"她面容坚毅，额前的眉头紧皱，所有的女性柔弱痕迹都从她的脸上消失了，燃起的是不可遏制的怒火"，几行话之后，他又严肃地称赞道，王后是"一位拥有男性决断力的女性［……］"24

此时是王后玛蒂尔达掌握了主动权，她要兼顾丈夫和儿子的利益。她煽动了一场伦敦人的暴动，就在玛蒂尔达计划加冕的前一晚，他们突袭了威斯敏斯特，她和同伴突然被迫逃离，袭击者们发现连餐桌上的食物都还是温热的。皇后玛蒂尔达连同伯爵罗伯特和国王戴维疾驰至牛津，重新部署——但是他们没带上主教亨利，此时他正前往温切斯特，

---

① 因斯蒂芬的王后与想要继位的玛蒂尔达重名，后文中称前者为"王后玛蒂尔达"，后者为"玛蒂尔达"或"皇后玛蒂尔达"。

于是他又立即改变了立场,声称他只是被误导了,所有忠实的臣民都应该重新支持斯蒂芬。

玛蒂尔达的下一步行动就是赶往温切斯特。王冠也许还无法企及,但是王室国库可以;如果她能控制住国库,再加上斯蒂芬仍旧被她囚禁着,她也许就可以在追求王冠的路上重获优势。但事实证明,这一行动是徒劳的,并且最终导致了灾难性的结果。在他们接近温切斯特的时候,主教亨利就逃跑了,直接跑到了王后玛蒂尔达及其军队那里,以寻求帮助。他留下了驻防坚固的堡垒,玛蒂尔达及其军队发现他们所处的形势和斯蒂芬在林肯时很相似:被困在两道城墙之间,有一支军队正在逼近。他们待在温切斯特的时间有点儿太长了,撤退的命令下达时,王后的军队已经近在眼前了。从温切斯特到斯托克布里奇(Stockbridge)沿路上的战斗无休无止,一方想要逃跑,而另一方试图阻止他们,接着在玛蒂尔达的军队不得不慢慢地越过特斯特河(River Test)时发生了持续时间很长的遭遇战,由此导致人员积压得越来越多,王后的军队追赶了上来。

玛蒂尔达逃脱了;她奋力疾驰至格洛斯特,到达时已经累得半死了。国王戴维来和她会合了,他好几次都差点儿被抓。但是伯爵罗伯特并没有赶来:他一直坚守在斯托克布里奇,以让他的妹妹能够逃脱,并为此付出了代价,失去了他自己的自由,"为他的朋友们赢得了"自由。[25] 这几乎和玛蒂尔达自己被抓一样严重:作为一名女性,她并不能领导她的军队作战,因此需要同父异母的哥哥为她而战。除了同意王后的要求,也就是以斯蒂芬来交换罗伯特,她别无选择。

于是,战争再次开始了,各方的情况都不比一开始时好多少,英格兰满目疮痍、生灵涂炭,人们叫苦连天。斯蒂芬一获得自由,王后玛蒂尔达就回到了她的住所，没再在这场战争中发挥活跃的作用；斯蒂芬可能错过了一个机会，因为相对于他而言，王后玛蒂尔达很可能是更好的领袖。后来，一位 13 世纪的编年史家在事后回顾时写道，皇后玛蒂尔达"在和国王的交战方面比和王后的交战更为成功"。[26]

1142 年，钟摆进一步朝着斯蒂芬倾斜，而对于玛蒂尔达来说则几乎是致命的。格洛斯特的罗伯特被派遣到海峡对岸，向玛蒂尔达的丈夫若弗鲁瓦求助；若弗鲁瓦却拒绝施以援手，因为他正忙着利用她的名义和她对公国的继承权来征服诺曼底，这是他的家族一直以来的抱负。然而，他让罗伯特和他待在一起，这就意味着当年秋天，在玛蒂尔达意外地被斯蒂芬及其军队围困于牛津时，罗伯特无法来援助。她完全被隔绝了，被围困了数月，食品供应减少到了尤为危险的地步。

12 月的一个寒冷的夜晚，她自己解决了这个问题，以一种堪称大胆到令人难以置信的方式逃脱了。她穿着用于伪装的白色衣服，仅仅带着 3 个人，从通往城墙外的一扇小后门溜走了，小心翼翼地走过冰雪覆盖的空地，接着直接越过冻住的泰晤士河，神不知鬼不觉地悄悄穿过斯蒂芬的军营，蹑手蹑脚地"穿过国王的警戒哨，随着号兵们吹响的号声及士兵们的大声呼喊，夜晚的平静完全被打破了"。[27] 令人惊讶的是，她成功逃脱了。"上帝显灵了"，一位编年史家写道，[28] 而另一位编年史家难掩惊愕地说道：

> 以一种令人瞠目结舌的方式，她在深更半夜时，毫发无伤地穿过了如此多的敌人、如此多的哨兵的防线［……］我不知道这是因为要在日后让她更加声名显赫，还是因为上帝的审判，要让这个王国更加混乱，只是，我从未看到过另一位女性能如此幸运地从这么

多势不两立的敌人和如此穷途末路的险境中获救的。[29]

玛蒂尔达的处境依旧岌岌可危,她没有足够的军队或资源来赢得一场决定性的胜利。但是她也没有放弃:在本书所有失落的继承人中,她也许是最坚持不懈地追求王位的人。战争又拖延了5年,此时已经到了无论谁获胜,英格兰都涂炭到几乎无法治理的地步了。编年史家们对英格兰遭遇的蹂躏进行了大量描绘,其中一位写道:

> 强者恃强凌弱,并以威逼恫吓来免于被追究。反抗者必死无疑。这片土地上富有的贵族们依旧财源滚滚,他们对不幸的受难者漠不关心;他们唯一在乎的是他们自己及其拥护者。[30]

《盎格鲁-撒克逊编年史》中堪称描绘这场战争的最著名的段落写道,一切都这么糟糕,据称有人公开说,"基督和他的圣徒们一定睡过去了"。[31]

玛蒂尔达逼迫自己重新思考,有两个主要的因素影响了她的计划。首先,1147年,格洛斯特的罗伯特去世了。他一直是她的主要支持者,他的死既使她失去了主要的军事指挥官,也提醒她,他们都不再年轻了。但是飞逝的时间还有相反的一面,也就是这一复杂问题的第二个因素:至1147年时,玛蒂尔达的长子亨利已经14岁了,因此能凭借他自己的权利而成为合情合理的王位候选人了。

玛蒂尔达已经深深地了解了英格兰对女性统治者的反对,此时,她必然认识到了,她自己永远不可能戴上王冠了。如果不是她,那么接下来的最佳选择就是她的儿子——他当然比斯蒂芬的儿子尤斯塔斯

（Eustace，我们将在第三章中详细介绍有关他的内容）更为合适，尤斯塔斯这时大约17岁，从小就被作为王位继承人来培养。亨利是亨利一世拥有合法继承权的外孙——此时，人们后知后觉地认为亨利一世统治时期是和睦繁荣的太平盛世——因此，他被视为名副其实的继承人。亨利在年轻时去过几次英格兰，权贵们对他及他的家族都很熟悉。玛蒂尔达开始在特许状和授权中将他的名字和自己的并列，渐渐地，许多领主都转而认为之前的一切都是个可怕的错误，他们应该忘掉过去的10年，他们达成妥协，一致认同把亨利作为他外祖父的合理合法继承人。这一前景充满了希望，但对玛蒂尔达来说遗憾的是，她很快就意识到为了推动她儿子的事业，她必须彻底给他让路。因此，1148年夏天，她乘船离开了，再也没有回到英格兰。

然而，玛蒂尔达的故事并没有结束。她的丈夫若弗鲁瓦成功地征服了诺曼底，被封为公爵；相当令人难堪的是，此时的玛蒂尔达发现自己作为若弗鲁瓦的妻子，成了诺曼底公爵夫人。1150年，情况才变得更容易接受，当时若弗鲁瓦放弃了这一头衔，将其让给了亨利，理由是他一直在为他儿子的世袭继承权而战。由于亨利在英格兰忙得不可开交，玛蒂尔达就担任了他的摄政者，非常奇怪的是，她在诺曼底的统治得到了广泛认可，因为非常确切而严格地来说，她此时是代表一位男性行事的。

接下来几年，大量的英国权贵转变了立场，这让继承问题变得更为紧迫了。1153年，斯蒂芬和亨利达成协议，斯蒂芬在余生仍旧是国王，但之后王位要传给亨利，而非他自己的孩子们。这当然令他的长子尤斯塔斯怒火中烧，但它确实终结了两位主要人物之间的敌对状态，令大部分的英格兰人都如释重负。

在达成协议仅仅一年后，斯蒂芬就去世了，1154年，玛蒂尔达成了英格兰国王之母。当时的亨利还只有21岁，在很多事务上都依赖她的建议和指导。在某些事情上，她成功地劝阻了他做出犯蠢的行为：入侵爱尔兰的计划被取消了，当时玛蒂尔达指出入侵很可能造成消极影响。但在其他地方，她没有那么大的影响力——她建议亨利不要委任托马斯·贝克特（Thomas Becket）为坎特伯雷大主教，结果被无视了，尔后出现了灾难性的后果。

事后来说，我们很难看出，如果玛蒂尔达能成功登位的话，她的统治只会成为一场灾难。这并不是因为她没有能力进行统治：远非如此。她有着丰富的国际政治经验，既聪慧又精明；如果她的各种能力精准地结合起来，并被放在一位男性身上，那么这个人一定会成为一名出色的中世纪君王。所以绝非这样，问题在于权贵们，他们一定会利用各种能想到的借口来争吵、反叛和抵制她掌权，因为他们深信让一位女性处在这样一种有权势的地位上是反常的。玛蒂尔达注定会陷入一种两败俱伤的境地：她的任何行使正当权威的尝试都会被指责为反常和不符合女性身份的，因此是不适合进行统治的；而如果她通过传统上更容易被接受的女性化的方式来努力使她的形象柔和起来，就会导致她被视为一个软弱的女性……所以同样是不适合进行统治的。她可能"获胜"的唯一方式就是确保她的儿子登上王位。

不过，玛蒂尔达的儿子至少对她心怀感激。在亨利——终其一生都选择称自己为亨利·菲茨安布斯（Henry fitzEmpress），也就是皇后之子亨利，而非若弗鲁瓦之子亨利（Henry fitzGeoffrey）——成熟起来，并成长到能够担得起他的国王身份时，他还是信赖着玛蒂尔达和她丰富的外交经验。她代表他和很多有权势的人物进行过谈判，比如法兰西国王和神圣罗马帝国皇帝，在 1167 年去世时，她已经被视为欧洲资深的女性政治家了。尽管玛蒂尔达从未坐上过英国王位，但是她无疑比本书中将会介绍的很多其他人都更为成功。她很长寿，是自然死亡；她见证了王位重回自己这一脉。这次的世系恢复有两方面的深远影响。首先是开创了一个先例，尽管英格兰还没准备好接受女性统治，但至少可以通过女性世系来*传位*了，这对几个世纪后约克和兰开斯特之间的斗争，以及再之后都铎王朝（Tudors）的统治产生了重要的影响。其次，也是更为直接的是，1153 年的协议——我们必须将其归结为玛蒂尔达和亨利的一场胜利——将其他人排挤了出去。就像玛蒂尔达在原本期待王位时被剥夺了权利那样，她所发动的战争结果也剥夺了斯蒂芬的孩子们的继承权。

注释

1. 关于威廉，主要可参见 Mason, J. F. A., "William [William Ætheling, William Adelinus] (1103–1120)", ODNB。
2. WM, *Chron.*, p. 454.
3. 关于这场战争，更多的内容参见第一章。
4. OV, vol. VI, p. 241.
5. OV, vol. VI, p. 297.
6. 关于这些故事，详见 Orderic Vitalis (OV, vol. VI, p. 298) 和 William of Malmesbury (WM, *Chron.*, p. 456)。现代历史学家往往认为这些故事是杜撰的：参见 Hollister, C.W., *Henry I* (New Haven, Yale University Press, 2003), p. 278; King, E., *King Stephen* (New Haven: Yale University Press, 2012), p. 18; Hanley, C., *Matilda: Empress, Queen, Warrior* (London: Yale University Press, 2019), p. 44。
7. Wace, p. 206.
8. Wace, p. 206; WM, *Chron.*, p. 456.
9. HH, p. 56.
10. 个中原因仍旧不明，但是，他的绰号"迟钝者"（the Simple）以及同时代人所说的阿德拉"明智地将她的长子搁置一旁,因为他笨头笨脑,碌碌无能"暗示,他也许在某些方面有缺陷,只是当时对此没有充分的认识。

11. 由于玛蒂尔达一直为英格兰王位而战,相比其他同时代的女性而言,我们知道了更多关于她的事情。其他作品,参见 Chibnall, M., *The Empress Matilda: Queen Consort, Queen Mother and Lady of the English* (Oxford: Wiley-Blackwell, 1991); Castor, H., *She-Wolves: The Women Who Ruled England before Elizabeth* (London: Faber and Faber, 2010), pp. 35–126; Hanley, *Matilda*。在许多关于国王斯蒂芬和著名的"无政府时期"(the Anarchy)的作品中,玛蒂尔达也是主要角色,可参见 Bradbury, J., *Stephen and Matilda: The Civil War of 1139–53* (Stroud: Sutton, 1996)。

12. "王后"(queen)这个词——或者至少在当时——并不适用于玛蒂尔达想要得到的地位,因为该词仅仅意味着"国王的妻子",并不能表明拥有统治权。关于这一点的讨论,参见 Beem, C., *The Lioness Roared: The Problems of Female Rule in English History* (New York: Palgrave MacMillan, 2008), pp. 30–34、49–52; Castor, *She-Wolves*, p. 66; and Hanley, *Matilda*, pp. 145–146。

13. HH, p. 64.

14. 关于这一点,曾在前面讨论过;参见第一章。

15. RW, vol. I, p. 483.

16. 这通常被解读为只是斯蒂芬的愚蠢行为,因而只是玛蒂尔达走运罢了,但实际上,她可能是以非常具有战略性的眼光行事的,参见 Hanley, *Matilda*, pp. 114–117。

17. 关于"queen"这个词在当时的用法,参见本章注释12。

18. 神圣罗马帝国的这些头衔可能会令人觉得费解,简而言之就是,直到由罗马教皇加冕,这位皇帝才是正式的皇帝;在那之前,他被称为"德国人的国王"或"罗马人的国王"(再或者两种称呼并存)。玛蒂尔达是在去意大利之前,于1110年在美因茨(Mainz)加冕的,当时她只有8岁;该尊号神圣不可侵犯,并且是终身所有的,即便丈夫去世了,她也不会被剥夺这一头衔。

19. GS, p. 113.

20. 更多关于林肯之战(有时也被称为"第一次林肯之战",以区别于而后在1217年发生的那次)的内容,参见 Bradbury, *Stephen and Matilda*, pp. 94–109; Beeler, J., *Warfare in England 1066–1189* (Ithaca: Cornell University Press, 1966), pp. 110–119。

21. HH, p. 81.
22. GS, p. 119.
23. GS, p. 121.
24. GS, p. 123.
25. WM, *Hist.*, p. 66.
26. AB, p. 79.
27. GS, p. 143.
28. WM, *Hist.*, p. 77.
29. GS, p. 145.
30. JW, p. 250.
31. 出自《盎格鲁−撒克逊编年史》的续篇，即彼得伯勒（Peterborough）手抄本的译文，可参见 http://omacl.org/Anglo/ part7.html。

第三章

布洛瓦的尤斯塔斯、威廉和玛丽

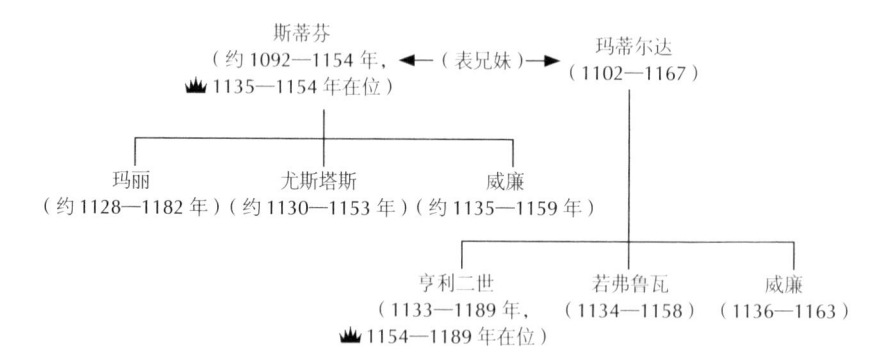

```
                斯蒂芬                              玛蒂尔达
          （约 1092—1154 年， ◄—（表兄妹）—► （1102—1167）
            ♛ 1135—1154 年在位）
    ┌───────────────┼───────────────┐
   玛丽          尤斯塔斯          威廉
（约 1128—1182 年）（约 1130—1153 年）（约 1135—1159 年）
                          ┌───────────────┼───────────────┐
                        亨利二世          若弗鲁瓦          威廉
                    （1133—1189 年，   （1134—1158）   （1136—1163）
                      ♛ 1154—1189 年在位）
```

尤斯塔斯并非生于"紫室"。他出生的时候，他的父亲斯蒂芬已经两度封爵了——凭他自己名义获得的莫尔坦伯爵和凭他妻子名义获得的布洛涅伯爵——但他还不是国王，实际上也没有被视为英国王位的争夺者。斯蒂芬也不可能继承其先祖的领地；他是已故的布洛瓦伯爵的小儿子，还有两名年长的哥哥。因此，他的野心似乎集中在了富有的布洛涅伯国，这里控制着大部分利润丰厚的跨海峡葡萄酒和羊毛贸易，他为长子选择的名字反映出了这一点：尤斯塔斯是 3 位近代伯爵的名字，包括前任布洛涅伯爵，也就是斯蒂芬的岳父。

然而，在大约刚刚 5 岁的时候，尤斯塔斯的期望值被极大地提高了：他的父亲占有了英国王位，这意味着在他长大的过程中，他一直认为这是自己与生俱来的权利。[1] 因此，他接受了王室教育，像其他继承人一样，自很小的时候起就和国家治理联系在了一起；他在1137年就诺曼底向法国国王宣誓效忠时，大约只有7岁。在这里也许有必要对这种惯例进行一番解释，因为后面的章节会再次引出这一话题。法兰西国王是诺曼底公国的宗主，因此，就像其他伯爵和封臣要向他宣誓效忠一样，诺曼底公爵也要向他宣誓效忠。然而，在"征服者"威廉夺得英国王位时，情况变得复杂了，因为英格兰国王和诺曼底公爵是同一人了。尽管所持有的领地是分开的，应该是公爵宣誓效忠，但出席的旁观者们仍旧会看到英格兰国王跪拜法兰西国王的场面。英国国王认为这是难以接受的，因此想了各种各样的方法，包括让他们的儿子和继承人——通常是小男孩——代替他们宣誓效忠。

尤斯塔斯像其他王位继承人一样，需要一场对他有利的婚姻安排。此时，斯蒂芬实际上非常走运，通过没收一些英国主教的世俗财产，他获得了一大笔钱，凭借这笔钱，他说服年轻的法国新任国王路易七世同意让尤斯塔斯迎娶路易唯一的妹妹康丝坦斯（Constance）。[2] 她比她的新婚丈夫年长2—5岁（我们并不知道这两人确切的出生日期），但是相比许多其他的联姻来说，这一差距还算比较小的。婚礼于1140年举行，康丝坦斯被带到了英格兰，生活于王室宫廷里。

斯蒂芬于1141年2月被击败和俘虏[3]，这意味着他为其长子精心安排的所有计划都泡汤了。尤斯塔斯与王位的法定继承人无缘了，他未来很可能只是一名伯爵，而连这种未来也很快就充满了不确定性。他的叔叔温切斯特主教亨利已经抛弃斯蒂芬，宣布支持玛蒂尔达了，但是——也许是希望对他的家族做些补偿——当他们于1141年夏天在伦敦等待她的加冕礼时，亨利向玛蒂尔达请求，让尤斯塔斯继承其父的个人领地和头衔，"因为就算他的父亲被囚禁了，这也是他的合法所得。"[4] 玛蒂尔达拒绝了，这一行为也许有些薄情，但不管怎么说，在当时的情况下是可以理解的。实际上，没有任何一个选择对她来说是特别有利的。一方面，如果君主想要剥夺任何人的祖传产业，都必须非常小心谨慎地处理，因为这可能会在所有权贵间引发不安和猜疑，也就是会破坏王国的稳定；但是另一方面，她曾经多年来一直担忧纪尧姆·克利托对其地位的挑战，据此推测，她一定不想要再让尤斯塔斯有机会在流亡中成为这样的威胁。所以，她决定采取折中的办法：她并没有将尤斯塔斯和他的父亲一起监禁起来，只是剥夺了他反抗她的资源。

在斯蒂芬获释并复位的那一年，尤斯塔斯混乱且不安定的童年又发生了一次转折。他再次成了继承人，他仍旧拥有可预见的未来。1147年，他被封为骑士，此时，他大约17岁了；与此同时，他被授予了布洛涅伯爵爵位。尤斯塔斯的母亲王后玛蒂尔达本身就是布洛涅女伯爵，但或者是被说服了，或者是迫于压力，她觉得既然自己的儿子已经成年了，作为女性，恰当的做法就是将权柄移交给他。

尽管如此，尤斯塔斯还是不觉得自己安全了：他刚刚十几岁的时候就意识到了皇后的儿子——安茹的亨利对他构成的严重威胁，竞争会一直持续下去，直到以某种方式永久地结束。问题是他们两人中任何一人的王位继承权都不能凌驾于另一人之上，但又都有足够的理由让自己成为争夺者。尤斯塔斯可以作为受膏国王之子来夺取王位，而亨利不能；但亨利可以提出，斯蒂芬的加冕和统治从一开始就是不合法的。这样一来，他——亨利——才是亨利一世名副其实的继承人，此时，亨利一世的统治时期没有任何争议，尽管其一开始时也是非正统的（不幸的罗贝尔·柯索斯去世还没有多少年,但在此之前很长一段时间里,他一直是无关紧要的,事后来看,亨利一世的统治不仅被视为合法的,而且他统治的时期还被视为秩序井然和治理稳定的时代)。这一问题终究会得到解决的,不是通过法律纠纷,而是通过军事实力:谁赢得了战争——或者说谁的父母赢得了战争——谁就获得了胜利。

尤斯塔斯从未和他的宿敌正面交锋过,不过有几次显然差点儿碰上。1149年,在一次前往英格兰的行程中,亨利于南部登陆,然后一路疾驰到卡莱尔(Carlisle),为了让他的舅姥爷苏格兰国王戴维封他为骑士。斯蒂芬和尤斯塔斯听说了这件事;斯蒂芬匆忙地赶往约克,但亨利已经成功地避开了他,尤斯塔斯在赫里福德郡(Herefordshire)和格洛斯特郡设下了不少于三处的埋伏,试图在更南边拦截他。亨利全都逃脱了,尤斯塔斯的愤怒反应在接下来的几年中非常常见:他大发脾气,拿别人撒气。在这种情况下,他"袭击了那些支持皇后之子亨利的贵族的领地。没有人能反抗他[……]他造成了很多破坏"。[5] 在索尔兹伯里,普通百姓正大难临头;在这一年中至关重要的收获时节,尤斯塔斯的属下们"在所经之地大肆抢掠,放火烧了房屋和教堂,更为无情和残酷的是,他们还把已经收割和成堆地放在田地里的庄稼烧毁了,把能找到的所有可食用的东西都吃光了"。[6]

至此,战争已经激烈地进行很多年了,为了结束战争,双方都开始诉诸更为残忍的策略。斯蒂芬"仔细思考了能毁灭其对手的最有效方式":

最后,他觉得看起来明智且审慎的方式是四处攻击敌人,掠夺且摧毁他们拥有的一切,烧毁庄稼和任何维持人类生活的东西,寸草不留，让他们在这种胁迫下走上穷途末路，最后他们就不得不放弃和投降了。[7]

尤斯塔斯似乎沉迷于这种作战方式。在蹂躏完索尔兹伯里周围的土地之后，他又转向迪韦齐斯，进攻了这里的城堡，"让他的下属直接放火烧毁各处的房屋，杀死路上所遇之人，肆无忌惮地犯下所有能想到的残忍罪行，这预示着悲伤痛苦的一天即将到来"。[8]

1151年，亨利返回了诺曼底，尤斯塔斯紧随而至。这时，尤斯塔斯有朝一日成为诺曼底公爵的任何希望都彻底破灭了。他的父亲花费了那么多的时间、精力和资源来试图保住自己的英国王位，以至于没有留下什么可以用于保卫公国的。这里的权贵们一个接一个地被安茹的若弗鲁瓦击败，或者和他达成和解，若弗鲁瓦花了数年时间，以不可阻挡的势头逐渐走向胜利。他成功了，成了公认的公爵，1150年时，他将公国和头衔交给了他的儿子亨利，亨利在前一年已经被封为骑士，所以已经被视为一名成年人了。尤斯塔斯显然觉得他必须做些什么，但是他到达欧洲大陆时，他和自己的内兄路易七世的同盟已经没什么作用了。路易承认了安茹人的既成事实，接受了亨利作为诺曼底公爵的宣誓效忠，这就意味着路易也认可了亨利所获头衔的合法性。

对于尤斯塔斯及其内兄而言，更糟糕的是，1152年国王路易和他的妻子埃莉诺（Eleanor）离婚了，结果没过几周，埃莉诺就再嫁给了亨利，于是埃莉诺所拥有的广袤的阿基坦公国（Duchy of Aquitaine）都处于亨利的控制之下了。这对尤斯塔斯来说是一次巨大的打击，因为这大大增加了其敌人的资产，对路易来说也是不利的：他和埃莉诺有两个女儿，仍旧由他监护，所以他一直宽慰自己，总有一天，她们中年长的那个会继承阿基坦。但如果埃莉诺和亨利生下了儿子，那么这个儿子就会享有优先继承权，他的女儿们就输了。

尤斯塔斯非常想要再结成一个联盟，这一次，有其他人强化了合作关系。首先出现的是布洛瓦伯爵西奥博尔德和香槟伯爵（Count of Champagne）亨利，他们是尤斯塔斯的堂兄弟，也就是国王斯蒂芬的哥哥西奥博尔德的儿子们，西奥博尔德当时在法国拥有两个伯国，他将其分别留给了两个儿子。为了巩固关系，西奥博尔德和亨利分别迎娶了路易的两个女儿，虽然他们的年龄差距都很大（两兄弟分别是25岁和22岁，而两姐妹分别是7岁和2岁）。此外，路易的弟弟德勒伯爵（Count of Dreux）罗贝尔和亨利的弟弟若弗鲁瓦·菲茨安布斯也加入了这一联盟。后者的加入似乎令人诧异，但是只比亨利小14个月的若弗鲁瓦看着哥哥拥有了诺曼底、安茹、曼恩和阿基坦，而他自己仅仅拥有父亲留给他的三座城堡，这令他妒火中烧，显然，他认为相比于和亨利一起，和尤斯塔斯站在一边会拥有更好的未来。

然而，若弗鲁瓦、尤斯塔斯和他们的联盟注定会大失所望了：这场仗打输了。他们一直等到亨利身处巴夫勒尔，正要乘船前往英格兰时，才秘密地入侵他的领地；但他们低估了他和他的母亲。此时，长期驻扎在鲁昂的皇后玛蒂尔达距离他们要进攻的法国边境很近，她设法迅速地向亨利传递了消息，阻止他出航。他调转部队，以惊人的速度返回，尤斯塔斯联盟还没开始战斗就被迫撤退了。没机会以暴力发泄情绪的尤斯塔斯只能咬牙切齿，沮丧地返回英格兰。

年岁渐长的国王斯蒂芬对战争更为厌倦了，只担心着自己儿子的未来，因此试图以另一种策略来保障他的未来。正如我们在稍早时指出的，加冕是不可逆转的；斯蒂芬自己的王位能勉强维持这么久就是因为他是上帝的受膏者,这一地位是不可剥夺的。因此,为了确保自己的儿子继位,他采取了不同寻常的措施,在他自己仍旧健在时就让尤斯塔斯加冕为王。这是法兰西的一项根深蒂固的传统,自 10 世纪末起,卡佩王朝(Capetians)就会在前任国王还健在时就为他们的"小"国王加冕,但在英格兰并没有先例。

一段时间以来,斯蒂芬一直在微妙地向教皇示好——或者更确切地说是在向多位教皇示好,因为这几年人员迅速更迭[9]——但却几乎没取得什么进展。教皇任期仅有短短 6 个月的塞莱斯廷二世(Celestine Ⅱ)也收到了要使用这种方式的申请,他为此写信给坎特伯雷大主教西奥博尔德,"禁止他允许英格兰王位的处理方式发生任何变化,因为之前的传位已经被指责为不公正了,这件事仍旧处于争议中"。[10]

斯蒂芬也许觉得这是在浪费时间,因而采取了更为直接的行动。1152 年 4 月,他召唤大主教西奥博尔德和其他几位主教来到他面前,要求他们为尤斯塔斯加冕:

> 但是,当他要求上述大主教[西奥博尔德]和其他几位被他召唤而来的主教,为尤斯塔斯涂油,以示他为国王,并用他们的祝福来加以认可时,大主教拒绝了。实际上,教皇已经在信中禁止大主教将国王的儿子抬升为国王了。据了解,这是因为斯蒂芬以违背[支持玛蒂尔达的王位继承权]誓言的方式占有了王国。[11]

结果不言而喻:"父子俩对这种极大的羞辱感到怒不可遏,下令要将他们全都关起来[……]想让他们屈服于强大的威胁,[这两人]敦促他们按自己的要求做。"[12] 大主教西奥博尔德躲开了国王的追捕,逃到了佛兰德斯，但是暴力威胁降临到了其他人身上。自作主张的尤斯塔斯可能会做些什么只能任凭猜测了；但斯蒂芬也许意识到了他无法承受成为教会敌人的罪名，而后毫发无伤地释放了所有主教。

对于尤斯塔斯来说，一切都变得特别糟糕，而且，事情很快就变得越来越糟。就在这次交锋的一个月后，1152年5月，他的母亲去世了。这对于尤斯塔斯和斯蒂芬而言都是一场毁灭性的打击，因为她是他们的主心骨；没有她，斯蒂芬很可能被皇后监禁了十年后仍旧待在监狱中无人问津。实际上，失去妻子似乎使国王一蹶不振，过了很久依旧如此。越来越多的权贵站到了安茹的亨利一边，将他视为结束战争的最大希望，斯蒂芬发觉他想要保住王位的愿望正在落空。

当亨利于1153年回到英格兰时，斯蒂芬和尤斯塔斯再次高举他们的旗帜，带领军队在马姆斯伯里（Malmesbury）的埃文河（River Avon）与他对峙。这一次，双方的权贵都厌倦了无休无止的战争，直接拒绝作战。"双方军队的领袖们［……］都回避着冲突，因为这不仅只是同胞间的冲突，而且意味着整个王国的毁灭，他们都认为联合起来建立和平才是明智的［……］"[13]双方被迫进行谈判，立刻得出了简明的结果：斯蒂芬余生仍旧是国王，但之后将由亨利继位。尤斯塔斯被剥夺了继承权。

此时，尽管亨利无疑处于优势地位，但英国的权贵们——实际上还有斯蒂芬自己——如果没有对尤斯塔斯及其能力产生严重的质疑，是不会这么迅速就支持这一计划的。如果尤斯塔斯展现出任何可能成为一位强大且公正的国王的迹象，能够带来和平与稳定的话，他们也许会为了他的利益做出更多努力，但关于他的喜怒无常和暴力行为的例子太常见了。就当时而言，暴力当然是一种可接受的手段，但是需要有策略性地加以利用；莽撞的暴戾恣睢完全是另一回事，因为它让作恶者看起来捉摸不定——就一位国王而言，这对所有相关者来说都是危险的。

对于尤斯塔斯而言，斯蒂芬和亨利于 1153 年 7 月达成的协议是最后一根稻草，他被自己的父亲剥夺了继承权，甚至他父亲没有一丁点儿抗议的样子，这看起来一定是一种终极背叛。面对这种情况，尤斯塔斯只会有一种反应："火冒三丈"，[14] 他离开了斯蒂芬的宫廷，朝东安格利亚（East Anglia）而去，恣意施暴，践踏了圣埃德蒙兹伯里修道院（Abbey of Bury St Edmunds）的土地，那里埋葬着英格兰最伟大的圣徒之一。接着，他暴毙了。没有迹象表明他是因为在作战中受的伤而死；他看起来更像是突发疾病。对于一个才 20 多岁的男性来说，这看起来不同寻常，因此同时代人都试图以更加容易理解的角度来解释。

有一个同情他的人称，他是"悲痛欲绝而亡"，[15] 但其他人认为这是上帝的审判，称他是"因上帝的旨意而毁灭的"；[16] "因为他洗劫了属于圣埃德蒙①的领地"。[17] 对于一个不幸的年轻人来说，这是一个不幸的结局，令这场悲剧雪上加霜的是编年史家们一致地松了口气，这与他们对本书中其他英年早逝的年轻继承人的惋惜形成了鲜明对比。"事实证明，他是一个拥有军事才能的人，但是却执拗地违背神的事务，对教堂的神职人员非常苛刻，对迫害教会人士非常热衷［……］上帝亲自为他的国度的安宁做考虑时已经足够仁慈了。"[18] 或者更精练地说，尤斯塔斯是"一个邪恶的人，因为无论在哪里，他的所作所为都是恶大于善"。[19]

---

① 圣埃德蒙（St Edmund），即"殉道者"埃德蒙（Edmund the Martyr，？—869），东安格利亚国王（约 855—869 年在位）。关于埃德蒙的记载甚少，据传，他于 855 年加冕，是一位模范国王。869 年，他被维京人杀死，被尊为圣人和殉道者。"圣埃德蒙兹伯里"中的"圣埃德蒙"即取自他的名字。

尤斯塔斯被葬在了位于肯特（Kent）的法弗舍姆修道院（Faversham Abbey）的家族墓地中，在他母亲的身旁，她为他付出了很多。他没有孩子；他的妻子康丝坦斯在他死后不久就离开了英格兰，至1154年，她又被她的哥哥嫁了出去，这次是嫁给法兰西南部的图卢兹伯爵（count of Toulouse）。[20]

***

尽管斯蒂芬主要的关注点都在他的长子身上，但他还有其他的孩子。起初，他和妻子一共有5个孩子：玛丽、尤斯塔斯、鲍德温（另一个具有欧洲大陆特点的名字，常见于布洛涅附近的佛兰德斯）、玛蒂尔达和威廉。鲍德温和玛蒂尔达都夭折了；玛丽在童年时期就被献给了教会。[21]剩下的就是威廉了。他的确切出生日期不得而知，但很可能大约是在斯蒂芬加冕（1135年12月）之时，因此，他也许可以有底气宣称自己生于"紫室"，为他选择的这个盎格鲁-诺曼的名字就暗示出了这一点。

尤斯塔斯于1153年8月去世，导致威廉处在了尴尬的地位上，因为他是国王唯一存世的合法婚生子，但却不是指定的王位继承人。正如我们在前一章所提到的，如果皇后玛蒂尔达是名男性的话，在发现自己处于类似的处境时，她继承王位的可能性将会大大提高。[22]尽管威廉此时处于非常类似的处境中，而且他还是一名男性，但他没有提出继位诉求——看起来也没有人有兴趣代表他的利益行事。

这可以归结为一系列原因。英国的权贵们厌倦了战争，想要尽快和尽量不费力地结束战争；如果他们和斯蒂芬能为了实现这一目的而甘愿剥夺国王长子的继承权，那么，他们也能毫无顾忌地对国王的小儿子做同样的事情。就威廉本身来看，在一个野心勃勃的年代，他似乎完全不想要坐上王位，这看起来很奇怪。他并不是带着对王位的期待而长大的，因此并不像尤斯塔斯那样热衷或强烈地在乎王位。除此以外，他一直看着父亲为了保住头上的王冠而经历各种麻烦，也许会很高兴能过上更为平静的生活。

实际上，威廉从继承安排中受益匪浅。在尤斯塔斯去世后，他成了布洛涅伯爵；他是其父亲的莫尔坦伯国的继承人；他迎娶了富有的女继承人伊莎贝尔·德·瓦伦纳（Isabel de Warenne），她为他带来了萨里（Surrey）伯爵爵位以及位于英格兰和诺曼底的广袤的瓦伦纳领地。除此之外，他此时还得到了佩文西（Pevensey）和兰开斯特的头衔以及位于诺福克（Norfolk）和东安格利亚的领地。他会成为这个王国里——遥遥领先的——最富有的权贵，他所要做的只是放弃从未想要得到的王位继承权。威廉同意了，在他的父亲于1154年10月，也就是协议最终敲定仅仅一年之后去世时，没有人以他的名义起事。在经历了多年战争后，英格兰很乐于让王冠戴在亨利二世的头上。

然而，亨利仍旧对威廉及其动机有所怀疑，也许他确实该怀疑。他和他母亲一直对斯蒂芬抱有敌意，他全家都让他不要轻信他人，鉴于他自己果决的性格，他也许很难相信有的男人会没有野心。值得注意的是，尽管亨利给了威廉大片领地，但是他谨慎地确保了这些领地分散在各地，这样一来就能防止他建立起一个牢不可破的区域，给他提供足够多的集中资源来发动任何形式的叛乱了。但仅仅三年后，也就是1157年，威廉就和东安格利亚的另一位重要权贵休·比格德（Hugh Bigod）发生了冲突，亨利趁机介入其中，和休站在了一边，没收了威廉在英格兰和诺曼底的领地和财产。他将威廉的家族领地归还给了他——即便是国王，在剥夺某些人的祖产时也要谨慎行事，因为这会让其他人紧张起来——但并不包括城堡和防御工事。

威廉对此感到不安，但此时他比之前更难以提出对王位的诉求了，因为他的军事资源被剥夺了。1158 年夏天，他得到了一点儿安抚，被亨利封为了骑士，尽管这很可能提高了他在贵族中的社会地位，但却没怎么改善他的经济状况。他决定以和亨利合作而非对抗的方式来重获恩宠，于是在 1159 年夏天加入了国王对图卢兹的远征。[23] 而且，加入骑士冒险事业的想法也比复杂的领地管理事务更加令人兴奋。

然而，这场战争失败了。图卢兹伯爵雷蒙德（Count Raymond of Toulouse）向其宗主法兰西国王路易七世（此时还是他的内兄）求助，路易带领自己的军队向南进发。当然，因为亨利是诺曼底公爵，严格意义上，路易也是他的宗主，亨利不想给自己的封臣树立起反叛的例子，因此，他撤退了。威廉没有经历作战，于 1159 年秋天出发返回英格兰。他刚到普瓦图（Poitou）就得了重病；之后不久就在这里去世了，年仅 24 岁。威廉并没有得到和其余家人葬在一起的机会——斯蒂芬和玛蒂尔达及尤斯塔斯都被葬在法弗舍姆——因为人们认为他无关紧要，不足以费心和费钱地保存他的遗体。于是，他就被埋在了普瓦图。

威廉和他的哥哥一样，没有孩子，这导致了两个值得注意的后果。首先是进一步增加了亨利二世的个人影响力：国王将威廉的遗孀伊莎贝尔·德·瓦伦纳嫁给了他同父异母的哥哥安茹的哈默林（Hamelin of Anjou，在和玛蒂尔达婚后的第二年和第三年分居期间，安茹的若弗鲁瓦与情妇所生的儿子），于是将大片的领地并入了自己的家族，他把莫尔坦和兰开斯特留给了自己那群正在长大的孩子们。第二个结果涉及布洛涅这一富有的伯国，也就是威廉从其母亲那里继承来的。谁可以拥有布洛涅呢?

***

短命的布洛瓦王族只有一位幸存者：斯蒂芬的女儿玛丽。自童年时期起，她就是修女，就我们能搜集到的资料来看，她对自己的生活很满意。她一直生活在各种社群中；在她的弟弟于 1159 年去世时，她是汉普郡（Hampshire）的拉姆西（Romsey）修道院院长。[24] 但是，当头衔和大片领地岌岌可危时，玛丽平静的生活被打破了。一位愤慨的同时代人称这是"史无前例的事件"！[25] 佛兰德斯伯爵[26]的次子马修（Matthew）不顾玛丽的意愿将她从修道院掳走，娶了她，并宣称布洛涅伯国应该归其新婚妻子所有。实际上，在他们结婚时，玛丽对这种局面几乎无能为力，但她不断地强烈谴责，并向教皇提出请求。最终，她成功地让这场婚姻被判无效了——不过直到她生下了两个女儿的时候——1169 年或者 1170 年，她重返宗教生活。

玛丽从未提出过要继承英国王位。然而，她显然确实保留着一些家族观念，在她还是布洛涅伯爵夫人期间，她曾经写信给路易七世，其中提到"那个骗子国王"亨利二世"太过妄自尊大"。[27] 英格兰非常牢固地掌握在亨利手中，试图推翻他的人都是傻瓜；况且，玛丽对自己的宗教生活非常满足，不希望再次离开她的修道院。她的两个女儿是国王斯蒂芬唯一的拥有合法继承权的外孙女，但她们也从未被视为重要的王位继承人；她们是他女儿的女儿，而且是被宣布婚姻无效的自诩为修女者的孩子。没人会将她们放在候选人的位置上，她们两人也都没有踏足过英格兰。

玛丽的前夫马修继续在布洛涅行使着他的权力，但他太不自量力了，还试图占有莫尔坦，这惹怒了亨利；他转而索赔了一笔年金。[28] 在玛丽返回拉姆西修道院后，马修代表其长女艾达（Ida）一直统治到 1173 年去世为止，此后，这两姐妹被交给了她们的叔叔佛兰德斯伯爵腓力（Philip）监护。[29]

在玛丽回归修道院之后，又平静生活了 12 年，她在 1182 年去世时，布洛瓦王族就灭绝了。不会再有人找亨利二世的麻烦了，他可以集中精力谋划自己儿子们的未来了。但这将是一次比他能想象中更为复杂和更令人焦虑的经历。

注释

1. 关于尤斯塔斯个人的记载非常少，不过，在诸多描写国王斯蒂芬和"无政府时期"的作品中，确实有些提到了他。最全面的资料见于 King, E., "Eustace, count of Boulogne (c. 1129–1153)", ODNB。
2. HH, p. 73. 路易七世是路易六世的次子，但是他的哥哥在年轻时就坠马而亡了；因为没有留下孩子，才十几岁的路易就此被推上了他完全不适合的位置。
3. 参见同上，p. 29。
4. WM, *Hist.*, p. 57.
5. HH, p. 87.
6. GS, p. 221.
7. GS, p. 219.
8. GS, p. 223.
9. 英诺森二世（Innocent II）于 1143 年去世，同年由塞莱斯廷二世（Celestine II）继任，1144 年由路西乌斯二世（Lucius II）继任，而 1145 年则由尤金三世（Eugenius III）继任。
10. JS, pp. 85–86.
11. HH, p. 88.
12. HH, p. 88.
13. GS, p. 239.
14. GS, p. 239.

15. GS, p. 239.
16. HH, p. 92.
17. RT, p. 73.
18. HH, p. 92.
19. 出自《盎格鲁-撒克逊编年史》的续篇，即彼得伯勒手抄本的译文，可参见 http://omacl.org/Anglo/ part7.html。
20. 当时的作者往往不会详述女性的人生，当然也不会详述她们的个人生活，但是作为尤斯塔斯妻子的康丝坦斯经历了起起落落，从准王后到伦敦塔内的囚徒，她的地位发生了很大的变化。她的第二段婚姻似乎也不是特别平静。图卢兹的雷蒙德卷入了导致残暴的阿尔比十字军东征运动（Albigensian Crusade）的危机中；在因血亲关系而离婚之前，康丝坦斯为他生了4个孩子；她的小儿子后来被她的长子下令处死了。
21. 正如我们在第一章中所说的，将一个孩子"献给"教会是常见的做法。例如，玛丽的叔叔布洛瓦的亨利就是在只有两三岁的时候被安置到了一所修道院内，而后接连升任格拉斯顿修道院院长（abbot of Glastonbury）、温切斯特主教和教皇使节。对于女性来说，这样的机会较少，因为女修道院院长通常不像主教那样可以担当公共角色，但她们过着舒适的生活，在修会内享有权威，并备受尊敬。
22. 参见第二章。
23. 亨利已经控制住了英格兰、诺曼底、曼恩、安茹和阿基坦，但他仍不满足。长期以来，阿基坦一直声称对图卢兹伯国拥有宗主权，正因此，亨利才假托其妻子的名义要求得到图卢兹。
24. 这个富裕的机构是颇受王室女性欢迎的选择。亨利一世的王后伊迪丝／玛蒂尔达曾经在年少时在这里接受教育（不过她并不是修女），当时她的姨妈是修道院院长。［伊迪丝／玛蒂尔达的母亲是圣玛格丽特（Saint Margaret，约1045—1093年），其妹克里斯蒂娜（Cristina，约11世纪40年代—约1100年）曾是拉姆西修道院院长。——译者注］
25. RT, p. 92.
26. 这位伯爵就是阿尔萨斯的蒂埃里，自纪尧姆·克利托于1128年去世后，他一直拥有这个头衔，已经30年了。
27. "Letter from Marie of Boulogne and Blois to Louis VII", *Epistolae: Medieval Women's Letters*, at https://epistolae.ctl.columbia.edu/ letter/46.html.

28. 亨利二世一直留着莫尔坦，想给自己的儿子们；实际上，此伯国一度属于斯蒂芬，但那只是因为亨利一世将莫尔坦给予了他，所以可以将这种情况视为一个先例，即此伯国是王室的恩典，国王可以将其给予自己家族中的任何一位次要成员。莫尔坦的头衔空缺了很多年，之后才在 1189 年被授予了亨利的小儿子约翰。
29. 腓力是马修的哥哥和蒂埃里的继承人，他于 1168 年去世。12 世纪的女性继承人的生活并不好过，艾达像其他人那样备受折磨：在两次短暂的婚姻（两任丈夫都在结婚不到一年之后就去世了），且没有生下任何孩子之后，她被一位野心勃勃地觊觎着布洛涅的贵族劫持，被迫又结了一次婚。艾达只为他生了一个孩子，是一个女儿，因此不幸延续了下去。

第四章

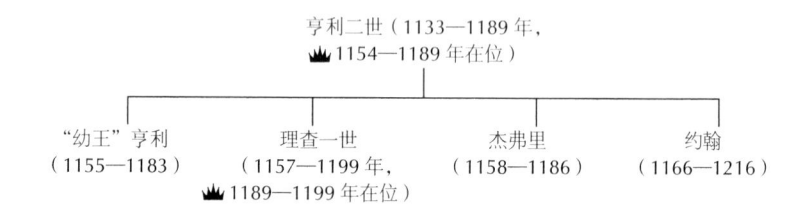

"幼王"亨利

```
                 亨利二世（1133—1189 年，
                  ♛1154—1189 年在位）
    ┌──────────────┬──────────────┬──────────────┐
"幼王"亨利        理查一世          杰弗里           约翰
（1155—1183）  （1157—1199 年，  （1158—1186）  （1166—1216）
                ♛1189—1199 年在位）
```

在继承问题上，亨利二世并不想重蹈他外祖父的覆辙，就此而言，幸运的是，他和他的妻子生了很多孩子。他们于 1152 年 5 月结婚，15 个月后，他们的第一个孩子就出生了；紧接着又生了 7 个孩子。

长子威廉夭折了，这意味着在他之后出生的弟弟亨利（出生于 1155 年）尚在襁褓中时就成了王位继承人，他是安茹一脉第一个生于"紫室"的，是现任国王的儿子。[1] 亨利二世非常热衷于巩固自己的地位，所以，小亨利（Young Henry）比大部分继承人都更早地被引入了政治游戏中：1158 年，他和法兰西国王路易七世的女儿玛格丽特（Margaret）订婚了。[2] 就王室和上层贵族而言，这么年幼的孩子（玛格丽特此时还不满 1 岁）订婚并不少见，但实际的婚礼通常要推迟到双方都到了适合年龄时。然而，作为玛格丽特嫁妆的领地的控制权要到举行婚礼时才会移交，因此，国王亨利认为宜早不宜迟：小亨利和玛格丽特于 1160 年完婚，当时亨利 5 岁，而玛格丽特年仅 3 岁。

至少可以说，这是不合常规的。教会规定的标准结婚年龄是进入青春期——广泛而言是指 14 岁的男孩和 12 岁的女孩——而且还规定应征得双方的同意。当然，对于许多年龄尚小的孩子（尤其是新娘）而言，"同意"是个模糊的措辞，是可以通过某些方式获得的，但是，在这个事例中，双方都只是刚刚学会走路的孩子，甚至连假装得到他们个人的默许都没有——孩子们只是他们父亲及其野心的棋子。一些同时代的编年史家对国王亨利坚持如此快举行婚礼感到震惊不已，其中一人说，他不管不顾，"尽管他们只是年纪尚小的孩子，尚在摇篮中嗷嗷待哺"。[3] 就本质上而言，这场结合是政治性的，而非个人性的，婚姻契约中的一项条款强调了这一点，即如果小亨利去世，玛格丽特要嫁给他的兄弟之一。

玛格丽特被带离了路易的王庭，安置在了国王亨利的王庭里；她是在王室育婴房长大的，由其婆婆阿基坦的埃莉诺照管。小亨利只在这里待到 7 岁，1162 年时，他被送去由其父亲的大法官托马斯·贝克特教导。[4] 当时，他们待在诺曼底；而后在同一年，贝克特带着年轻的王子前往英格兰，接受英国贵族们的宣誓效忠。据说，小亨利非常享受在大法官家里的这段时光，大法官的家富有且奢华，后来他一直非常尊敬贝克特；但这一安排并没能持续很久。1163 年，贝克特非常出乎意料地被指派为坎特伯雷大主教，随后，他和亨利二世闹翻了，这意味着小亨利只能脱离他的照看了。

小亨利是公认的王位继承人，在接受了英国权贵们的宣誓之后，1163 年，他又接受了苏格兰国王（就他所拥有的英国领地）和威尔士诸侯的宣誓效忠。[5] 然而，在国王亨利自己和他的母亲都经历了一系列斗争之后,他并不满足于此:毕竟,他从玛蒂尔达那里了解到英国的权贵们完全可以宣誓拥护某位继承人的权利,但在需要的时候违背他们的誓言。自长子出生开始,他就在筹划着继承事宜,他曾让权贵们向还在蹒跚学步的威廉宣誓效忠,接着早在1155年时就让他们向刚刚出生的亨利宣誓效忠。

亨利对儿子未来的担忧是很有根据的。在小亨利出生时,国王斯蒂芬唯一健在的儿子布洛瓦的威廉仍旧活得好好的,即便他已经接受了提供给他的解决方案,但他仍旧是个潜在的威胁。亨利二世已经面临着自己的亲弟弟若弗鲁瓦·菲茨安布斯的公开反叛了,这代表的是一种持续的威胁;而且,他还有一个弟弟纪尧姆·菲茨安布斯。若弗鲁瓦于1158年去世,布洛瓦的威廉于1159年去世,但亨利二世似乎仍旧充满了担忧。因此,为了保证王位能传给自己的长子(我们别忘了,这是自1035年以来就从未在英格兰发生过的),他试图完成国王斯蒂芬未能做成的事情:在他还在世的时候就让他指定的继承人加冕为王。

似乎早在1162年,国王亨利就制订了这一计划,因为那一年在小亨利身处英格兰时,他下令制作一顶王冠。[6] 然而,根据长久以来的惯例来看,只有坎特伯雷大主教进行的加冕才是有效的,因为贝克特在1164年时才被流放,所以此时他还是个难以逾越的障碍。国王被迫搁置了他的加冕计划,不过,他确实一直将他的继承人和王权联系起来:小亨利于1169年就安茹和曼恩向路易七世宣誓效忠,此前在1160年,他已经就诺曼底进行宣誓效忠了。[7]

推迟的时间从几个月延长到了几年,因为亨利和贝克特无法达成和解,但最终国王失去了耐性,做出了其他安排:1170年6月,约克大主教在威斯敏斯特为小亨利加冕和涂油。这一仪式非常盛大,英格兰的大部分贵族和主教都出席了,"神职人员和民众都非常高兴",[8] 这将小亨利和其他人区别开来了:此时,他是主选定的,作为一名君主,其地位得到了上帝的认可。

总之,亨利二世实现了他的目的,没人能质疑他儿子继承王位的权利了。然而,他的成功付出了巨大的代价,因为他疏远了一些有影响力的国际人物,并积攒了一些家庭问题,随着时间的流逝,这会愈发明显。首先,自然而然的是,他冒犯了坎特伯雷大主教托马斯,进一步讲,还冒犯了教皇亚历山大三世(Alexander III),他很憎恶这种篡夺教会权威的行为;此后,这会一直困扰着亨利。[9] 亨利还侮辱了路易七世,因为他的女儿玛格丽特并没有和自己的丈夫一起被加冕,尽管她一直待在诺曼底,等着召唤她越过英吉利海峡来参加这一仪式。路易认为这意味着她被"否定了[……]令她的父亲感觉受到了侮辱和蔑视",[10] 甚至还对诺曼底的边境发动了进攻。为了扭转局势,亨利二世采取了一些措施;在经过了一段时间的协商和筹划之后,1172 年 8 月在温切斯特大教堂里,玛格丽特和亨利分别被加冕和再次加冕。当然,此时,贝克特已经去世了,1170 年 12 月,他被谋杀于自己的坎特伯雷大教堂;因此,这次仪式是由鲁昂大主教主持的。

在小亨利的同时代人看来,自 1170 年他自己的加冕礼以来,他就和他的父亲一样是一位国王了。尽管他通常被称为"小国王亨利"(*Henricus rex junior*,即"Henry the junior king"),但从法律上而言,他和亨利二世的地位完全是相等的,而这将产生很多麻烦。小亨利显然早在他自己的加冕宴会上就表现出了此前没有的妄自尊大。当亨利二世为了强调小亨利的尊贵地位而亲自在餐桌上为他服务时,约克大主教评论称,让一位国王来服侍是多么非同寻常的经历啊;小亨利回复称,在这种情况下，这完全是合情合理的，因为他是一名国王的儿子，而亨利二世只是一名公爵的儿子。[11] 这种地位的平等也体现在同时代编年史家的句法中，他们不得不经常消除字句中的歧义，比如"作为父亲的英格兰国王将他的国王儿子留在了英格兰，自己横渡去了诺曼底"。[12]

既然已经为王朝带来了稳定并解决了继承问题，亨利二世就开始为未来制订计划了，尤其是如何在他的后代间分配领地的事情。他和王后埃莉诺有 4 个儿子在世，最初的计划是按照传统的方式进行分配。在 1170 年加冕时 15 岁的亨利会得到祖产：英格兰、诺曼底、安茹和曼恩。13 岁的理查会得到他母亲带到这个家族的领地：阿基坦和普瓦图。然后是 12 岁的杰弗里，会通过联姻的方式得到财产；他已经和一位富有的女继承人，也就是布列塔尼公爵（duke of Brittany）唯一的女儿康丝坦斯订婚了。接着是有些年龄差距的亨利的小儿子约翰，在长兄加冕时，他年仅 3 岁；有些人认为他注定会进入教会［他被送到了丰泰夫罗修道院（abbey of Fontevraud）接受教育］，但因为他眼下并没有立誓，所以他有可能得到一小块领地或者一些现金。

巧的是，小亨利的两个弟弟都比他更早地拥有了他们自己的领地，确立起了自己的权威。尽管王后埃莉诺是凭借自己的权利成为阿基坦女公爵的，但她在 1170 年时将这一头衔让给了当时年仅 13 岁的理查，他正式获封为阿基坦公爵和普瓦图伯爵。[13] 杰弗里的未来也已经有了保障：亨利早在 1166 年就强迫布列塔尼公爵科南（Conan）将他的公国让给了他的女儿康丝坦斯，接着立刻就订婚了，而当时未来的新郎和新娘分别是 5 岁和 8 岁。婚礼将于 1181 年举行，届时，杰弗里会就布列塔尼向他的长兄宣誓效忠，因为他的长兄是宗主，而杰弗里将从他的手中接过布列塔尼。但是，整个 12 世纪 70 年代，小亨利实际上都无所事事：

直到他父亲去世，他才能继承允诺给他的领地和头衔，而在亨利二世还健在时，他是不会同他人分享自己的权力的；而且，尽管有时被称为"老国王"，但亨利二世比他的长子大了还不到 20 岁，身强体壮，精力旺盛。"一位没有王国的国王完全无事可做，"一位同时代人写道，"而处于这种无事可做中的就是尊贵仁慈的'幼王'。"[14]

那么，小亨利要做什么呢？他是个尊贵且富有的青少年，几乎没担负什么正式的责任，因此，他在身边聚集起一大批同样没有领地、无所事事的年轻人，他们生活奢侈，四处游玩，参加比武，挥霍无度。他的亲随中确实有个年龄较大的领头人，即时年 25 岁左右的威廉·马歇尔（William Marshal），亨利二世于 1170 年指派这位骑士到他儿子的府邸，"照顾和指导"他——训练他的军事技能，因为此时的他已经到了适当的年龄，但是马歇尔自己也是个没有领地的单身汉，因此，他无法为小亨利提供某种他也许需要的稳定性。不过，他是个备受尊敬的战士，他确实提高了他所照管者的军事技能。根据马歇尔的传记作家所说："他凭借自己所学教给了他［亨利］很多，这位年轻的国王因而声名鹊起，变得出类拔萃，备受赞誉；还获得了英勇的品质。"[15]

小亨利的奢华之名日渐远播。据说，1171 年圣诞节，他举办了一场非常盛大的宴会，其中仅一间房间就挤满了 110 名叫作威廉的骑士；[16] 为了供养其随行人员并维持慷慨的声望，他花费了大笔的钱。这与他父亲的喜好大相径庭："他［小亨利］漫游四海，花钱大手大脚，［……］几乎没剩下多少钱，他就是这样告诉他父亲的，当他父亲听说时，他心里觉得自己的儿子太过奢靡了。"[17] 1173 年，小亨利被威廉·马歇尔封为骑士，这意味着他此时被视为一名成年男性了。[18] 他这时已经 18 岁了，结了婚，是一名骑士，也是一名成年人了；他想得到一些称得上其地位的权威。

亨利二世通常是非常精明的，但在涉及他的儿子时，似乎就变得盲目了——尤其是在面对小亨利时——此时，他让情况变得更加糟糕了。首先，他切断了准备好的现金供给［"国王直截了当地告知'幼王'及其随行人员：他应该尽其所能地自力更生，不能再使用他（国王亨利二世）的财力来慷慨地赠送礼物了，因为他的儿子所过的生活太过奢靡了"］；[19] 其次，他未能利用他的儿子成年了这一机会来授予他任何权威——实际上，他还宣布要将最终会由小亨利继承的安茹祖产中的三座重要的封地和堡垒割让给时年 6 岁的约翰。小亨利强烈地反对这一计划，他显然不想看到另一个弟弟在他还一无所有时就有所获了；他"绝不同意，也不会允许这种事情发生"；他感觉"受到了极大的冒犯"，因为他既没有自己的领地，也没建立起自己的权威，于是他凭借自己的权利提出要求，要么让他统治英格兰，要么让他统治诺曼底或安茹。[20] 但是，亨利二世再次拒绝分享权力。

这是令人无法忍受的。1173 年 3 月一个夜深人静的晚上，小亨利从他父亲位于希侬（Chinon）的宫廷里逃了出来，朝着巴黎疾驰而去，可能实际上并不需要这么戏剧化的冒险行为。他的岳父国王路易乐于促成任何会让亨利二世为难的事情——亨利二世所控制的法兰西领地远多于路易，因此是一个时时刻刻都存在的威胁——因而路易非常欢迎小亨利。小亨利所做的事情无异于对他父亲的反叛，路易一定高兴得直搓手，没过多久，在王后埃莉诺的煽动下，理查和杰弗里也加入了他们哥哥的行列，此时，埃莉诺对她丈夫的所作所为越发不满了。佛兰德斯伯爵腓力和腓力的弟弟布洛涅伯爵马修也加入了这个反对国王亨利的联盟；加入的还有路易的其他长期盟友、他的弟弟德勒伯爵罗贝尔，以及既是他的内兄又是他的女婿的香槟伯爵亨利和布洛瓦伯爵西奥博尔德。就表面上看，小亨利似乎获得了强大的支持，但处于兴奋中的他也许没能敏锐地发现，大部分支持者的主要目的并不是支持他，而是反对他的父亲。[21] 他们各怀野心：例如，伯爵腓力已经控制住了格拉沃利讷（Gravelines）和维桑（Wissant）的关键口岸，掌管着横渡英吉利海峡的最短通道，此时作为向小亨利宣誓效忠的回报，他要求得到肯特伯国，以及在多佛（Dover）和罗切斯特（Rochester）的具有重要战略意义的堡垒——这既可以为他带来丰厚的收入，又可以让他在英格兰拥有一个非常安全的据点，他可以在这里筹谋下一步计划。从政治角度来看，没什么经验的小亨利在这样的团队中完全力不从心。

对于亨利二世对待他儿子的方式是导致了反叛，还是让叛乱师出有名这一问题，同时代的评论者间存在着分歧。有些人对小亨利表示支持；其中一位直接对老国王评论道："在这次加冕和权力交接之后，你剥夺了你儿子的一些权限，你违背了他的意愿，让他无法行使权力。这就播撒下了毫无爱意的战争的种子。"[22] 但是，其他人认为这种子女对父母的反抗是无法饶恕的："国王的儿子就这样失去了情感和理智：他打击无辜者，迫害父亲，篡权夺位，侵占王国；只有他是罪孽深重的。"[23]

亨利二世向巴黎派遣了使节，但他让小亨利加冕的负面影响在此时——当然完全是可以预料到的——开始显现出来了。路易拒绝听取使节的话，因为"幼王"实际上已经受膏了，是英格兰、诺曼底、安茹和曼恩的合法统治者，在儿子加冕之时，其父就放弃了他的王位；因此，信使不具有任何授权。当然，从法兰西国王的立场来说，这种说法有点儿不合适，因为在法兰西，大约150年来，加冕的"小国王"都没有夺取老国王的权力，但这足以刺激亨利二世。他原本想要确保继承权，并且完全实现了自己的目的；他对这一决定有多悔恨只能靠推测了。

然而，亨利二世如果没有采取果断行动的准备，是无法取得当前的高贵地位的，此时他也立刻采取了行动，在诺曼底集结起军队，粉碎了阻挡他的所有抵抗。布洛涅伯爵马修在 7 月的一次围攻战中被弩箭射死了；他的哥哥佛兰德斯伯爵腓力为了解决自己家族的继承问题，不得不中断征战，小亨利的作战陷入了僵局。[24] 在英格兰以小亨利的名义发动的反叛都被镇压了，苏格兰国王威廉同时发起的入侵也被挫败了。因此，老国王在各线都获得了胜利，当他在诺曼底的维尔纳伊（Verneuil）亲自与小亨利和路易的军队交涉，发出可能会引发一场大规模激战的最后通牒时，他们撤退了，任由亨利二世的士兵们洗劫了他们的营地。[25]

9 月，亨利二世和他的三个年长一点的儿子举行了初步的和平会谈，但是，"国王的儿子们和他们的父亲和解并不符合法兰西国王的目的"，[26] 因而出现了一些阻碍和反对。路易和小亨利甚至在 1174 年初计划入侵英格兰，但计划落空了，对亨利二世的诺曼首府鲁昂的进攻计划也落空了；当年晚些时候，和平协议达成了。因为老国王占据了优势，小国王仍旧没有太大的自主权，不过他确实做了些让步：最小的约翰会得到已经许诺给他的领地，但作为交换，小亨利现在就会得到两座诺曼底的城堡，以及每年 15 000 英镑的生活费。[27] 小亨利别无选择，只能接受枷锁——镀金的枷锁，但不管怎么说这都是枷锁——必须按照其父亲的意愿行事。老亨利在他统治的第 20 年像一开始时那样牢牢地掌握着权力。

和平维持了一段时间，小亨利陪同他的父亲在英格兰履行了一些王室职责。在 20 多岁时，不出所料，他再次变得不安于现状了，1176 年，他请求亨利二世准许他去西班牙孔波斯特拉（Compostela）的圣雅各（St James）圣殿朝拜。然而，亨利二世不想让他的儿子远行，脱离他的权威范围——尤其是不想让他经过加斯科涅（Gascony）和阿基坦，这是必然经过的朝圣者路线——小亨利"认为长时间被关在英格兰一点儿意思都没有"，又变得烦躁起来了。[28] 不过，他可以不受束缚地前往诺曼底，因而立即从这里出发前往佛兰德斯伯爵腓力的宫廷。数年来，小亨利除了参加骑士比武外几乎什么都不做，这种比武是在法国北部发展起来的一项历史悠久的巡回赛。这非常适合他。他没有什么要履行的行政职责，因此可以专注于磨炼自己的军事技能，花大量的资金来维持骑士精神和慷慨大方的声望，并为那些贫穷的年轻贵族随从们提供装备，这些贵族被他富有魅力的一面所吸引，一拥而来，在威廉·马歇尔的统率下为他而战。[29] 与此同时，亨利二世意识到，这是他儿子被压抑的精力的最佳发泄口，于是高高兴兴地提供了很大一笔补助，让他能够继续这样的生活。

小亨利的王后玛格丽特作为其随行中的一员同他一起周游，1177年初，他听说了她怀孕的好消息。他也许满怀期待地认为，生下一个男性继承人可以巩固自己的地位和他这一脉的地位；如果是这样的话，那么当玛格丽特于6月生下一个儿子——威廉——的时候，他们的地位就会有所提高了。然而，这个早产儿的出生是一段痛苦的经历；三天后，威廉就夭折了，玛格丽特尽管活下来了，但却再也没能怀孕。不过，此时的她和亨利都不知道这个未来会出现的问题，他当然没有采取离婚或让婚姻宣布无效的行动。

至1179年，佛兰德斯伯爵腓力对他的这位仍旧在参加骑士比武，并且仍旧几乎没有掌握真正的权力的英国后生逐渐失去兴趣，开始将注意力转向国王路易的儿子和继承人腓力。小腓力此时14岁，在当年秋天被加冕为法兰西的"小国王"（小亨利也出席了这次仪式）。从表面上看，这使他获得了和小亨利类似的地位，但鉴于此时腓力的父亲年迈又体弱，他很可能比与他旗鼓相当的小亨利更快地继承王位，尽管他比小亨利小了 10 岁。此时，腓力伯爵安排他 10 岁的外甥女（他的妹妹玛格丽特和丈夫埃诺伯爵鲍德温之女）嫁给了腓力，由此确保了他自己对未来的法国王庭的影响力。他的野心在不到一年后就实现了，路易七世于 1180 年 9 月去世，留下年仅 15 岁的男孩独掌王权。

至少这一次，两位亨利达成了一致：此刻对于他们来说尤为危险，他们需要联手。他们的计划分为两部分：离间国王腓力和伯爵腓力，让他们窝里斗。就第一部分而言，他们是成功的，他们激起了佛兰德斯（以国王腓力的妻子和他的舅舅腓力伯爵为代表的）和布洛瓦（以国王腓力的母亲阿德拉及其两位哥哥西奥博尔德和亨利为代表的）各派之间的冲突，他们为地位高低和影响力而争论不休。于是，亨利二世让自己成了各方之间的调停人，而小亨利则成了他这位年轻且没什么经验的内弟的朋友。然而，他们想要笼络新国王的努力显然没有他们原本设想的那么成功。腓力二世，也就是后来众所周知的腓力·奥古斯都（Philip Augustus）将会在 43 年的统治期内成为法兰西最伟大的国王之一；他具有与生俱来的非凡政治头脑，即便是在还不成熟的年龄，也远远不会被轻易地牵着鼻子走——他有自己的想法，而后正是他操纵着亨利二世的家族为自己谋取利益。

因此，小亨利仍旧感到不满。他一定觉得看起来他的父亲会一直统治下去：他父亲不过快 50 岁，仍展现出了无限的精力，[30] 拒绝让一丁点儿权力旁落。至 1182 年，小亨利再次愤愤不平起来。此时的他 27 岁了，正值壮年，但实际上仍旧是个没有领地的年轻人；在这十年的大部分时间里，除了虚度光阴，他什么都没做。在此期间，他的弟弟理查成了阿基坦公爵和普瓦图伯爵，而杰弗里成了布列塔尼公爵和里士满伯爵（Count of Richmond）；两人都手握重权，并享有随之而来的收入和名望。

小亨利对此几乎无能为力。他再次暂时地离开了他父亲的宫廷，去了巴黎，半真半假地宣布要参加十字军东征，这让亨利二世陷入了左右为难的境地：尽管此时并不想将任何权力让给他的儿子，但不管怎么说，他都想要确保自己的儿子安全无虞，以便之后能按照计划继承王位。因此，一定要避免圣地之旅这一潜在危险。亨利二世决定在短期内用钱来解决这一问题，小亨利被拦住，因为给他的补助增加到了惊人的每天110安茹英镑——他之前得到的补助已经很丰厚了，而现在的补助是原来的三倍。[31] 他这么容易被收买很可能说明了他性格中的某些东西：尽管他一直纠缠着要求将一些应允给他的领地交由他自己管理，但他关心的很可能是在统治时获得的收入和地位，而不是期望着担负起治理的行政责任。

但他仍旧在坐冷板凳，当出现可以采取直接行动的机会时，他无疑会兴奋不已。正如我们前面提及的，理查正在统治阿基坦，但是他残忍无情，那里的权贵们都不太喜欢他：

> 阿基坦的贵族们讨厌他们的领主理查伯爵，因为他非常残忍。他们计划着以武力将其赶出阿基坦公国和普瓦图伯国，非常渴望将封邑转交给善良且温和的小亨利［……］因为他对每个人都很友好，相貌英俊，尤以军事成就而闻名，从某种程度上而言，他似乎是无出其右的。他谦逊、热情且友善，因而深受各地人们的喜爱。[32]

对于小亨利来说,机不可失,因此,他找了一个托词,加入了反对自己弟弟的联盟。理查费尽心力地占领了克莱尔沃(Clairvaux)的城堡,并进行了加固,以作为他针对反叛贵族的镇压行动的一部分。因为这座城堡位于普瓦图和安茹之间的交界地区,所以小亨利提出该城堡归他管辖,这样一来,他就可以公开表示对贵族们的支持了。"于是,"一位同时代人说道,"冲突开始了,直到卷入其中的每个人都损失惨重才得以解决。"[33]

亨利二世认为自己必须得介入其中,进行仲裁。1183年初,他提出进行一场和平会谈,但他似乎不了解儿子们的性格,这再次给他造成了阻碍。理查应该继续拥有阿基坦,国王说道,(作为家族团体的一员)他必须得到其他家族成员的支持,一起对抗反对他的权贵们。然而,协议的一部分是,他应该就所拥有的公国向最终的宗主——小亨利宣誓效忠。此时25岁左右的理查为人自负而粗暴,他拒绝了。就他来看,阿基坦是他从母亲那里继承而来的,与他的哥哥根本无关;一旦亨利二世去世,阿基坦和英格兰的关系就疏远了,理查是凭借自己的权利掌管公国的,这样一来心照不宣的宗主就是法兰西国王。双方未能达成协议;理查抽身而去;协商破裂了。小亨利抓住理查拒不服从这一托词(毕竟他是国王),决定让理查受到惩罚;他召唤来三弟杰弗里,入侵了阿基坦。[34]

这里有两个需要注意的重要之处。首先,根据上面所引的编年史家所说的,阿基坦的贵族们更想让小亨利而非理查做他们的领主,但潜台词是他们更喜欢小亨利是因为他是个耳根子软的人——并不是说非常认同小亨利及其能力。其次,亨利那令人赞叹的具有骑士精神的名望是在浮华的骑士比武巡回赛中获得的,在这类比赛中,表演和名声远比实际技能更为重要。尽管亨利在比武中获得了很多奖赏，但理查多年来参加的都是真正的战争，面对的是棘手的对手，有时还是在艰苦的地域和环境中作战。富有魅力、慷慨大方和挥霍无度的亨利是无法与久经沙场的暴力理查相匹敌的，这很快就变得显而易见了。理查及其士兵们迅速且有效地穿行于普瓦图，粉碎了抵抗，俘获了叛军，然后杀鸡儆猴。他做出了针锋相对的表态，将一群俘虏带到利摩日（Limoges）外的维埃纳河（River Vienne），此时，小亨利和杰弗里正待在利摩日，这些俘虏中有些被溺死或者被用剑刺死，剩下的则被弄瞎了。

　　身处诺曼底的亨利二世显然乐于让他的儿子们为了他们自己而战，于是向南疾驰至这一地区。他到了利摩日附近，但小亨利怀疑自己的父亲在这种情况下会更支持理查，于是穿着锁子甲匆匆见了他一面，由此表现出了对他的不信任。这样一来，他的立场就转变了：他不仅在和自己的兄弟作战，此时确切地说，他也是在反叛自己的父亲，这将他置于了危险的立场上。亨利二世和理查都开始进攻利摩日；而法兰西国王腓力觉得这是在金雀花家族挑拨离间的机会，于是派遣了一队备用雇佣兵给他的姐夫，以弥补他所处的劣势。[35]

　　小亨利需要更多的资源，以雇佣更多的人，购买更多的补给，因为他的父亲切断了给他的补助，在这种情况下，这也是必然的。不是他就是杰弗里（很可能是后者[36]）认为获得资源的最佳方式是在利摩日周围的领地进行一系列掠夺性远征，他们这样做了，在所经之处烧杀抢掠。然而，这并没有得到当地人的理解——毕竟，从表面上来看，他是来这里援助他们的，所发起的战争是反对理查这位严苛的宗主的。在一次这样的远征行动之后，他回来时发现城市将他拒之门外。除了大为恼怒地离开之外，别无他法；之后，他开始在阿基坦周围进行进一步的掠夺活动,不过尚未可知的是,他这么做是为了得到更多的资金以巩固自己的地位,还是要复仇,再或者只是因为他不知道还能做什么。也许,他意识到了事情正在失控,他没有准备好应对自己造成的局面。

随后,更严重的灾难袭来:1183 年 5 月末,小亨利病倒了。原因很可能是痢疾,这在征战的士兵中是一种常见病:"他先是发烧,接着是腹泻,这使他奄奄一息。"[37] 显然过不了多久,他的大限就要到了,他向亨利二世送去了一封信,请求见上一面。但是,喊"狼来了"的情况之前在他身上发生过很多次,因此,亨利二世怀疑其中有诈;他的儿子越发急切地请求原谅,并请他亲自前来,但他的回应只是送去了一枚戒指,同时保证他们两人会在适当的时候和解。等到亨利二世明白情况的严重性时已经太晚了。

在小亨利躺在临终的病榻上时,他有了足够的时间,可以反思自己的行为,并进行忏悔了。和许多贵族一样,在发现自己面临着死亡与被上帝审判的可能时,他信奉着自己的宗教:

> 他将华美的外衣放置一旁,披上马尾衬,在脖子周围系上一条粗绳,对站在他身旁的主教和其他宗教人士说道:"我要用这条粗绳来拯救我这个卑贱、罪恶、羞愧的罪人,请你们——上帝的牧者们——向我们的主耶稣基督祈求 [……],凭借你们的祷告和他莫大的仁慈,我这极度卑劣的灵魂将会得到怜悯。"[38]

接着,他命令他的属下们将他放在满是灰烬的床上。正是在这里,在发烧和精神错乱的状态下——他显然是看见了自己的旧导师,也就是如今所说的圣托马斯·贝克特的幻象——1183 年 6 月 11 日,他去世了，享年 28 岁。"厅堂里爆发出悲恸之声，"威廉·马歇尔（小亨利去世之时，马歇尔正在现场）的传记作家写道，"悲痛到无以言表，因为上帝再也不会将这么一位值得缅怀的骑士带到这个世界上了。"[39]

小亨利在最后的遗嘱中，要求将他的内脏埋葬于利摩日，但将他的躯体送去鲁昂，和他的祖先们长眠在一起。这听起来可能令人毛骨悚然，但在当时，这种在死后分割遗体的做法并非罕见：就象征层面而言，这让拥有许多领地的贵族可以葬在其中的几处，这样一来这些地方的声望就都提高了；更为实际的是，这意味着如果某具遗体需要保存着进行长途运输，就可以把那些最容易腐败的部分先摘除和安葬。但是，由于亨利的受欢迎程度和他的鼎鼎大名，他的送葬队伍在经过勒芒（Le Mans）时被拦截了下来，当地的市民夺下他的棺材，将他埋葬在了他们自己的大教堂里。他们无疑期待着有很多游客前来参观这么一位杰出人物的坟墓，以为他们带来收益。此时的亨利二世充分了解了现实情况（一听到儿子的死讯，他"顿时泪流满面，扑倒在地，为他的儿子悲痛不已"）[40]，并深感悔恨，自己没能在小亨利临终之前去见他一面，于是出面干预了这件事。在这方面，他至少可以满足他儿子的愿望；他将遗体挖出来，重新葬在了鲁昂。

小亨利在他的时代是尤为受欢迎的，但他会成为一位贤明的国王吗？简言之，必然是"很可能不会"。当然，和许多其他公认的继承人不同，如果他活得比其前任长，他本不必为了自己的继承权而战——他无疑会成功上位，因为王冠已经在他的头上了。他的受欢迎程度很可能会持续到他进行统治之后的一段时间，因为他富有魅力、令人信服且慷慨大方。然而，正如我们在前面的章节里所看到的，这些并不是一位贤明的中世纪君王所必需的特质，贤明的君王需要的是坚定自己的目标和某种冷酷无情的性格。实际上,同时代人对他的敬重被拔高了,完全是因为他并没有统治过那些称赞他的人,也没有被迫做出可能会产生不良后果的决定。鉴于小亨利众所周知的奢侈消费的习惯,他在成为国王时一定会纵情享乐,在此期间,因为没有注意到沉闷乏味的细枝末节,他周围的一切都会逐渐走向毁灭。他的墓志铭关注的都是表面,或者是为他轻率的行为做辩解:

> 他是最英俊的人、行为举止最讨人喜欢的人,也是最慷慨大方的人[……]还没有任何继承的领地分派给他,不过他每年都能从自己的父亲那里得到现金补助[……]但这几乎无法满足他内心的博大。在军事方面,他非常优秀,无出其右[……]他是被邪恶者的建议引诱,才会反叛的。[41]

小亨利之死对于亨利二世而言也许是一场个人悲剧,[42] 但很可能将英格兰从多年的混乱中拯救出来。他确实留下了一笔影响持久的遗产:在造成这些灾难性的后果之后,再也没有出现过让英格兰王位的继承人在他(或她的)前任仍旧在世时就加冕的尝试。就确保王位继承而言,理论上是无法满足一个王国内有两位国王这一现实情况的——在小亨利是个敬仰父亲的男孩时也许可以奏效,但年轻的男孩子会成长为有野心的成年男性。据说,就亨利二世的儿子们来说,"他们的父亲更喜欢所开的花,而非所结的果实;更喜欢草,而非所结的穗;更喜欢他们还是男孩子时,而非他们长大成人时",[43] 这很可能是小亨利壮志未酬的一生的真实写照。

第四章 "幼王"亨利

***

亨利二世又统治了六年，于 1189 年 7 月去世；那时，他已经又失去了一个儿子——杰弗里，他在 1186 年的一场骑士比武中被杀了。谁会继承英国王冠是毫无疑问的。正如前面所提及的，小亨利和玛格丽特只生下了一个孩子，也就是在 1177 年出生不久之后就夭折的威廉，因此，他这一脉灭绝了；所以，理查在哥哥去世之后就成了公认的继承人。在他于 1189 年即位时，没有任何反对的声音：不仅是因为他是确凿无疑的世袭继承人，出生于"紫室"，而且是因为他正值壮年，且在军事方面拥有极高的声望。因此，自诺曼征服以来，英国王位第一次毫无异议地从父亲传给了仍旧在世的最年长的儿子。新的曙光似乎出现了，但和平并没能持续很久。

注释

1. 直到最近，"幼王"亨利都是一个鲜为人知的人物，只在涉及他父亲或兄弟们的研究中被提及过。有一本重要的传记弥补了这一点：参见 Strickland, M., *Henry the Young King, 1155–1183* (London: Yale University Press, 2016)。
2. 亨利的母亲阿基坦的埃莉诺曾经是玛格丽特的父亲国王路易的妻子，而在他们离婚后，路易和卡斯蒂利亚的康丝坦斯（Constance of Castile）再婚了；玛格丽特是康丝坦斯的女儿，所以这对年轻的夫妇并没有血缘关系，不过他们的精神纽带也许很复杂。康丝坦斯在 1160 年生下次女时去世了，并没有给路易留下男性继承人，而这个女儿被许配给了亨利二世的次子理查。没过几周，他就再婚了；这导致家族谱系的浑水更浑了，因为他的新王后是布洛瓦—香槟的阿德拉，她是路易的两个较年长女儿的丈夫香槟的亨利和布洛瓦的西奥博尔德的妹妹；因此，他们既是路易的内兄，又是他的女婿。他的第三任王后终于在 1165 年给他生了个儿子腓力。
3. RH, vol. I, p. 258.
4. 当时，在社会的各个阶层，无论是男孩还是女孩，在年纪尚小时就离开家人是常见的。对于较低阶层而言，这也许意味着去担任仆从；对于上层人士中的男孩子而言，是接受教育或者骑士训练；而对于贵族或者王室中的女孩子而言，是被带到她们未来丈夫的家庭中抚养长大。参见 Orme, N., *Medieval Children* (London: Yale University Press, 2003), pp. 317–321、334–337。

5. 这时的苏格兰国王是马尔科姆四世，他是戴维一世的孙子，也是亨利二世的母亲皇后玛蒂尔达的舅舅和强烈的支持者。此时的威尔士还不是一个统一的实体，而是分裂成多个不同的公国，每一个都有自己的领主。

6. Hallam, E., "Henry the Young King, 1155–1183", ODNB.

7. 正如前一章所说的，这一时期的英国国王经常安排他们的儿子代替他们就所拥有的法国领地宣誓效忠，以避免作为国王而向另一位国王下跪的情况。在这个仪式上，"幼王"亨利还曾向他的内弟，也就是路易的儿子和继承人腓力（时年4岁）宣誓效忠，这是期望着两个王朝的友善关系可以延续到下一代。

8. RT, p. 111. 同时代人没有详尽地记录下这场加冕仪式的具体细节，但是根据其他已知的有关加冕仪式的规定可以重构出来，参见 Strickland, *Henry the Young King*, pp. 85–87。

9. 教皇亚历山大被这种漠视教会惯例的行为激怒了，因而对此做出了正式规定，这样一来以后就不会发生类似的事情了：1171年，他颁布了一项教皇谕旨《多么重大》（*Quanto majorem*），宣布从此以后在英格兰，只有坎特伯雷大主教有权进行加冕。这转而给后来的国王造成了麻烦；参见 Church, S., *King John: England, Magna Carta and the Making of a Tyrant* (London: Macmillan, 2015), pp. 67–68; Hanley, C., *Louis: The French Prince Who Invaded England* (London: Yale University Press, 2016), pp. 120–121。

10. GH, vol. I, p. 6.

11. MP, vol. I, p. 353. 此时，皇后玛蒂尔达已经去世了；令人好奇的是，如果她还在的话，她的孙子是否胆敢当她的面对亨利二世的出身做出同样的评论。

12. RH, vol. I, p. 326.

13. 对于一位凭借自己的权利拥有这些头衔的女性来说，将其传给自己长大成人的儿子或者快要长大成人的儿子并非罕见之事；例如，布洛涅的玛蒂尔达在她的儿子尤斯塔斯于1147年被封为骑士时，同样交出了她所拥有的伯国的控制权。参见第三章。

14. JF, ll. 21–22.

15. HWM, vol. I, pp. 99 and 101.

16. RT, p. 116; 参见 Strickland, *Henry the Young King*, p. 112。
17. HWM, vol. I, p. 101.
18. HWM, vol. I, p. 107. 此处存在矛盾，因为亨利实际上已经在 1170 年的加冕礼之后立即被亨利二世封为骑士了，参见 Strickland, *Henry the Young King*, pp. 82–84。
19. HWM, vol. I, p. 103.
20. RH, vol. I, pp. 366–367.
21. 小亨利的年纪不大，因而不记得自己的祖母和父亲在英格兰所进行的激烈内战了，他应该更清醒地意识到和布洛瓦家族形成这种紧密关系的危险性。亨利伯爵和西奥博尔德伯爵是国王斯蒂芬的侄子，而此时的马修凭借其女——国王斯蒂芬仅有的拥有合法继承权的外孙女——的权利统治着布洛涅。
22. JF, ll. 17–20.
23. RH, vol. I, p. 367.
24. 腓力自己没有孩子，因此他的弟弟马修是他所拥有的富饶的佛兰德斯伯国的继承人；马修自己仅仅有两个年幼的女儿。为了寻找一个成年的男性继承人，腓力被迫转向他尚在人世的另一个弟弟彼得，彼得是一名教士；花费了些时间才安排好他离开教会和成婚的事宜，以此确保其家族世系能延续下去。正如后来得知的，彼得也没有孩子，最终在 1191 年，腓力的妹妹玛格丽特继位了，她的丈夫埃诺伯爵（count of Hainaut）鲍德温凭借其妻子的权利而成了佛兰德斯伯爵。
25. RT, p. 119; RH, vol. I, pp. 370–371.
26. RH, vol. I, p. 374.
27. 这 15 000 英镑是安茹英镑，这种货币是在亨利统治的欧洲大陆领地上使用的。1 安茹英镑大约等同于 1 标准英镑的 1/4，因此，就英国货币而言，小亨利的补助等同于 3750 英镑；这仍是一笔不菲的收入，等同于一位伯爵年收入的数倍，可以让他过着奢侈的生活。
28. HWM, vol. I, p. 123.
29. 此时的骑士比武和而后几个世纪那种精心设计的马上长矛比武不同。反之，他们采取的是为真正的战争进行务实训练的形式：双方在大范围的混战中对战，使用真正的武器。关于小亨利参加的骑士比武，参见 Strickland, *Henry the Young King*, pp. 239–258；更笼统地说，还可参见 Barber, R. and Barker, J., *Tournaments* (Woodbridge: Boydell, 2000)。

30. "他永远不会让自己沉溺于平和或悠然 [……] 他会在破晓时分骑上快马,在一个忙个不停的状态中度过一天 [……] 就算在傍晚时分到家了,他也几乎不会静坐下来 [……] 一直站着,让整个宫廷都疲惫不已就是他的习惯。"(GW, p. 49)
31. RH, vol. II, p. 14.
32. GC, vol. I, pp. 303–304.
33. HWM, vol. I, p. 323.
34. 自1181年起,杰弗里就一直统治着布列塔尼,他已经设法结束了和父亲的武装冲突。他是著名的两面派:一位编年史家称他为"罪恶之子"(RH, vol. II, p. 25),而另一位说他"滔滔不绝,八面玲珑 [……] 拥有让一切分崩离析的力量,能用花言巧语腐蚀摧毁掉两个王国"(GW, p. 26)。
35. 众所周知,皇后玛蒂尔达的丈夫、亨利二世的父亲安茹的若弗鲁瓦的绰号是"金雀花",这是因为他习惯于在帽子上戴一枝金雀花(planta genista)。尽管亨利二世自己并没有使用这一名号(正如我们将会看到的,第一个重新使用这一名号的家族成员是理查),但人们通常会使用该名号来描述他及其后裔。
36. 这两人究竟谁是这一决定的主导力量尚不清楚。似乎更有可能是杰弗里,这一方面是因为迄今为止小亨利并没有表现出多少残忍,另一方面是因为就杰弗里的个人利益而言,他想要尽可能地利用两位哥哥之间的战争来挑起进一步的纷争。
37. RH, vol. II, p. 26.
38. RH, vol. II, p. 26.
39. HWM, vol. I, p. 353.
40. RH, vol. II, p. 27.
41. RT, p. 146.
42. 他的儿子让他付出了很多,国王亨利说道,但:"宁愿他还能让我继续付出!"(HWM, vol. I, p. 365)
43. GW, p. 13.

第五章

布列塔尼的亚瑟和埃莉诺

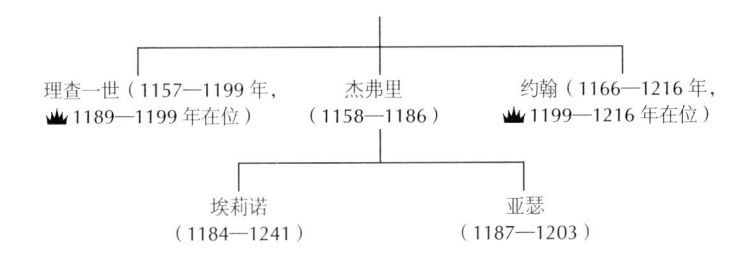

```
                         │
    ┌────────────────────┼────────────────────┐
理查一世（1157—1199年，  杰弗里            约翰（1166—1216年，
♛1189—1199年在位）    （1158—1186）       ♛1199—1216年在位）
                         │
                  ┌──────┴──────┐
                埃莉诺          亚瑟
             （1184—1241）   （1187—1203）
```

  1186年8月，布列塔尼公爵杰弗里因在一场骑士比武中受伤而亡。他留下了3岁的女儿埃莉诺和怀孕中的遗孀康丝坦斯；不知不觉间，播撒下了另一场英格兰王位争夺战的种子，这场战争以杀戮和谋杀告终。

  如果康丝坦斯的第二个孩子还是个女孩，这个家族的继承权很可能会被遗忘或者被一扫而空，但是1187年3月，在复活节时，她生下了一个男孩。他是布列塔尼公国的继承人，而且从男性世系的角度来说，他也是亨利二世唯一有合法继承权的孙子，因此他很可能成为非常重要的人物。亨利要求以自己的名字来为这个小婴儿命名；但康丝坦斯本身是女公爵，因为是个没什么影响力的年轻女孩才被迫与金雀花家族联姻，她想要让自己的家乡布列塔尼更为独立，因此为儿子取名为亚瑟。这让她的臣民们感到高兴，因为他们在这种历史映射中看到了摆脱亨利二世影响力的希望。[1] 这也激起了腓力·奥古斯都的兴趣；在康丝坦斯嫁给杰弗里之前，布列塔尼的宗主权是属于法兰西而非英格兰的，他想要夺回布列塔尼。

正如前一章节所说的，亨利二世于 1189 年去世，他仍旧在世的最年长的儿子理查毫无异议地继承了王位。然而，此时的理查还没有结婚，并没有婚生子，这意味着除非他自己有儿子，否则亚瑟就是假定继承人（heir presumptive），他注定会成为那些有野心者的棋子。从此刻起，本书中会经常出现"假定继承人"和"确定继承人"（heir apparent）两个称谓，因此有必要在此区分一下，因为它们的含义不同。"假定继承人"是指目前是继承人，但就法律而言，他有可能被其他人取代（例如，某位国王的弟弟或者妹妹有可能被他晚些时候出生的儿子所替代）。确定继承人则是不会被后来出生的人取代的当前的继承人——通常是国王的长子。

亚瑟和埃莉诺都是在母亲的陪伴下度过婴儿时期的，这在当时颇为常见。但是就那些拥有王室血统的人而言，其常见的命运是在年纪尚幼时就被推上政治舞台，国王理查为了自己的目的毫不犹豫地利用了他们。在 1190 年前往圣地的途中，他需要和西西里国王（King of Sicily）坦克雷德（Tancred）达成和解；他们达成的协议的一部分就是亚瑟将会迎娶坦克雷德的一个女儿。向西西里国王提出的这项婚约具有极大的吸引力，因为理查公开宣称亚瑟是他的继承人，这样一来，坦克雷德的子孙在将来某一天掌管英格兰及其附属领地的可能性就增加了。

然而，这一计划并不像表面上看到的那么简单。首先，当事双方的年龄意味着他们仍旧有早夭的危险，因此这场联姻可能永远不会成真。[2] 其次，理查和他最小的弟弟约翰一直有纠纷，因此担心他不在英格兰——很可能是长时间不在——会让约翰有机会制造麻烦。指定亚瑟为继承人也许是在试图让约翰规矩些。再者，理查希望能有自己的孩子。据同时代人所说，这一安排是为了"防止他死时没有合法的继承人"[3]，但坦克雷德不知道的是，理查将会迎娶纳瓦拉的贝伦加利亚（Berengaria of Navarre）。他才三十出头，已经至少有一个非婚生的儿子了；她比他小10岁，没有任何理由认为他们的结合不会生下一群儿女。

不过，此时的亚瑟和埃莉诺对于这位国王而言仍旧非常重要。在从十字军东征返回的途中，理查被奥地利公爵利奥波德（Duke Leopold of Austria）抓住和囚禁了起来，作为释放他的协商条件之一，他安排埃莉诺嫁给利奥波德的儿子。实际上，在1194年利奥波德去世的消息传到她这边的时候，她正在前往奥地利的路上；这次安排告吹了，她折返回来。理查将她置于自己的监护之下，让自己拥有安排她未来婚姻的决定权，丝毫不顾及康丝坦斯的看法。

这对姐弟也引起了法兰西国王极大的兴趣。正如我们之前提及的，此时的国王仍旧是腓力·奥古斯都，他已经统治20年了，是一位经验非常丰富的政治人物。他被描述为"老谋深算的国王腓力，深谙如何玩弄位高权重者之道"，[4]多年来，为了自己的利益，他成功地设法让亨利二世和他的儿子们对立，还让他的儿子们争斗不休。此时，他认为可以利用亚瑟，借机在理查和约翰之间激起额外的纷争，并进一步施展自己的抱负。他站在布列塔尼宗主的立场上，试图获得亚瑟的监护权，他开始协商将埃莉诺嫁给他自己的儿子和继承人路易的事宜。

亚瑟和埃莉诺唯一能依靠的，为他们的最大利益着想的人就是他们的母亲康丝坦斯。她自己的处境也岌岌可危：在成为寡妇后，理查强迫她嫁给了英格兰最有权势的伯爵之一切斯特的拉努夫，但她坚决拒绝这门婚事，一直待在布列塔尼，而他则待在英格兰，她绝不允许自己的臣民因她的名义认定他为公爵。这位有决心的女性花了十年的时间，试图让她的第二场婚姻被宣布无效，与此同时，她还在为了争取孩子们的监护权进行游说，并试图将亚瑟和她在布列塔尼的统治联系在一起，以巩固他的地位。在此时才 10 岁的埃莉诺的奥地利之行流产并返回时，康丝坦斯的心愿实现了，她的女儿回到了——至少是暂时地回到了——她的身边。

亚瑟的监护权是更难以保住的，因为就政治而言，他是这两姐弟中更重要的那个。当理查摆脱囚禁归来时，他要求将亚瑟交给他，但是——接着出现了个意想不到的插曲，康丝坦斯被分居中的丈夫绑架和监禁起来了，这很可能是听从了理查的命令[5]——她和布列塔尼的领主们都认为对于这个男孩子来说，和国王腓力待在一起是最安全的。因此，亚瑟被送去了巴黎，就连理查也鞭长莫及，他是在腓力的儿子和继承人路易的府邸里长大的，两人年龄相仿。

至 1197 年，亚瑟已经躲过了早夭的威胁，他的母亲可以更加名正言顺地将他和自己在布列塔尼的统治联系在一起了，于是在颁发的特许状上列上了他们两人的名字。但是，法国的魔掌有变得势不可挡的危险，英国王位的诱惑是很大的：1198 年时，11 岁的亚瑟宣布放弃对腓力的效忠，同意在和法国国王的交涉中接受理查的指导，从表面上看，这是以他自己的名义采取的行动，但实际上是在他母亲的指引下所做的。在这一安排中最为人所关注的是，此时的理查实际上已经年过四十，结婚 7 年了，但却没生下任何孩子。在和理查达成协议后，亚瑟得到允许，可以一直和他的母亲及姐姐在一起；1199 年时的特许状表明，这一家三口人当时是待在一起的。康丝坦斯最终成功地使她和拉努夫的婚姻被宣布无效，此时的她再婚，嫁给了一个普瓦图的贵族图阿尔的居伊（Guy of Thouars）。

1199年4月，在利穆赞（Limousin，属于阿基坦一部分）进行的一场小型围攻战中，国王理查暴毙，这给整个英格兰和欧洲西部造成了极大的震撼。当然，立即出现的问题就是谁来继承英格兰王位——他的侄子还是他的弟弟？

对所有相关人士来说，不幸的是，约翰和亚瑟都有充分的理由要求继承王位，但两人都没有足以抹杀掉另一方的压倒性优势。他们都是亨利二世亲近的直系后裔，分别是他的儿子和他的孙子——到此为止还算是简单易懂——但之后情况变得更为复杂了。基于长子继承权（按照国王儿子们的出生顺序，他们后代的继承权也有先后之别）来看，亚瑟的继承理由更为充分，因为他的父亲杰弗里比约翰年长；而且，理查早在1190年就指定他为继承人了。然而，有些证据表明理查在临终之时可能改变了想法，转而支持约翰了，[6] 因为在理查摆脱囚禁归来时，他们两人已经达成了和解，而且更为复杂的是，长子继承权仍旧不是一门严谨的学问。亨利二世的小儿子的继承权是否优先于其孙子的继承权仍旧有很多值得讨论之处，而且其孙子的父亲虽然出身于较年长的一系，但他却从未进行过统治。不同的领地有不同的惯例，而此时出现了具有危险性的意见分歧。安茹、曼恩、都兰（Touraine）和（不出所料的）布列塔尼的贵族支持亚瑟，而英格兰和诺曼底的大部分贵族则倾向于约翰。最终，还有一点不容忽视，此时的约翰32岁，而亚瑟仅仅12岁。

在威廉·马歇尔所写的传记中，有一个很长的段落总结了整个讨论。[7] 当时的对话很可能是虚构的，或者至少在很大程度上是非写实的，但其中总结了当时金雀花帝国内各个地方的贵族的情况。根据这段文字，理查去世的消息于1199年圣枝主日①前夕的深夜传到了身处鲁昂的马歇尔那里，当时他正要上床睡觉。"在一种强烈的悲痛状态下"，他立即去拜访了坎特伯雷大主教（此时他也正在鲁昂），在这一消息传播得更为广泛之前，他们私下里讨论了这件事。8

起初，这次谈话似乎表明这两位潜在的候选人都没被看作特别好的选择。"国王去世了？"大主教惊呼道：

> 此时此刻，对于我们而言，能有什么安慰呢？什么都没有，帮帮我吧，上帝！在他离世的情况下，我想不出任何能拯救这个王国或者在任何事情上能援助我们的人。现在，王国正在通往毁灭、悲痛和凋敝的路上。我们可以确定的是，再过不久，我们就会眼睁睁地看着法国人冲向我们，夺走我们所拥有的一切。9

之后，大主教提议让亚瑟成为国王，但马歇尔回复称，这是个"糟糕的决定"，因为亚瑟有一群"奸诈的顾问"，他"难以亲近且傲慢"，"他不喜欢我们王国内的人"。他认为约翰是更好的选择，因为"就世系而言，他是最能继承其父亲领地的人"。大主教被说服了，认同了"在继承顺序上，儿子辈无疑比侄子辈更近，应该说清楚这一点"。10

这一段落中有很多有趣的地方，尤其是——至少就马歇尔的传记作家来看——国王是由大人物们"选择"的（对话中多次出现了这个用词）。我们已经知道，此时的英国王位并不是在现任国王去世时自动继任的，在这里，主导权似乎被赋予了贵族，而非候选人。将亚瑟描

---

① 圣枝主日（Palm Sunday），又称"棕榈主日"，是复活节前的星期日。

述为"难以亲近且傲慢"似乎是后见之明（因为马歇尔后来继续服侍约翰，所以，他的传记作家需要为其行为做辩解），鉴于当时的亚瑟仅有12岁，这种说法很可能是不公正的。对他不喜欢英国人的指责也是如此，尽管这也许并不是一种个人评论，更多的是一种对亚瑟实际上从未去过英格兰的认识。因此，贵族们担心他继位会导致布列塔尼势力推翻当前有利于他们的各种英国习俗和惯例。他们当然有理由怀疑亚瑟的顾问们；对于法兰西国王腓力来说，利用这种情况的时机已经成熟了。

理查于1199年4月6日去世。巧合的是，当消息传来时，约翰实际上和亚瑟待在一起，因此，继位竞争的起点是一样的。[11] 正如数百年来的情况那样，继承英国王位真正需要的是体面的血统认证、获取王位的敏捷智慧和保住王位的充足资源；反应最快和最有效的候选人会获胜。这时，约翰占据着上风；在威廉·马歇尔和其他人的支持下，他迅速地采取行动，控制住了位于希侬的安茹王室国库。确保自己控制住庞大的国库资源对于觊觎王位者来说，通常是精明地迈出的第一步，因为这意味着他能负担得起在捍卫继承权时的支出，还能向贵族们提供赞助和/或贿赂，以让他们选择支持自己。1100年时的亨利一世和1135年时的斯蒂芬都用此法获得了王位，这一次约翰也会这么做。

不甘示弱的康丝坦斯向国王腓力求助，开始募集军队；她的军队占领了安茹首都昂热（Angers），在复活节（4月18日）这天，这里的一群贵族声称支持亚瑟为王。然而，诺曼人不希望被一个布列塔尼人统治，因此，4月25日，他们又在鲁昂正式宣布支持约翰称王。与此同时，腓力"立刻将他［亚瑟］送往巴黎，交由一名守卫照管，并将所有属于亚瑟的城市和城堡都收归自己负责"，[12] 但约翰先发制人，越过英吉利海峡，于1199年5月27日在威斯敏斯特加冕和祝圣。这自然使亚瑟所面临的考验（或者实际上是腓力所面临的，此时我们也许可以这么说）更为严峻了：亚瑟如果要获得王位，就得从约翰手中夺得，而非在王位仍旧没有被指定的情况下直接获得了。

亚瑟此时年龄尚小，无法代表自己的利益采取直接的行动，但国王腓力正好活跃起来了，为了支持他的这位被监护人，此时的他采取了军事和政治行动。腓力封亚瑟为骑士，并接受了他就安茹、曼恩、都兰和布列塔尼，还有诺曼底所进行的宣誓效忠。[13] 这是将那些领地都置于他这位宗主的名义下了，这样一来，他就有权从约翰（由于腓力接受了亚瑟的宣誓效忠，所以就严格意义而言，此时在那些领地上，约翰被视为篡夺者）手中夺取这些领地了。腓力带着他的军队行动起来了，控制住了那些地区的城镇和防御工事，与此同时，他让亚瑟继续待在巴黎。

在男人们正在作战，而孩子们被排除在外的时候，这场战争在政治维度上是由两名女性主导的。女公爵康丝坦斯忙于和曼恩及都兰的贵族谈判，以领地和特权来换取他们对亚瑟的继续支持，而对约翰来说幸运的是，他的阵营里有他那位令人敬畏的母亲，即王后埃莉诺。此时的埃莉诺已经快 80 岁了，可仍旧统治着阿基坦；国王理查之死并没有在这里引发特别的震荡，因为她是凭借自己的权利而成为女公爵的。但阿基坦公国的资源丰厚，一切主要取决于这位王太后决定支持哪一方。她选择了她的儿子，而非孙子，此时，她在阿基坦北部的普瓦图周游，以确保所经之处的贵族和教会都支持约翰。

1199 年的整个春天和夏天，冲突一直持续着，直到 8 月时，双方才会面进行谈判。腓力要求约翰将普瓦图连同其他四处领地（当然就是奉腓力为宗主的领地）割让给亚瑟，但他明白在这一阶段，他的对手占据着上风。英格兰和诺曼底的人都坚决拥护约翰，因为约翰已经加冕了，而且这最有利于他们自己的利益；在阿基坦的支持下，那些仍旧拥护亚瑟的小片区域有被包围的危险。从北方和南方对安茹和曼恩的入侵也许会造成无法弥补的损失，甚至可能危及布列塔尼本身。一开始腓力是摇摆不定的。几乎可以肯定的是，他起初宣布支持亚瑟并不是因为他钟爱这个男孩，而是因为金雀花家族之间的冲突会有利于法兰西；法兰西当然一直是他最优先考虑的事项。

1200年5月签订的《勒古莱条约》(Treaty of Le Goulet)结束了这一阶段的战争。根据相关条款，腓力承认约翰为理查的合法继承人，这意味着亚瑟将会失去安茹、曼恩和都兰。他仍旧是布列塔尼公爵，但却是在约翰治下；与此同时，约翰承认腓力为诺曼底的宗主。因此，亚瑟"在法兰西国王的认可和建议下"向约翰宣誓效忠[14]，腓力（毫不意外地）以牺牲双方为代价大获成功。最后，为两位国王之间的这项新协议锦上添花的是腓力的儿子和继承人路易将会迎娶约翰的外甥女卡斯蒂利亚的布兰奇（Blanche of Castile），约翰会提供丰厚的嫁妆，包括现金和领地。[15] 这使康丝坦斯让自己的女儿有朝一日成为法兰西王后的希望破灭了；此外，这对腓力大为有利，因为在完婚前他要将作为嫁妆的城堡和领地掌控在自己的手里——鉴于此时的两人都才12岁，暂时不可能完婚。

亚瑟自己获得英国王位的希望破灭了，在接下来一年左右的时间里，他部分时间是作为路易的同伴之一待在法国王庭，参加他那个阶层和年龄的男孩必须进行的骑士训练，部分时间是和他的母亲、继父及他们的两个尚年幼的女儿待在一起。当康丝坦斯于1201年9月去世时，他悲痛万分；对于他的整个人生而言，她一直是他依赖的主心骨，她在布列塔尼的权威是无可置疑的。[16] 然而，亚瑟此时已经14岁了，到了可以开始更为积极地参与自己的事务的年龄了，他并没有放弃自己的野心。他暂时需要在两位国王之间维持微妙的平衡，进一步为自己谋利，避免成为他们的棋子；但对于一个夹在两个无耻的政治剥削者之间、没什么经验的年轻男孩而言，这是一项艰难的任务，失败几乎是难以避免的。1202 年复活节，约翰再次召唤亚瑟来向自己宣誓效忠；也许是担心这是个陷阱，所以亚瑟转而去了腓力那里；此时，在法国国王面前的是一个有潜力的年轻人而非一个孩子，因此他调整了自己的重点，提出让自己尚在襁褓中的女儿玛丽和亚瑟结婚。这会给亚瑟提供更多的资源来争取王位，但也会使他被牢牢地掌控在腓力的股掌之间。

在亚瑟忙于自己的骑士训练时，情况发生了变化。在过去的数年里，约翰和很多欧洲大陆上的诸侯陷入了敌对状态，此时的他非常不受欢迎。其中影响最大的是他阻碍了拉马什伯爵（Count of La Marche）普瓦图的于格·德·吕西安（Hugh de Lusignan）和邻近的昂古莱姆（Angoulême）伯国的女继承人之间的结合，他采用的手段是抓住这个女孩，自己娶了她。[17] 这对一块有潜力的领地造成了破坏，削弱了其影响力，对于于格来说是一种羞辱，进一步地，对于所有普瓦图人来说也是一种羞辱。与此同时，约翰还面临着他自己所统治的诺曼底的反叛。诺曼人和普瓦图人都向腓力求助，因为就根本上而言，他是他们的宗主；腓力召唤身为其封臣的约翰前来见他；约翰拒绝了。于是，腓力宣布没收约翰的领地，入侵诺曼底，并且派亚瑟去普瓦图，那里爆发了一场以他的名义发动的叛乱。

亚瑟一直等待着的证明自己的机会到了。这时的他 15 岁，是一名骑士，也是一名公爵，视自己为合法的英格兰国王。是时候为自己与生俱来的权利而战了。当他到达普瓦图时，那里的领主们"非常高兴地欢迎了他,让他担任他们的领袖",[18] 但是他采取的第一项行动是极其糟糕的。他年迈的祖母阿基坦的埃莉诺此时正在米尔伯(Mirebeau,位于安茹和普瓦图的交界处)的城堡里,亚瑟开始进攻这里。他的军队占领了城镇,但是城镇里的城堡有单独的防御工事,埃莉诺退居到这里,并向约翰求援。约翰无疑意识到了形势的潜在严峻性,因而亲自做出响应;他非常迅速地从诺曼底出发,在仅仅48个小时内就带领军队行进了80英里,这是他职业生涯中最大的——实际上也是唯一的——一次真正的军事胜利。

他们于1202年7月31日夜晚或8月1日到达,于凌晨发动进攻,通过一扇没关严的城门进入城镇,袭击了亚瑟手下那些措手不及的士兵们。[19] 街道上发生了激烈的对战,亚瑟无处可逃,被困在迎面而来的军队和身后仍旧坚守的城堡的城墙间。实际上,普瓦图人甚至都没时间好好地武装自己,他们完全敌不过国王的士兵们,[20] 彻底大败。"我能告诉你们什么呢?"出自同时代的一部读本这样反问道。"普瓦图人完全被击败了,亚瑟和所有的普瓦图人都被抓了;没有一个贵族逃之夭夭。"[21] 亚瑟被约翰的拥护者之一威廉·德·布劳斯(William de Braose)抓住,交给了国王。约翰总共俘虏了200多人,完全镇压住了这次叛乱。[22]

亚瑟的姐姐埃莉诺是和他一起在米尔伯被俘,还是因监护安排而已经处于约翰的监管下了,尚不得而知。然而,可以确定的是,这件事之后,她立即被约翰监禁起来了,这样一来,他们两人以及他们的王位继承权都任由他摆布了。他的报复很快就来了,这对姐弟最终还是天各一方。时年18岁的埃莉诺被送去英格兰囚禁了起来。年轻的单身王室女性是具有威胁性的,因为如果她结婚,会将她的王位继承权转给她的丈夫和任何一个子孙后代。与此同时,15岁的亚瑟被囚禁在英吉利海峡的另一端。被抓住之后，他被囚禁在诺曼底的法莱斯城堡，起初，约翰表示愿意就释放亚瑟的问题进行协商；但没有人当真，到头来也从未协商过。1203 年 1 月，亚瑟被转移到鲁昂；他消失在了地牢里，再也没有人见过他。

＊＊＊

发生在亚瑟身上的事情是历史上最大的未解之谜之一。毫无疑问，他被谋杀了，但他是如何、何时以及在什么情况下被谋杀的仍旧有待讨论。在同时代的编年史家中，有些人比其他人了解得更多，他们就某些方面达成了一致意见，但在另一些方面仍旧有争议。所有人似乎都一致认同的是，亚瑟被关在极其艰苦的环境中——监禁在奢华的房间里也不会令人感到舒适——不到一年，他就死了。在这之后，他们的叙述出现了分歧，不过，还是有一些共同的要素。

温多佛的罗杰（Roger of Wendover）这个以往喋喋不休的评论者只说道，亚瑟"突然消失了"，并就此打住。[23] 埃塞克斯（Essex）的科格索尔（Coggeshall）修道院院长拉尔夫（Ralph）在他的编年史中描绘了更多的细节：根据他所说，约翰下令让人把亚瑟刺瞎和阉割（就同时代人来看，这会使他无法进行统治，也断绝了出现继承人的可能性），但对于负责在法莱斯看管亚瑟的休伯特·德·伯格（Hubert de Burgh）来说，这似乎太过于残忍了，所以他阻止了要实施这些行为的人。然而（拉尔夫说道），休伯特后来认为最好告诉布列塔尼人亚瑟已经死了，这样一来，他们的叛乱就会因没有中心人物而土崩瓦解。可这却产生了事与愿违的结果，点燃了布列塔尼领主们的怒火，他们发誓要向约翰复仇；接着，休伯特改口称亚瑟仍旧活着，但是没人相信他的说辞。这一切似乎有些不必要地复杂起来了，而且仍旧无法解释最终发生在亚瑟身上的事情，不过，拉尔夫确实接着就提起了一个谣言，即亚瑟在被从法莱斯转移到鲁昂之后，被溺死了。[24]

最吻合的两种描述是布列塔尼人纪尧姆（一位驻扎在法国王庭的教士和编年史家）和南威尔士马格姆修道院（Margam Abbey）的编年史中的描述。纪尧姆声称约翰叫人将亚瑟放在一条小船上，把船划进塞纳河，刺死了他，然后把他的尸体从船上扔了下去。[25] 马格姆编年史进行了更为详细的描述：

> 国王约翰在抓住亚瑟，将他监禁在鲁昂城堡，让他活了一段时间之后，在［1203年4月3日］复活节前的星期四晚餐后，当他酩酊大醉并被魔鬼附身时，约翰用自己的双手杀害了他，将一块很重的石头绑在他的尸体上，沉入了塞纳河。[26]

约翰的个人参与和用塞纳河来处理尸体的做法这两处吻合是具有重大意义的，尤其是鉴于巴黎和马格姆之间的地理距离——这两种描述的作者不太可能串通。而且，根据马格姆编年史来看，那一天，约翰正待在鲁昂，而至关重要的是马格姆的赞助人就是抓住亚瑟并将其移交给约翰的威廉·德·布劳斯，在相关的时间点，他也待在鲁昂。在大约十年后，人们才发现威廉·德·布劳斯知道的某些事情可能对约翰不利：在和约翰决裂之后，威廉被命令交出他的儿子们以作为人质，他的妻子玛蒂尔达犯了个错误，公开地喧嚷她不会把自己的孩子们交给杀害了自己侄子的男人。[27] 也许是因为心里有鬼，约翰对他们进行了可怕的报复：玛蒂尔达和她的长子被囚禁起来，饿死了，而威廉则因一直被追捕而辗转于英格兰、爱尔兰和法兰西之间，身心俱疲而亡。如果他确实了解发生在亚瑟身上的事情，并且后来还说了出来，那么马格姆的描述最接近事实也就并非不着边际了。28

亚瑟从未踏足过英格兰。尽管就血统上而言，他比约翰更有权继承王位，但英格兰的贵族们不可能支持他，没有贵族们的支持，国王是无法进行统治的（就像没过多久之后，约翰自己体会到的那样）。如果国王理查能活得久一些；如果他将亚瑟置于自己的羽翼下，并在适当的时候指定他为继承人；如果他将亚瑟带到英格兰，让他熟悉这个国家及其治理；如果亚瑟得到贵族们的敬重，事情也许就会出现转机了……但有很多种"如果"。事实上，他的征战几乎从一开始就注定了失败，在他那令人敬畏的母亲去世之后无疑会这样，他的母亲是唯一完全站在他这边、决定不断为他的利益而战的人。

也许会有种观点认为，一开始的继承并没有什么争议，亚瑟可以并且应该满足于继承布列塔尼。但这误解了 12 世纪和 13 世纪的政治现实以及约翰的性格。亚瑟的存在对于他来说就是一种威胁；无论多么低调地生活，总会有些不满的贵族以亚瑟的名义揭竿而起，反对约翰，不管亚瑟是不是亲自参与其中。无论他做什么，约翰最终都会将矛头指向他，因此，唯一能做的事情（这也是康丝坦斯自儿子出生时就意识到的）就是先发制人地采取行动，找到强大的盟友，在与敌人开战的同时在英格兰和法兰西国王间维持平衡。对于亚瑟来说，获得安全的唯一方式就是除掉约翰，自己戴上王冠，不管这个目标看起来有多么不现实。他必须尝试，但在他年龄足够大、足够强硬和足够有经验之前，他就被迫去尝试了；这些都是他失败的主要原因，这一失败直接导致了他暗淡甚至堪称不幸的命运。

***

无论亚瑟到底是怎么死的，他都确定无疑地死了。几乎可以肯定他死于谋杀，很可能发生在 1203 年夏天之前。在所谓的事件之后不久，谣言开始传播开来：

> 有一种关于亚瑟之死的看法在整个法兰西王国和通常所说的欧洲大陆广为流传，似乎所有人都怀疑约翰亲手杀害了他；基于这个原因，从那以后，人们对国王都没了好感。[29]

腓力·奥古斯都充分利用了这种情况：在他们接下来进行的战争中（在这次战争中，约翰把整个诺曼底输给了法国国王），每次约翰和平地示好时，腓力都嘲弄地说除非约翰让亚瑟现身，否则他什么都不想谈，腓力完全知道约翰做不到。随着时间的流逝，关于亚瑟之死和约翰之罪仍旧存在的疑问全都消失了，在 1213—1215 年间，法国王庭公开宣称是约翰谋杀了他的侄子。[30]

人们普遍认为亚瑟之死让他的姐姐埃莉诺成了约翰王位的主要威胁，她的命运再次悲哀地提醒我们，此时大多数的女性对掌控自己的命运是多么力不从心。正如我们之前看到的，在她还是个孩子的时候，就有几桩婚事安排给她了；她在 1202 年秋天时也许期望着其中一桩能成真，能让她逃离约翰之手。但事实是，她永远不会被允许结婚，因为如果她结婚的话，之后，她的丈夫很可能以她的名义来争夺王位。在于米尔伯被抓后，她被带到了英格兰，远离任何潜在的布列塔尼人的支持，先是被安置在多塞特的科夫堡，之后又接连被转移到了其他城堡，远至威斯特摩兰（Westmorland）的伯格（Burgh）和格洛斯特郡的布里斯托尔。[31] 她比她的弟弟幸运，因为她被关在条件还可以的房间里，而不是地牢，有一定的抚养费。她显然有合理的膳食，还有衣物供应，[32] 但这并不能弥补自由的缺失，以及时间和青春的流逝。

1214年，希望的曙光出现了，那是她被囚禁的第12年，当时约翰试图收复他输给法国国王腓力的某些法国领地。约翰和神圣罗马帝国的皇帝，也就是他的另一个外甥奥托［Otto，约翰的姐姐玛蒂尔达之子，她嫁给了萨克森公爵（duke of Saxony）"狮子"亨利（Henry the Lion）］结盟，发动了对普瓦图的入侵，他还将埃莉诺带在了身边，也许是希望以她的名义争取到支持，并建立起某种傀儡政权。然而，在她的同时代人看来，她被囚禁的处境已经让她成了不适合继承的人；布列塔尼公国此时控制在她同母异父的妹妹艾莉克丝（Alix，康丝坦斯和图阿尔的居伊的长女）及其丈夫手中。没有人对以埃莉诺的名义起事特别感兴趣，而约翰发起的战争彻底失败了。在昂热附近的拉罗什穆因（La-Roche-aux-Moines），他被腓力的儿子路易击败了，与此同时，他的盟友在布汶之战（battle of Bouvines）中被腓力制服了。

约翰返回了英格兰，还拉上了埃莉诺，她再次被囚禁了起来，这一次再也无法摆脱了。她比约翰活得久，最终于1241年去世，享年57岁。她作为这个国家的囚犯度过了39年的成年生活，她唯一的罪过就是生为她父亲的女儿。

***

布列塔尼的亚瑟和埃莉诺

约翰（1166—1216年，1199—1216年在位）

> 亨利三世（1207—1272 年，1216—1272 年在位）
>
> 爱德华一世（1239—1307 年，1272—1307 年在位）
>
> 爱德华二世（1284—1327 年，1307—1327 年在位）
>
> 爱德华三世（1312—1377 年，1327—1377 年在位）

现在，我们的故事有个短暂的停顿，因为在国王约翰于1216年去世之后，王位在一个世纪的历程中接连四次从父亲传给健在的长子。然而，这是中世纪的英格兰，看似顺利的一脉相传隐藏了各种各样的隐患。

约翰去世时，贵族们正在反抗他，半个国家都被他们请来取代他的那个人——法国的路易（腓力·奥古斯都之子，也就是后来的路易八世，于1214年击败了约翰）——控制着。33 路易是"征服者"威廉的直系后裔之一，他的妻子布兰奇是约翰的外甥女，从表面上看，他是以她的名义提出继承权的；但是，这仍旧和之前的继承顺序非常不同，还有很多其他人在继承序列中排位更靠前。事实证明，约翰之死对他的事业而言是最好的事情，因为此时的贵族们越发厌倦诚实正直的路易了，他们认为约翰9岁的儿子更容易控制。于是，他被加冕为了亨利三世。

在亨利三世统治时期，英格兰再次陷入了内战，因为许多权贵大力支持西蒙·德·蒙特福特（Simon de Montfort）和他的改革方案；然而，西蒙被击败了，在经过了自诺曼征服以来最漫长的统治期之后，亨利于1272年去世，这不仅让他的长子爱德华一世安稳地继承了王位，还第一次让英格兰的新国王在前任国王去世之后立刻宣布继位，而不是在他自己的加冕礼时才继位。爱德华在得知父亲去世的消息时正在进行十字军东征，但没有任何要篡夺他王位的竞争者，因此，他能够根据自己的时间安排回国，进行加冕。直到1274年8月，他才到达英格兰海岸，但因为这个先例，他的统治时期通常要追溯到 1272 年。

在爱德华一世治下，继承顺序差不多又发生了转折，因为他的那位备受折磨的王后卡斯蒂利亚的埃莉诺被迫生下了至少 14 个——很有可能多至 16 个——孩子之后，这对夫妇才生下一个存活下来的儿子爱德华。他们有 10 个或 11 个女儿（其中仅有 5 个长大成人），还有 3 个或 4 个儿子在婴儿时期或者童年时期就夭折了。[34] 在埃莉诺去世后，爱德华一世再婚了，晚年时又生了两个儿子，以确保王位继承；这两个儿子比他的长女小差不多 40 岁。

结果，爱德华第一段婚姻中最小的孩子存活下来，成了爱德华二世，但在统治了 20 年之后，他被自己的妻子法兰西的伊莎贝拉及其情人罗杰·莫蒂默（Roger Mortimer）推翻了。就严格意义上而言，这并没有偏离继承顺序，因为他们并没有寻求以自己的名义进行统治，而是拥护爱德华和伊莎贝拉之子为爱德华三世。数年来，他一直是个不情不愿的傀儡国王，后来，他反过来推翻了他们，将政府的统治权掌握在了自己的手中。

在经历了几个世纪的骚乱之后，爱德华三世终于带来了强有力的统治，在他统治的 50 年间，他为英格兰带来了稳定。他充分地保证了王位的继承，生下了 8 个儿子，其中有 5 个长大成人了。他的长子也被命名为爱德华，长大成人的他具备了一名中世纪王子所应具有的一切品质，因此，安然老去的爱德华深信，和平会一直持续下去。

但是，他错了。

注释

1. 关于这一名字对布列塔尼人的意义的讨论，参见 Warren, W. L., *King John*

(London: Yale University Press, 1997), pp. 81–82。亚瑟并不是某一本专属传记的传主，不过，他确实出现在很多有关国王约翰统治时期的作品中；更详尽的资料，参见 Jones, M., "Arthur, duke of Brittany (1187–1203)", ODNB。
2. 亚瑟当时 3 岁。没人特别关注坦克雷德的三个女儿之中哪一个会成为他的新娘，只是当时最大的孩子大约 5 岁，所以这种看法仍旧是合理的。
3. RW, vol. II, p. 95; 也可参见 RH, vol. II, p. 165。
4. HWM, vol. II, p. 71.
5. 关于这一事件，参见 Gillingham, J., *Richard I* (New Haven and London: Yale University Press, 2002), p. 298。
6. 有位编年史家写道，"此时的国王不顾一切地想要活下去，于是将英格兰王国和他的其他领地都遗赠给了他的弟弟约翰"（RH, vol. II, p. 453），不过其他人并没有提到这种说法。
7. 自我们上一次在 1183 年小亨利临终之时见到马歇尔以来，他在金雀花王朝中步步高升，先是为亨利二世，接着又为理查工作，他获得了伯爵爵位，并迎娶了一位富有的女继承人。
8. HWM, vol. II, p. 93.
9. HWM, vol. II, p. 95.
10. HWM, vol. II, p. 95.
11. Warren, *King John*, p. 48.
12. RW, vol. II, p. 180.
13. RH, vol. II, pp. 462–463; RW, vol. II, pp. 182–183.
14. RH, vol. II, p. 481.
15. 按照男性世系来看，亚瑟和埃莉诺是约翰仅剩的年轻一辈亲属，但除了已故的哥哥亨利、理查和杰弗里之外，约翰还有三个姐妹，其中的老二埃莉诺嫁给了卡斯蒂利亚国王阿方索八世（Alfonso VIII），布兰奇就是他们的女儿之一。尽管阿基坦的埃莉诺年事已高，但她还是亲自越过比利牛斯山，到卡斯蒂利亚接布兰奇，带她去法兰西完婚。在法国君主制历史上，布兰奇将会是一个关键人物，更多关于她的生平介绍，参见 Grant, L., *Blanche of Castile, Queen of France* (London: Yale University Press, 2016)。
16. 康丝坦斯年仅 40 岁，即便就当时来看，年龄也不是特别大。奇怪的是，关于她是死于分娩还是麻风病，当时的资料意见不一。
17. 关于约翰迎娶昂古莱姆的伊莎贝拉（Isabella）以及他们之后的关系，有大量著述，其中的大部分要么极其可笑，要么过于浪漫化。论及在适当历史背景下所进行的严格意义上的分析性描述，参见尼古拉斯·文森特（Nicholas Vincent）所写的有关伊莎贝拉的内容，收录于 Church, S.D. (ed.), *King John: New Interpretations* (Woodbridge: Boydell, 2003), pp. 165–219 和 Church, S., *King John: England, Magna Carta and the Making of a Tyrant* (London: Macmillan, 2015), pp. 82–92。

18. AB, p. 93.
19. 所有的资料都认为有一扇城门没有关严，不过这是因为玩忽职守，还是只是因为门出了故障，尚不得而知。
20. 有一处叙述向我们阐明了精彩的细节，普瓦图领袖之一杰弗里·德·吕西安，也就是被抛弃的于格的兄弟当时正在吃早餐——一盘鸽子（AB, p. 94）。
21. AB, p. 95.
22. 关于这次交战的深入讨论及资料，参见 McGlynn, S., *Blood Cries Afar: The Forgotten Invasion of England 1216* (Stroud: Spellmount, 2011), pp. 36–40。
23. W, vol. II, p. 205.
24. RCog, pp. 139–141 和 p. 145。
25. WB, pp. 173–174.
26. Margam, p. 27.
27. RW, vol. II, p. 248; AB, pp. 112–115.
28. 详细分析亚瑟之死的所有同时代资料，参见 Powicke, F.M., *The Loss of Normandy (1189–1204)* (Manchester: Manchester University Press, 1913), pp. 453–481。
29. RW, vol. II, p. 206.
30. 1213—1215 年，法国王庭宣布要以谋杀亚瑟之罪罢黜约翰（这是国王腓力的儿子路易入侵英格兰和直指王冠的理由之一）。这种情况在法律上是无效的——腓力也许可以剥夺约翰的领地，因为他是腓力的封臣，但腓力无权剥夺约翰的英格兰王位——不过，这些表述以及并没有人对此表示惊讶确实表明，大家普遍认为亚瑟是被谋杀的。参见 Bradbury, J., *Philip Augustus: King of France 1180–1223* (Harlow: Longman, 1998), p. 318 以及 Hanley, C., *Louis: The French Prince Who Invaded England* (London: Yale University Press, 2016), pp. 60–61 和 pp. 78–79。
31. 这些都是戒备森严、令人望而生畏的地方，对于一位像埃莉诺这样处于这种环境下的年轻女性而言尤为可怕，而此时的科大更加令人胆战心惊：还有其他的普瓦图俘虏关在这里，其中有部分人试图逃跑，但他们被包围住，被切断了食品供应，只能投降；他们中有 22 人饿死了（Margam, p. 26）。
32. 不过这些衣物并不一定符合她的阶层；有一项关于为埃莉诺制作礼服的布料的命令规定，这些布料"不能是国王所拥有的最上乘的布料"。参见 Jones, M., "Eleanor of Brittany, 1182×4–1241", ODNB; and Warren, *King John*, p. 83。
33. 值得注意的是，和英格兰时不时出现的棘手情况相比，从 987 年到 1316 年，法国王位一直从父亲传给健在的长子，代代相传已经有 329 年了。
34. 顺带一提，这种不幸使英格兰失去了其第一位国王阿方索；爱德华和埃莉诺的三子被起了一个出自王后家乡的名字，在这个孩子的哥哥们去世之后，及他自己去世之前，他是王位的继承人。最近有本以爱德华和埃莉诺的女儿们为主题的书：Wilson-Lee, K., *Daughters of Chivalry: The Forgotten Children of Edward I* (London: Pan Macmillan, 2019)。

第六章

"黑太子"爱德华

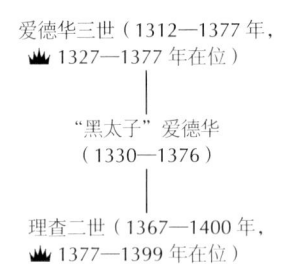

爱德华三世(1312—1377年,
♛ 1327—1377年在位)
|
"黑太子"爱德华
(1330—1376)
|
理查二世(1367—1400年,
♛ 1377—1399年在位)

爱德华是国王爱德华三世和王后埃诺的菲莉帕(Philippa of Hainaut)的13个孩子中的长子。尽管后人称他为"黑太子",但他在自己所生活的时代被称为"伍德斯托克的爱德华"(Edward of Woodstock),这是以他的出生地来命名的。[1] 他出生于1330年6月,处于一个多变的时期,当时的爱德华三世还没有掌握自己王国的实权,英格兰仍旧在他的母亲法兰西的伊莎贝拉及其情人罗杰·莫蒂默的控制下。但是,这位年轻的国王对于自己和自己的地位越来越有信心,也许正是他自己的儿子和继承人的出生使他决定夺取主动权;1330年10月,他秘密地潜入位于诺丁汉(Nottingham)的城堡,抓住两人,而后莫蒂默被处决,伊莎贝拉则在可预见的未来里一直被囚禁在女修道院。爱德华三世此时稳坐王位,因此,他年幼的儿子能在一个安稳的环境中长大了,而且,他在王室继承序列中的位置也是无可置疑的。

从所涉人物的年龄来看,这个家族具有非凡的活力——甚至如今人们也会这么认为。爱德华出生的时候,他的父亲和母亲分别年仅 17 岁和 15 岁;纵观其一生,他不仅在年龄上,而且在眼界上都与父母十分接近。在他后面出生的三个孩子是两个女孩伊莎贝拉和琼(Joan),以及一个早夭的男孩,这意味着他是在没有任何年龄相近的兄弟的陪伴下长大的。这个家族其他 4 个长大成人的儿子——安特卫普的莱昂纳尔(Lionel of Antwerp)、冈特的约翰(John of Gaunt,这是"Ghent"一词的英语化)、兰利的埃德蒙(Edmund of Langley)和伍德斯托克的托马斯——分别比他小 8 岁、10 岁、11 岁和 25 岁。因此,在小爱德华后来被指定为英格兰的摄政者时,他的弟弟们还都在摇篮中;在他全副武装地随父亲在克雷西(Crécy)作战时,他们还待在王室育婴室里。这就是为什么他与他们截然不同,一直被视为英格兰的最大希望。

这位王位继承人很快就获得了头衔:爱德华于 1333 年被封为切斯特伯爵,于 1336 年被封为康沃尔(Cornwall)伯爵。不过,国王仍旧不满足,在 1337 年时,他将康沃尔升格为王室公国,这是英格兰第一个这种类型的领地;"康沃尔公爵"至今仍是英国王位的男性继承人的头衔。在国王亲率军队作战的时代,军事训练在爱德华的孩童时期占据了非常重要的地位,我们都知道他在 7 岁的时候就拥有了一套完整的盔甲。他还需要政治教育,在爱德华三世于 1338 年横渡英吉利海峡去佛兰德斯时,他 8 岁的儿子成了摄政者和"英格兰的守卫者"(guardian of England);1340 年和 1342 年,小爱德华承担了同样的责任。当然,爱德华三世有更为成熟和睿智的头脑,会指导自己的儿子,但在此期间小爱德华才是英格兰正式的管理者、王室家族的领袖,所有的政治事务都归在他的名义下。小爱德华显然认为自己的责任重大；有一份他于1338年写给自己母亲的信保存了下来，在信中，他告知她，英格兰的羊毛收集工作（需要向国王缴纳贡金）已经完成了。[2]

1343年，12岁的爱德华被封为威尔士亲王，这是一个近期才出现的头衔，是为了他的祖父爱德华二世创立的。[3] 他那3个尚年幼的弟弟此时还待在王室育婴室内，因此，王朝是足够稳固的，对于爱德华来说，他可以陪伴父亲进行海外旅行，以继续为继承王位接受训练。在这时，爱德华三世公开宣称自己有权继承法兰西王位，并于1346年夏天开始着手准备越过英吉利海峡的大型军事远征；刚刚16岁的小爱德华和他并肩作战。这一冲突的背景颇为复杂，但简言之就是：法国国王腓力六世是瓦卢瓦王朝的第一任国王，是前任国王查理四世的第一代堂兄弟①；在历经了3个多世纪的卡佩王朝的父子直系传位体系终结后，他继承了王位。查理四世和他的两位哥哥（路易十世和腓力五世）依次继承王位，但只留下了6个女儿，没有儿子存活下来。英格兰的爱德华三世通过其母亲伊莎贝拉，也就是3位前任国王的妹妹提出自己有权继承法国王位，但他的继承权主张站不住脚：如果可以通过女性世系来继承王位，那么路易十世的女儿以及腓力五世和查理四世的女儿们的继承权本应该优先于这三位国王的妹妹和她的儿子。[4] 结果，王位还是按照男性世系传了下去，最终王冠戴在了腓力六世的头上——他自1328年起就继承了王位，因此不管怎么说，国王爱德华对王位继承权的争夺都太晚了。

尽管他提出的主张存在争议，但不论其中的是非曲直如何，现实情

---

① 腓力六世的父亲是瓦卢瓦的查理，也就是法国国王腓力四世的弟弟，而法国国王查理四世是腓力四世的儿子，所以腓力六世和查理四世实际上是堂兄弟的关系。

况是他拥有足够的意愿、资源和支持来发起一次效果明显的威胁。已经是亲王,而后将成为英格兰国王的小爱德华可以将目光瞄准获得两顶王冠这一最终目标了。在1346年夏天乘船越过英吉利海峡时,对于站在甲板上的他而言,这无疑是个有效的激励。

事实上,这次战争的开端并不太顺利:逆风使他们在诺曼底而非加斯科涅登陆了,而他们计划的目的地远在南边。然而,对于小爱德华来说,在他们到达的第二天国王就封他为骑士时,形势好转了,这对他来说是一项极大的荣耀,标志着他开启了作为战士的生涯。鉴于此时的爱德华算是成年人了,所以他立即离开了父亲的庇护,他受命率领前往法国的先头部队。这是个显赫和责任重大的职位,但却是具有危险性的,因为它意味着要在主力部队前面几英里处更为暴露的位置驰骋和据守。

国王爱德华发动战争的方法直截了当:他开始了烧杀抢掠的行动。同时代人在描述所发生之事时并没有试图尽量淡化伤害,在几份不同的资料里可以发现如下的类似段落。起初,法国的城镇居民和农村农民都措手不及。英国军队

> 并不需要寻找补给[……]措手不及的人们无所遁形。他们无疑都震惊不已:他们从未经历过战争,甚至没看见过全副武装的士兵,此时,他们眼睁睁地看着人们被毫不留情地屠杀,房屋被焚烧、劫掠,土地被践踏、烧毁。[5]

在英国人继续着毁灭一切之路时,同一位编年史家一再以相同的方式重复着有关城镇被摧毁的描述,正如下面这个典型的例子:

> 这座大型城镇不费吹灰之力就被占领了，从上到下被洗劫一空。任何健在的人都无法相信在这里被劫掠的战利品有多么丰富［……］很多富有的市民被俘虏了，被送到英格兰，交付赎金才能赎身，很多平民百姓都被杀了［……］很多美丽的女市民及她们的女儿都被强奸了。[6]

其他的作者表示一致认同。"英国人的消遣就是烧毁一切"，其中一位写道："他们让很多女性成了寡妇，很多可怜的孩子成了孤儿。"[7]

这并不是无差别的屠杀，也不是不守纪律的士兵恣意妄为的结果——而是一项由爱德华三世蓄意实施的恐怖和破坏政策，其目的是煽动腓力参战。同时代人认为这并没有什么错：一位国王爱德华的王庭人士在一封信中冷静地写到对卡昂（Caen）的破坏，"有120到140名贵族和英勇的骑士，或被杀，或被俘，其中有大约100人幸存了下来；有五千名乡绅、市民和其他平民，或被抓，或被杀。到目前为止，我们一切进展得都很顺利"。[8] 上面详细叙述暴行的那位编年史家对爱德华三世的描绘是颇为正面的：

> 某些听说了所述故事的人可能会怀疑我为什么会把英格兰国王称为"高贵的国王爱德华"，而只把法国国王称为"法兰西国王"［……］我确实把这种荣耀给了这个故事里表现得更崇高的人，那就是国王爱德华，给他再多的荣耀也不为过［……］对于法兰西国王腓力，却无法这样评价，因为他任凭自己的大部分领地被摧残和践踏。[9]

第六章 "黑太子"爱德华

就是这样：在 14 世纪这个残酷的世界里，相比实际上下令进行大规模烧杀抢掠的人而言，让自己的领地被袭击和被烧毁，是更为人所不齿的。

对于年轻的亲王而言，在他父亲的麾下打头阵并遵从号令是一次有益的经历。就此来说，这似乎可能是他第一次统率大型军队，不过，爱德华只是在名义上掌权，真正的职权掌握在北安普顿（Northampton）伯爵和沃里克伯爵手里，他们陪同在爱德华的身边，但无疑，他亲自参与了作战行动和各种暴行。同样确定无疑的是，爱德华参与了 1346 年 8 月 26 日的交战，并因此而成名。

腓力六世率领的法国军队一直在追踪英国军队，他们在索姆河（River Somme）北岸赶上了英国人。此时，一场激战在所难免了，国王爱德华选择在克雷西森林以北的一处地点部署军队。他们面朝南，下方是一个斜坡，就战略上而言是有优势的。亲王率领的先头部队位于前线；他位于最中心的位置，周围是他手下的伯爵和王庭的骑士们。这是一场激烈的战斗，爱德华进退维谷。然而，他守住了自己的阵地，所有编年史家都同意这一点：

> 在这场令人绝望的战斗中，时年 16 岁的国王长子伍德斯托克的爱德华在前线与法国人作战时表现出了极大的勇气，他纵马驰骋，砍倒骑士，击穿盔甲，斩断长矛［……］他激励手下的士兵们，为自己而战，帮助被击倒的朋友们重新站起来，为每个人树立了榜样。[10]

最终，法国人撤退了，将这片区域拱手交给了英国人。小爱德华的军事声名鹊起。他面对危险时的勇气令双方都印象深刻,这个故事在叙述的过程中很快就被过分夸大和浪漫化了。例如,早期的描述提到,当这位亲王陷于困境时,"有人徒步跑去或者骑马前去找他的国王父亲,寻求帮助";国王派遣了大约 20 名骑士,但当到达爱德华那里时,他们"发现他和他手下的士兵斜靠着他们的长矛和剑,坐在死人堆上,正在喘着粗气休息"。[11] 但是后来这被加以美化:

> 在这位亲王身边尽职尽责的人发觉他们四面楚歌,所以派遣了一名骑士前往国王爱德华那里[……]国王问这名骑士道,"我儿子是死了,是昏迷了,还是受伤严重到无法战斗了呢?""全都没有,感谢上帝,"这名骑士回复道[……]国王答道,"回到他和那些派你前来的人身边去,告诉他们,现在只要我的儿子还活着,就不要派人来了。我给他们的命令是,让这个男孩载誉而归。"[12]

这段叙述并不是要贬低这个 16 岁男孩莫大的勇气,而是实实在在地展现出军事声望的重要性,这种声望在讲述的过程中可能会被夸大。

爱德华后来享有的骑士声望也是起源于克雷西。作为一名贵族和一名战士,他会钦佩其他人的勇气,即便是立场不同的敌人,其中有一名战士表现得甚至可能比他更勇敢。波西米亚(Bohemia)国王约翰(他的女儿嫁给了国王腓力的长子和继承人)虽然是盲人,但还是和法国人并肩作战;他将自己马匹的缰绳和他同伴马匹的系在一起,冲进正在激战的人群中。他们一起被杀了,第二天发现他们的尸体时,缰绳仍旧缠在一起。尽管国王约翰效忠敌方,但这种行为和这种英雄主义的死法都是值得佩服的。约翰的纹章图样是鸵鸟羽毛;爱德华将其纳入了自己的纹章中。[13]

在剩下的征战中，这位亲王仍旧跟随在父亲身边，包括加来（Calais）围城战，在这次围城中，城镇居民都被饿死了，爱德华自己也生病了，得了某种营地热病。他们在加来的时候得知，苏格兰国王戴维二世率军入侵了英格兰北部，因为苏格兰和法兰西于1294年签订了协议，根据其中的条款，双方同意，如果英格兰进攻其中一方，那另一方会入侵英格兰，戴维二世按照"老同盟"（Auld Alliance）的条款发动了入侵。然而，他们并不需要担心；在他们不在的时候，约克大主教集结起一支军队，在内维尔十字之战（Battle of Neville's Cross）中击败了苏格兰人，结果戴维被抓了。爱德华父子于1347年11月返回英格兰，满载着胜利和赞美。但是一个致命的敌人，一个用剑无法战胜的敌人很快就会袭来。

后来被称为"黑死病"的瘟疫于1347年10月从西西里进入欧洲，于1348年初到达法兰西，于当年夏天越过英吉利海峡。瘟疫对待富人和穷人是一视同仁的：死者包括卡斯蒂利亚国王和阿拉贡王后，而法兰西的国王及其继承人都失去了他们的妻子。[14] 英格兰王室也没能逃脱；爱德华的妹妹"伦敦塔的琼安"（Joan of the Tower，时年14岁）在前去履行嫁给卡斯蒂利亚王位继承者的婚约的路上，感染了瘟疫，于1348年7月在波尔多（Bordeaux）附近去世，她的父母悲痛欲绝。[15] 传染病接着传到了英格兰，并横扫整个英格兰；至9月末，爱德华三世的两个小儿子——蹒跚学步的温莎的托马斯（Thomas of Windsor）和刚刚出生的温莎的威廉也都去世了。

当时看起来一定像世界末日一样，但最终瘟疫离开了，英格兰有三分之一到一半的人丧命，剩下的人大受打击。但对于幸存者而言，生活还得继续。由于没有另一场名副其实的战争来吸引爱德华和他父亲的注意力，他们都投身于骑士事业中了。他们一起参加了很多次骑士比武——我们可别忘了，尽管这位国王已经有一个成年的儿子了，但他自己也才30多岁——还为了庆祝克雷西的胜利以及国王、亲王和贵族们在战斗中结下的情谊而创立了嘉德骑士团（the Order of the Garter）。

此时的爱德华已经拥有了自己的府邸，正如后来的一系列事情所表明的，他是个挥霍无度的人。他想要按照他所认为的适合王位继承人的生活方式来生活，再加上骑士精神的标志之一就是慷慨大方；为了维持声望，必须让别人看到他们送出奢华的礼物，过着挥霍的生活。从这一时期开始，他的账目中列上了所购之物，包括作为礼物送给国王的一个金杯；送给王后和爱德华的姐妹的珠宝，还有给其府邸成员的宝石。也许令人惊讶的是——当然是和本书中所描述的许多其他人相比——他还没有结婚；这些年来已经有很多跨国联姻的提议了，但都出于这样或那样的原因而告吹了。有一群年龄尚小的弟弟也许让他和他的父亲放心了，认为没必要特别着急——合适的联姻更为重要。接下来几年，爱德华继续过着单身汉的生活，大部分时间都是在位于康沃尔和切斯特的各个庄园里度过的。他要确保这些庄园可以为自己的需求提供资金，而他正在变得越来越穷奢极欲，有些人抱怨他筹钱的方式太过严苛了。由于黑死病引起的人口锐减，地主的收入大为减少，但看起来爱德华还想要从更少的人和更少的资源中榨取同样多的钱。他的管事人横征暴敛，到了1353年夏天时，有一名切斯特郡的管事人被谋杀了。

爱德华在阿基坦也有庄园，阿基坦的南部仍旧为英国王室所有。[16] 自1346年以来与法兰西达成的一系列休战协议很快就要结束了，因此，国王爱德华想让他的继承人能够利用任何出现的机会。这位亲王——也许是厌倦了作为地主和管理者的生活——绝对不会反对可能采取军事行动的想法，于是在 1355 年夏末起航，于 9 月在波尔多登陆。与此同时，国王派遣兰开斯特公爵格罗斯蒙特的亨利（Henry of Grosmont）带领一支军队前往诺曼底。亨利一脉在后面几个章节中将会非常重要，亨利并非直系继承人，但他有多重王室血统，是英格兰的亨利三世和法兰西的路易八世的后裔。他对爱德华三世忠心耿耿，成了英格兰的第二位公爵，他的兰开斯特伯爵爵位于 1351 年被擢升为公爵爵位。他也是德比伯爵（earl of Derby）和莱斯特伯爵（earl of Leicester），因而是英格兰最富有的贵族成员。

爱德华登陆之后，没有浪费任何时间，立刻从他自己的领土赶往敌对领地——由阿马尼亚克的约翰（John of Armagnac）所控制的朗格多克（Languedoc）。在这里，他将早年习得的战争技巧付诸实践：在进攻身为贵族的敌人时，首先得剥夺他的经济资源。也就是说，得烧毁他的领地，恫吓和杀掉住在那里的人：

> 他［爱德华］从波尔多出发，进入加斯科涅支持法国人的那片地区，直接横扫这里，烧毁了方圆 5 里格①的土地［……］他们接着前往卡尔卡松（Carcassonne），发现了大量的财富，多到难以置信；这里被洗劫一空，美丽的女市民及她们的女儿都被奸污了。他们在下城区待了三天，大肆烧杀抢掠［……］他们继续行进，在离开卡尔卡松时放火烧毁了完好的房屋和集市，到了图卢兹城的时

---

① 里格（league），中世纪英制的一种长度单位，在陆地上，1 里格约合 1.61 千米。

候，他们到处纵火，将所到之处全都夷为平地。[17]

而且这种行为无休无止。更为残忍的是，当时正值丰收时节，烧毁庄稼就意味着在屠杀中幸存下来的当地人也许最终还是会饿死。然而，爱德华仍旧是"英勇的威尔士亲王",[18] 那些出自其府邸成员的家信中对这种行为的描述没有表现出任何的羞愧：

> 你一定会很高兴的，我的领主[爱德华亲王]突袭了阿马尼亚克县，占领了几座有城墙环绕的城镇，焚烧并摧毁了它们[……]之后，他和图卢兹领主交锋，占领了几座有城墙环绕的坚固城镇，焚烧并摧毁了它们，将周围的乡村地区夷为了平地[……]我的领主在战场上和敌人对抗了 8 个星期，只休息了 11 天。似乎可以肯定的是，自和法国国王的这场战争开始以来，这一地区还从没有遭遇过像这次突袭这样的毁灭。[19]

然而，阿马尼亚克拒绝被拖入战争中，因此，爱德华转身回到他自己位于阿基坦的领地，他在那里度过了冬天，毫无疑问，比起那些待在被他践踏的地区的人，他要舒适得多。1356 年春天，他再次开始自己的征战，并且持续了整个夏天，沿着卢瓦尔（Loire）河一路向北。此时，法国国王约翰二世（于 1350 年去世的腓力六世之子）已经集结起王室主力军，1356 年 9 月 19 日，正好在普瓦捷南部，两军狭路相逢。约翰的主力阵容十分强大，名册上全是法国最显赫的人物：国王自己；他的弟弟奥尔良公爵（duke of Orléans）腓力；他的长子王太子查理[20]；他的两个小儿子路易和腓力；其他的公爵和伯爵；威廉·道格拉斯爵士（Sir

William Douglas），他是一名经验丰富的苏格兰骑士，而苏格兰国王仍旧被英国囚禁着。

自亲王爱德华在克雷西"赢得胜利"以来已经 10 年了；在此期间，他积累了经验，没有丧失任何个人技能或勇气。他再次将自己置身于队伍的中心，与敌人短兵相接；多亏了良好的通信系统，他得以对整个战场上变化的形势做出反应。[21] 爱德华再次英勇作战，"用他的利剑砍倒法国人，斩断他们的长矛，避开他们的攻击，让敌人的努力功亏一篑，将倒下的战友扶起来，让敌人知道战争真正的暴烈之处"，[22] 再一次迎来了胜利的战果。多么大的一次胜利啊：法国国王自己连同他的小儿子腓力都被俘虏了。尽管被俘了，腓力还是因为他在这次战斗中所发挥的作用被给予了"勇敢者"（the Bold）的绰号——年仅 14 岁的他在重重压力下一直待在父亲身边，即便很明显一切都完了。他的哥哥和叔叔侥幸逃过一劫，由此王太子查理在父亲不在的情况下成了应急的摄政者。

在另一处重现早期战斗的叙述中，爱德华那具有骑士风度的行为被添枝加叶了。国王约翰由他亲自监管，作为受膏的国王，约翰自然得到了礼待；但是，随着时间的流逝，战斗愈发激烈，这位亲王有了更多不能和他同桌进餐的理由。一开始，事情很简单，他悄悄地溜走去陪同一名受伤的战友，这名战友是在战场上被发现和带回来的，他对约翰说，"不要认为他将其独自留在餐桌上的行为是失礼的，因为他要去陪伴的是一个濒死之人"；后来，这成了一种展现骑士精神的行为，这位亲王"不顾国王的一再请求，坚决拒绝同他坐在一起"，因为"他不配同那一天证明了自己是多么强大的亲王、多么勇敢的战士的人同坐一桌"。[23]

转眼就过去了几个月，在此期间进行了停战协商，爱德华和他的俘虏最终于 1357 年 5 月起航前往英格兰。他于 5 月末威风凛凛地进入伦敦，这很可能是他人生的巅峰，也很有可能是整个中世纪君主国的巅峰。一位备受尊敬的国王，此时正值 45 岁的壮年，他在位已经 30 年了，平息了所有的反抗；他那已经长大成人的继承人是一位人人称道的常胜战士；他还有其他儿子，在王位继承上是万无一失的；法国国王和苏格兰国王都被他监禁起来了。[24] 国王爱德华和亲王爱德华的名字作为骑士精神的高尚典范而响彻欧洲。

当然，问题是达到巅峰时只有一条路可走。

＊＊

两位爱德华于 1359 年再次前往法国，国王爱德华的目的是在兰斯加冕，但因为王太子查理的干涉而失败，查理极为高效地组织起抵抗，拖住了他们的脚步，接着又彻底挫败了他们，让他们功亏一篑。战争陷入了僵局，直到 1360 年夏天，国王爱德华在谈判中都是原地踏步，与此同时，亲王爱德华——受制于不能进行战斗的会谈——则一直无所事事。不过，他确实因由此产生的《布雷蒂尼协议》(Treaty of Brétigny)而获益匪浅；从此以后，阿基坦成了一个独立的政权，不再附属于法兰西这个宗主了，爱德华作为统治者管理着阿基坦。

在这些谈判正在进行中时，也就是 1360 年夏天，爱德华 30 岁了。他仍旧没有结婚——对于当时的王位继承人来说，这种情况几乎是闻所未闻。他有一个私生子，[25] 但是，他的地位要求他迎娶和生下合法的继承人，这样一来金雀花一脉才能延续下去。而且，瘟疫于 1361 年卷土重来，令人惶惶不安，带走了他的两个十几岁的妹妹（这意味着这些年来，他至少有 5 个弟弟妹妹死于这种传染病）和像兰开斯特公爵这样的贵族。谁知道下一个会是谁呢？因此，在那年秋天，他结婚了；但是，他几乎是以最不正统的方式结婚的。

反对他选择的新娘的理由非常多。肯特女伯爵琼安是一名英国女贵族，而非外国的公主，因此，这场婚姻并没能结成跨国联盟。她和爱德华是近亲：作为爱德华一世的孙女，她是新郎的父亲的第一代堂亲，这种关系正好在被禁止的范围内。[26] 她已经33岁了，是个寡妇，有4个尚年幼的孩子。最后，她之前的婚史至少可以说是打破常规的。

琼安是在王后菲莉帕的府邸里长大的（在琼安年仅2岁的时候，她的父亲在自己同父异母的兄弟爱德华二世被罢黜后，被处死了），还不到十几岁的时候，她就和某位托马斯·霍兰德爵士（Sir Thomas Holland）秘密地结婚了。然而，之后不久，他就去了国外，并不知晓这些事情的国王为她安排了一桩正式的婚事，嫁给索尔兹伯里伯爵威廉·蒙塔丘特（William Montacute）。琼安也许是担心可能会出现的后果，因而隐瞒了之前的婚姻，她同意了这桩婚事，被送去和她的新任丈夫共同生活。在离开几年后，霍兰德返回了英格兰，他坦陈了他们的结合，请求让他的"妻子"回到他的身边。他得到了琼安的支持，琼安请求宣布她的第二段婚姻无效，并认定第一段婚姻为合法的，这令索尔兹伯里大为恼火。这件事由教皇英诺森六世进行裁断，他判定第一段婚姻占先，让琼安回到霍兰德身边；她和他幸福地生活在一起，生了一群孩子，直到1360年，他去世了。[27]

这就是威尔士亲王——英格兰王位的继承人、欧洲最令人中意的单身汉——选择的做自己新娘的女人。唯一的解释就是这个决定是个人的，而非政治性的；毕竟，他们年龄相似，自童年时期起就相识。他后来在信中称她为"我最挚爱和信赖的甜心和亲爱的伴侣"，一位同时代人称他"娶了一位非常值得的女士，他深爱着她"。[28] 此时的情况仍旧颇为复杂，因为索尔兹伯里还健在，就理论上而言，他可以通过琼安可能再生下的孩子来提出自己拥有继承权。但这位亲王固执己见。国王爱德华也许对这桩婚事的前景不太乐观，但在得到教皇特许之后（必须得到特许，因为双方有很近的血缘关系），他表示了同意，甚至出席了婚礼。

1362年，威尔士亲王和王妃也成了阿基坦亲王和王妃，他们将自己的府邸搬到了英吉利海峡的对面。正是在此时，命运之轮开始转动了，将爱德华送到了深渊。众所周知，他是一位优秀的战士，但他到阿基坦不是来作战的。这一次，他需要治理和统治，而事实证明，他在这方面明显不太擅长。他习惯于向士兵发出专断的号令，要求他们立刻执行；这未必是和阿基坦贵族打交道的最佳方法。他对财政不感兴趣，除了这意味着他能够继续维持奢华的生活方式。此时，他有了一个和自己的消费品位相当的妻子，而为了维持统治者的声望也需要庞大的支出，所以，他们需要大量的钱。1362年，琼安的一套镶有宝石的纽扣就花费了200英镑；后来，为爱德华、琼安和琼安的孩子们制作衣服的刺绣工得到了715英镑。[29] 这还没有将军事和管理费用计算在内。但是，阿基坦应该是自给自足的（也就是说，爱德华无法指望从英格兰得到经济援助），因此，亲王必须得提高自己的收入。他在阿基坦的执行人和十年前在英国庄园里的那些一样顽固，让人们吃了很多苦头。

这些年间，这对夫妇有过一些好消息。在结婚时，爱德华和琼安分别是31岁和33岁，因而并没有人指望他们能够组建起一个大家庭，但令他们高兴的是，他们生下了两个儿子，于1365年出生的爱德华和两年后出生的理查。但是，这再次变成了炫耀和消费的借口：在1365年3月庆祝小爱德华受洗时，有154名领主和706名骑士受到了亲王的款待，马厩里拴着上千匹马；仅仅是蜡烛就花费了400多英镑。[30]

在此期间，法国国王正在迅速地收复在普瓦捷失去的土地。此时，约翰二世已经去世了，他的儿子查理五世继位了，他就是众所周知的"英明的"（"the Wise"）查理，这一名号并非毫无来由。[31] 他发现爱德华在阿基坦越来越不受欢迎，就利用了这种情况，怂恿阿基坦造反。随后，在1366年，他取得了另一场外交胜利。在阿基坦南边，位于比利牛斯山另一侧的是卡斯蒂利亚王国。英格兰和爱德华都是这里的国王"残忍的"彼得一世（Peter I "the Cruel"）的盟友；查理派遣了一支由著名的将军贝特朗·杜·盖克兰（Bertrand du Guesclin）率领的军队，去支持彼得同父异母的兄弟特拉斯塔马拉的亨利（Henry of Trastamara），他们成功地推翻了彼得，让亨利坐上了王位。彼得向爱德华求援，同意帮忙的爱德华于1367年初出发。就短期来看，这次战争是一场胜利：爱德华在纳胡拉之战（Battle of Nájera）中大获全胜，杜·盖克兰被俘，彼得复位。[32] 继普瓦捷胜利的10年后、克雷西胜利的20年后，亲王的军事声望再次高涨。但是，就长期来看，这是场灾难。爱德华担负了巨额远征费用——大约270万克朗，几乎等同于这些年来令法兰西不堪重负的国王约翰的赎金——而且他要求卡斯蒂利亚补偿给他。但卡斯蒂利亚比法兰西穷得多，当彼得付不出来的时候，爱德华也无计可施：他一直是作为佣兵积极作战的，因此无权对彼得的臣民或者他自己的臣民征税。

而且，他生病了。在不熟悉的南方气候中，夏天的高温带来了某种疾病，可能是痢疾，也可能是疟疾，还可能两者兼而有之。他继续待在卡斯蒂利亚，还是一无所获，因此，他不得不及时止损，翻山越岭回到阿基坦。他留下的胜利并没能持续多久；1369年，彼得被亨利谋杀了，亨利夺得王位（这一次是永久性的），成为亨利二世。

爱德华垮掉了，再也没能恢复健康；在整个余生中，他越来越频繁地遭到严重疾病的反复侵袭。阿基坦贵族纷纷叛逃并投靠法国国王，迫使他再次卷入战争。1370 年，进攻利摩日这座城市时，他仍旧生着病，只好用担架抬着——对于这位曾经威猛的亲王以及克雷西和普瓦捷的胜利者而言，实在是判若云泥。这座城市落入了爱德华之手，但编年史家傅华萨（Froissart）指责了他在这里犯下的滔天罪恶：

> 当时，这位亲王［……］连同其他人及他们手下的士兵们突然冲入这座城市，后面跟着徒步而来的劫掠者，所有人都一心想着烧杀抢掠，不分青红皂白地大肆杀戮，因为那就是他们得到的命令。一片触目惊心。男人、女人和孩子们跪倒在这位亲王的面前，哭喊着："可怜可怜我们吧，高贵的阁下！"但是，他怒火攻心，听而不闻。无论男女都被漠然置之，所有被发现的人都被斩于剑下［……］三千多人，包括男性、女性和儿童都被拖出去，割断了喉咙。[33]

其他资料并没有特别提及这件事，[34] 一些现代作家对到底有没有发生过屠杀表示怀疑，虽然看起来十分残忍，但鉴于之前记录的爱德华在 14 世纪四五十年代"骑马远行"（劫掠远征）中的行为，这和他的性格并非背道而驰。无论事实如何，爱德华都迅速地遭到了命运的惩罚：在洗劫利摩日之后，他返回了位于波尔多的妻子身边，结果发现自己的长子和继承人爱德华已经死了，年仅 5 岁。此时，他的王朝的未来只能落在年仅 3 岁的理查肩上了；琼安已经 42 岁了，不太可能再为她那生病的丈夫生下孩子了。爱德华病到力不从心，于是放弃了对阿基坦的统治，起航前往英格兰。

更糟糕的事情即将到来。在英格兰，他发现已经年近60岁的父亲的精神和身体健康状况也很差。王后菲莉帕已经于1369年去世了，爱德华三世深受21岁的情妇爱丽丝·普瑞尔斯（Alice Perrers）的影响，她为他生下了三个孩子——他们的出生日期表明在王后去世之前，两人就有染了——并且正在操纵国王以获得财富和影响力。亲王爱德华几乎没有能力介入或者改善现状，相比1357年的繁盛，此时的王权处于不幸的阴影下。爱德华还能做一些治理工作，不过，因为身体不太好，无法跋涉，他只能待在伦敦或者周围地区。王国基本上由其弟弟冈特的约翰管理，此时通过和布兰奇联姻，他已经成了兰开斯特公爵，因为布兰奇是在1361年瘟疫中去世的罗斯蒙特的亨利唯一幸存下来的孩子和继承人。这使约翰在英格兰成了仅次于国王的富有者，也是王室家族中仅次于国王和威尔士亲王（国王爱德华的次子安特卫普的莱昂纳尔也曾做过威尔士亲王，但他于1368年去世了）的地位最高的成年男性成员。

不管怎么说，回到英格兰的亲王爱德华又活了6年，不过，他的病情反复甚至更加严重了，大部分时间都在卧床休息。他越发虚弱，最终于1376年去世，就在他的46岁生日之前不久；并不是荣耀地在战斗中，而是疲惫且痛苦不堪地在床上病逝。他先于其父去世，因而从未能继承英格兰王位。

英格兰沉浸在巨大的悲痛中，一方面是因为爱德华的作为，另一方面是因为他的早逝所造成的危急局势；正如一位编年史家所写的，"他一去世，英格兰的希望就彻底破灭了"。[35] 这位亲王被非常隆重地安葬在了坎特伯雷大教堂的祭坛里。爱德华三世又过了一年才去世，在1377年6月去世前，他一直卧床不起。

爱德华会成为一名优秀的国王吗？他在阿基坦的所作所为对他大为

不利，表明了就算他成为国王，也不会是许多评论者所期待的那种国王的典范：他好战、奢侈，看起来对和平治理不感兴趣。他也许会发觉，在不断地为了贪得无厌的个人花销索要钱财的时候，他的声望就开始下降了。另一方面，他继位本是没有任何争议和分歧的，这种情况在中世纪的英格兰是令人羡慕的：他自出生以来就被视为王位继承人，他备受同时代人的尊敬和推崇，显然没有竞争对手能挑战他。

在军事实力和张扬的骑士行为都是备受赞美的品质的时代，爱德华本会获得他手下贵族的尊重和忠心支持。他的战友们愿意为他冲锋陷阵、赴汤蹈火，这是王权的坚实基础。而且，如果他比他父亲活得更久，那么当他继位时，他早已经过完47岁生日一个星期了——就此而言，他无疑会是当时继承英格兰王位的人中最年长的——这个王国将会从他的经验和相应的稳定性中获益。事实证明，在王位没有传给爱德华，而是传给了他10岁的儿子理查时，这个王国不得不面临一位少年国王和一位摄政者的混乱局面。

注释

1. 在本书中提到的所有继承人中，爱德华很可能是最广为人知的一个，他一直是历史学家极为关注的主题。除此之外可参见 Barber, R., *Edward, Prince of Wales and Aquitaine: A Biography of the Black Prince* (Woodbridge: Boydell, 1978); Green, D., *Edward the Black Prince: Power in Medieval Europe* (Harlow: Pearson, 2007); Jones, M., *The Black Prince* (London: Head of Zeus, 2017)。和爱德华相关的原始资料和信件集，可参见 Barber, R. (ed.), *Life and Campaigns of the Black Prince* (Woodbridge: Boydell, 1986)。
2. Barber, *Edward, Prince of Wales*, pp. 29–30.
3. 爱德华二世也就是众所周知的"卡那封的爱德华"（Edward of Caernarvon）；创立"威尔士亲王"这一头衔的原因之一是他出生于威尔士。另一方面，"黑太子"在余生中一直以"威尔士亲王"的头衔为人所知，但他实际上从未踏足过这个公国。从这时起,这个头衔成了公认的君主长子的名号,但未必意味着他进行过直接统治。

4. 当路易十世于1316年去世时,他的妻子正怀着孕,因此继位一事被搁置到了孩子出生。这个孩子是个男孩,名为"遗腹子"约翰(John "the Posthumous"),他立即被宣布为王,但仅仅5天后,他就夭折了(因而成了历史上最小和在位时间最短的国王之一),王位传给了路易的弟弟腓力五世。路易既是纳瓦拉国王,也是法兰西国王;纳瓦拉并没有禁止女性继承的法律,因此路易的女儿让娜(Jeanne)凭借自己的权利成了纳瓦拉女王,不过,她未能统治法兰西。

5. JB, p. 171.
6. JB, p. 172.
7. CH, p. 88.
8. Barber, ed., *Life and Campaigns*, p. 18.
9. JB, pp. 167–168.
10. GB, p. 44.
11. GB, pp. 44–45.
12. Froissart, p. 92.
13. 鸵鸟羽毛仍旧是威尔士亲王的纹章的组成部分,不过如今其数量已经从一根变成了三根。有很多关于克雷西之战的作品;例如可参见,Ayton, A. and Preston, P., *The Battle of Crécy, 1346* (Woodbridge: Boydell Press, 2002); Livingston, M. and Devries, K. (eds), *The Battle of Crécy: A Casebook* (Liverpool: Liverpool University Press, 2015)。也可参见 Barber, Edward, *Prince of Wales*, pp. 65–72; Green, *Edward the Black Prince*, pp. 34–47; Jones, *The Black Prince*, pp. 98–108。
14. 王后是勃艮第的琼安(Joan of Burgundy),她是一位能干的女性,腓力在有望成为国王之前就娶了她;她曾经多次担任他的摄政者。未来的王后是卢森堡的波娜(Bonne of Luxembourg),她是在克雷西战死的波西米亚国王约翰之女;她嫁给了法国继承人约翰,有10个还不到12岁的孩子。
15. 人们有时候会说,中世纪的父母生了很多孩子,也失去了很多孩子,所以他们可能不像现代父母那样爱自己的孩子。这和在大量资料中发现的有关悲痛心绪的表述相矛盾,其中包括一封国王爱德华写给卡斯蒂利亚国王,告知他这一事件的信。在信中,他写道,"我们最爱的女儿"之死"令我们肝肠寸断","我们一生一世都爱着她"。这封信的全文可见于 Horrox, R., *The Black Death*

(Manchester: Manchester University Press, 1994), p. 250。

16. 13 世纪初，英格兰国王约翰将他所拥有的大部分法国领地都输给了腓力·奥古斯都，包括诺曼底。在约翰的儿子亨利三世统治不善期间，阿基坦的北半部，包括普瓦图和利穆赞地区都被腓力的儿子路易八世占领了，但英格兰仍旧控制着西南部分，包括加斯科涅沿岸和波尔多城。

17. JB, pp. 222–223. 也可参见 GB, pp. 61–70; Froissart, pp. 120–126 中的描述。

18. JB, p. 223.

19. Barber, ed., *Life and Campaigns*, pp. 50–52.

20. 在法国王室于 1350 年得到维埃纳（Vienne）的多菲内（dauphiné）之后，查理是第一位被称为王太子的法国继承人。某些现代作家也用这一头衔来指代之前的继承人，但这种用法是错误的。

21. 在这里，这场战争的持续时间也是一个影响因素；爱德华的军队是由同一批人员组成的，过去一年来一直在一起奋战，而法国军队则是完全不同的，是最近才集结起来的。有几名法国贵族就应对战争的最佳方式争论不休。关于普瓦捷之战的更多信息，参见 Green, D., *The Battle of Poitiers, 1356* (Stroud: The History Press, 2008); Witzel, M. and Livingstone, M., *The Black Prince and the Capture of a King: Poitiers 1356* (London: Casemate, 2018); 以及 Barber, Edward, *Prince of Wales*, pp. 139–145; Jones, *The Black Prince*, pp. 205–221。

22. GB, p. 79.

23. 分别出自 GB, pp. 81–82 和 Froissart, p. 144。

24. 倒霉的戴维二世——在他的父亲罗伯特一世·布鲁斯去世时年仅 5 岁，他继承了苏格兰王位和一大堆麻烦——自内维尔十字之战被俘后，他已经在英格兰被监禁 11 年了，为了彰显国王爱德华对邻近王国的控制和支配地位，他会被带出去游行示众。1357 年 10 月就赎金达成一致之后，戴维终于被释放了，赎金总额为 10 万马克，在 10 年内分期付清。

25. 这个男孩叫作罗杰，也就是后来的罗杰·克拉伦登爵士，此时的他大约 8 岁；他会在 1402 年时被疑心重重的新任国王亨利四世处死，因为亨利将其视为潜在的王位竞争者。参见第九章。

26. 琼安是肯特伯爵埃德蒙唯一存活下来的孩子和继承人，而埃德蒙是爱德华一世和第二任妻子所生的两个儿子中的小儿子。巧合的是，琼安还是王后菲莉帕的第二代表亲——两人都是法兰西的腓力三世的后裔——因此，她和新丈夫有两层亲戚关系。(王后菲莉帕的祖父是瓦卢瓦的查理，查理是腓力三世的儿子；而

肯特的琼安的祖母是法兰西的玛格丽特，玛格丽特是腓力三世的女儿。——译者注）

27. 至少，这是广为认可的说法。还有种观点认为琼安和霍兰德是在她和索尔兹伯里结婚后才相爱的，他们编造了早前已经结婚的故事，以使她现在的婚姻无效，这样一来，他们就能在一起了。这至少让他们之间的年龄差更符合现代人的认知了，因为这样的话，他们就是在分别 17 岁和 31 岁，而不是 12 岁和 26 岁的时候确认关系了；参见 Jones, *The Black Prince*, pp. 130–134。当然，霍兰德从这段婚姻中获得了好处，凭借妻子的权利而成了肯特伯爵。
28. Barber, ed., *Life and Campaigns*, p. 83; CH, p. 105.
29. 参见 Barber, *Edward, Prince of Wales*, p. 174。关于爱德华的府邸和账目的详细研究，参见 Green, *Edward the Black Prince*, pp. 107–140。
30. Barber, R., "Edward of Woodstock, prince of Wales and Aquitaine, 1330–1376", ODNB.
31. 正如我们之前所见，约翰二世于 1356 年在普瓦捷被俘，并被带往了英格兰。他在那里待了 4 年，直到《布雷蒂尼协议》（正是通过这一协议，阿基坦成了独立的政权）最终敲定了他的巨额赎金，为三百万克朗（crowns）。协议一达成，他就被释放了——连同当时 18 岁的幼子腓力，他自始至终都陪在父亲的身边——因此，约翰返回法兰西，筹集赎金；他将次子安茹公爵路易留在了英国掌控的加来地区，以作为人质。然而，路易后来违背了他的诺言，逃跑了；国王约翰采取了非常具有骑士精神的行动（堪比"黑太子"的作为），以"忠诚和荣耀"为名，自愿重回英国人手中。1364 年，仍旧处于囚禁中的他在伦敦去世了。
32. 关于纳胡拉之战，参见 CH, pp. 124–130; Barber, *Edward, Prince of Wales*, pp. 199–201; Jones, *The Black Prince*, pp. 309–314。
33. Froissart, pp. 177–178.
34. 钱多斯·赫勒尔德（Chandos Herald）简短地说道，守卫和市民"都被这位亲王杀死或者抓住了"（CH, pp. 137–138），但是并没有给出进一步的细节。
35. TW, vol. I, p. 36.

第七章

埃德蒙·莫蒂默

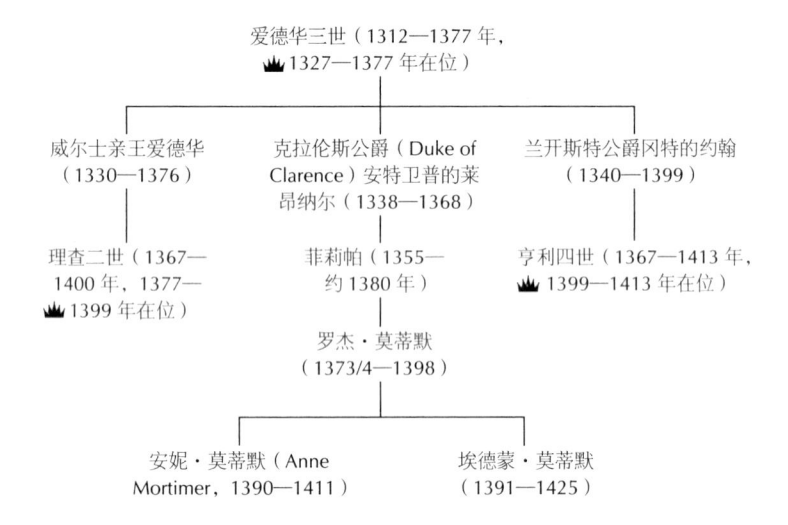

```
爱德华三世（1312—1377年，
       1327—1377年在位）
┌──────────────┼──────────────┐
威尔士亲王爱德华   克拉伦斯公爵（Duke of    兰开斯特公爵冈特的约翰
（1330—1376）    Clarence）安特卫普的莱      （1340—1399）
               昂纳尔（1338—1368）
    │               │                   │
理查二世（1367—   菲莉帕（1355—      亨利四世（1367—1413年，
1400年，1377—    约1380年）              1399—1413年在位）
   1399年在位）
                   │
                罗杰·莫蒂默
                （1373/4—1398）
              ┌─────┴─────┐
        安妮·莫蒂默（Anne      埃德蒙·莫蒂默
        Mortimer，1390—1411）   （1391—1425）
```

  岁数不大的理查二世当然有很多能干的叔叔帮助他进行统治。然而，事后证明，这成了问题的一部分而非解决办法，随着时间的流逝，情况只会变得更为糟糕。正是从这时起，王室家谱和继承顺序开始变得非常复杂，但因为爱德华三世的儿子们及其各自后代的出生顺序在接下来数年和即将到来的战争中至关重要，所以值得在此处进行扼要概括。

第七章　埃德蒙·莫蒂默

理查二世于 1377 年夏天即位时，年仅 10 岁，他的家庭状况如下。爱德华三世的长子，也就是威尔士亲王伍德斯托克的爱德华先于他的父亲去世；这就是理查继承其祖父之位的原因。爱德华三世的次子，即克拉伦斯公爵安特卫普的莱昂纳尔也去世了——虽然他留有后代，但要过段时间才会出场。三子兰开斯特公爵冈特的约翰 37 岁；他是个经验丰富的政客，在他的父亲和长兄生病的这些年里，他一直有效地管理着国家事务。约翰结过两次婚：第一次是和兰开斯特的布兰奇，他们有三个幸存下来的孩子，即菲莉帕、伊丽莎白（Elizabeth）和博林布鲁克的亨利（Henry of Bolingbroke）。小亨利 10 岁，和国王理查同龄。约翰的第二任妻子是卡斯蒂利亚的康丝坦斯，他们有一个女儿凯瑟琳（Catherine）；最后，他还和情妇凯特琳·斯威福德（Katherine Swynford）有 4 个私生子女——3 个儿子和 1 个女儿。在康丝坦斯去世之后，约翰娶了凯特琳，这一行为对整个王朝产生了意味深长的影响；我们将会在稍后得知更多的相关内容。

爱德华三世的四子是兰利的埃德蒙，他是剑桥伯爵，而后成了约克公爵，在他的侄子继位时，他 36 岁。和他哥哥冈特的约翰形成鲜明对比的是，他似乎对政务不感兴趣，尽管他参加了几次军事远征，担任过各种官职，但他看起来缺乏野心，更喜欢在自己的领地上消磨时间，狩猎和驯鹰。[1] 埃德蒙迎娶了卡斯蒂利亚的伊莎贝拉，他们有 3 个年幼的孩子——爱德华、康丝坦斯和理查。[2] 爱德华三世的第五个，也是最后一个儿子是伍德斯托克的托马斯，他是白金汉伯爵（earl of Buckingham），后来成了格洛斯特公爵；此时，他 22 岁，比仍旧健在的其他兄弟年轻得多，他几乎没怎么参与他父亲和哥哥的军事远征。后来，他迎娶了埃莉诺·德·博亨（Eleanor de Bohun），两人生下的孩子中存活下来的是汉弗莱（Humphrey）、安妮和琼安。

因此，小国王理查有很多叔叔和堂兄弟，但是，这个家族的动态变化还是受到相关各方的年龄和一些支系的生育速度的影响。安特卫普的莱昂纳尔在年仅 14 岁的时候就迎娶了凭借自身权利成为阿尔斯特女伯爵（countess of Ulster）的伊丽莎白·德·伯格（Elizabeth de Burge），在莱昂纳尔 17 岁的时候，他唯一存活下来的女儿菲莉帕就出生了。菲莉帕自己是在 13 岁的时候结婚的，在 15 岁的时候就成了母亲，这意味着莱昂纳尔的孙辈（不过他没能活到见到他们的时候）比他兄弟们的孩子年龄还大。

我们的王朝故事中最让人感兴趣的就是菲莉帕的两个儿子，第四任马奇伯爵（4th earl of March）罗杰·莫蒂默（出生于 1373 年或 1374 年）和他的弟弟埃德蒙·莫蒂默爵士（出生于 1376 年）。[3] 这位罗杰——作为爱德华三世次子较年长的后裔——虽然从未被正式宣告过，但实际上在国王有自己的孩子前，他都被认为是理查二世的假定继承人。正如我们前面所提及的，理查在继任的时候年仅 10 岁，因此暂时不可能指望他有自己的孩子，但是认为他会在适当的时候结婚生子以延续其世系是理所应当之事。他也非常希望能在军事才能上赶上他的父亲和祖父。

可所有的期待都落空了。理查继承了其父对奢侈挥霍生活的热爱，却没能继承他的军事才能，也没能掌握激励身边人忠于自己的诀窍——这和一位成功的中世纪国王所需要的一切完全相悖。1382 年，理查迎娶了波西米亚的安妮，她是"盲人"国王约翰的孙女，约翰在克雷西之战中战死，"黑太子"对他的勇气敬佩有加。在举行婚礼的时候，理查和安妮都是 15 岁，因此有望不久后就会怀孕生子，有可能组成可以确保王位继承的大家庭,但是他们在 12 年的婚姻中(安妮于 1394 年死于瘟疫)却没能生下任何一个孩子。这使理查成了一个没有孩子的 27 岁国王,此时的形势令人担忧,因此他的顾问们敦促他赶快再婚;他答应了,但"令人惊奇的是",他选择了查理六世的长女法兰西的伊莎贝拉作为他的新娘。⁴ 和法兰西结盟没有任何问题——英国国王经常迎娶法国公主——但问题是从家族的角度来看,她还只有 6 岁,至少八九年内无法指望她生下继承人,这一情况具有潜在的危险性。

这一切对罗杰·莫蒂默和他出生于 1391 年的儿子埃德蒙意义重大;随着时间的流逝,理查没有孩子这件事巩固了他作为王位的假定继承人的地位。然而,没人能在几年前就预测到 14 世纪 90 年代后半期迅速发生之事的影响,而最终的结果看起来大相径庭。

多年来,国王理查一直和他手下的贵族们处于敌对状态,在他的第一任妻子去世后,他的行为越发难以捉摸。他和叔叔们(诚然,他们有点儿专横)的关系尤为糟糕,格洛斯特公爵伍德斯托克的托马斯成为最先遭殃的人。1397 年 7 月,他被逮捕了,在等待审判期间,惨死在狱中——很可能是被杀的,为了避免出现一个国王的儿子因叛国罪而公开受审的场面。⁵ 一位同时代人先前曾将他和莫蒂默家族联系在一起:

> 他有一个侄孙,也就是其哥哥莱昂内尔的女儿之子 [⋯⋯] 格洛斯特公爵本想要见到这位侄孙取代国王理查坐上英格兰王位,他认为理查不配为王。⁶

但是理查仍旧认为拥有巨大财富和力量的兰开斯特家族是个威胁,尤其是冈特的约翰(此时,他已经是个年近 60 岁的政界元老了)及其 30 岁的儿子博林布鲁克的亨利。亨利于 1398 年被流放；约翰死于 1399 年，理查没收了他的资产，由此剥夺了亨利的继承权，令他大为恼火。这本可以让罗杰·莫蒂默一展雄心壮志，但他在发生于 1398 年的爱尔兰冲突中被杀了，留下时年 6 岁的小埃德蒙作为他的继承人。如果罗杰活得更久一点儿——一名成年男性，而非一个小孩子担任莫蒂默/克拉伦斯世系的领袖——那么英格兰的情况可能会变得非常不同。事实证明，随着矛盾加剧，对于这个此时既是马奇伯爵和阿尔斯特伯爵，又是王位的假定继承人，还是那些不喜欢理查和兰开斯特家族的人关注焦点的小男孩来说，生活变得越发危险了。就其家族的各个支系而言，埃德蒙是多重王室后裔，对于那些在王位上的或者声称有权继承王位的人来说，他是更具威胁性的存在。[7]1399 年秋天，形势岌岌可危，当时博林布鲁克的亨利入侵了英格兰，罢黜了理查，并自封为亨利四世。

亨利要求继承王位违背了世袭原则——自亨利三世时代起，这一原则一直是王位继承的典型特征——因此，他不得不小心翼翼地提出。早期的想法是彻底忽略他自己是爱德华三世的后裔，而是凭借兰开斯特血脉（通过他的母亲和外祖父格罗斯蒙特的亨利），捏造出一套完整的说辞，即爱德华一世是亨利三世的次子，而他自己的祖先，也就是他母亲这边的埃德蒙·克罗齐贝克（Edmund Crouchback）是长子。① 然而，这种说辞完全沦为了笑柄，很快就被弃置一旁。[8] 接下来的想法是他是爱德华三世的直系男性后裔：他是爱德华三世之子的儿子，而埃德蒙·莫蒂默尽管是爱德华三世较年长之子的后裔，但他的继承权却是通过一位

---

① 埃德蒙·克罗齐贝克是格罗斯蒙特的亨利（第一任兰开斯特公爵）的祖父，而在历史上埃德蒙是亨利三世的次子。

女性，也就是他的祖母菲莉帕获得的。然而，这直接与前些时候罢黜国王的行为产生了矛盾。失去了几个尚在襁褓中和处于童年时期的儿子之后[9]，爱德华一世在1290年时就做好了安排，如果他去世时没有尚在人世的男性后嗣，那么他的女儿及其继承人也可以继承王位——按照年龄顺序——并且优先于他的兄弟及其子。爱德华三世并没有声明放弃祖父的安排：一方面是因为他有多个儿子，因此可能认为并不会引发问题；另一方面是因为不放弃的话更符合他的利益。[10]所以，按照世袭权来说，亨利四世并不是关系最近的继承人，他需要通过其他方式来巩固自己的地位。声称这是一场征服——毕竟，他实施了入侵，并且从现任国王手里夺走了王冠——也没有多大帮助，因为这会削弱他所主张的合法继承权。因此，他退而借助于两个观点：第一，理查个人将王位让给了他；第二，他是有王室血统的成年男性。

英格兰刚刚经历了一个漫长的少年国王统治时期，不想这么快就经历另一个。坎特伯雷大主教在议会所做的讲话似乎指明了这一点，他在讲话中"高度赞扬了兰开斯特公爵［亨利］以及他的*实力*和*见识*"，他引用了《圣经》中的一句话，"这个人必治理我的民"①。[11]因此，为了更大的利益，埃德蒙的继承权被搁置了。就像在此之前的其他人一样，埃德蒙发现自己的年龄是个劣势，他还面临着他这一世系繁衍速度过快的问题：如果他是安特卫普的莱昂纳尔尚未成年的儿子，而非未成年的外孙，那么人们本会更多地考虑他的继承权。

事实证明，在拥护埃德蒙的王位继承权这一问题上并没有引发太多

---

① 出自《圣经·撒母耳记上》9：17："看哪！这人就是我对你所说的，他必治理我的民。"

的争议。但是，亨利四世的继承权——这种情况对于难以确保自己地位的国王而言是常见的，尤其是那些通过篡位而夺得王位的人——却一直备受质疑，埃德蒙和他的弟弟都被交由王室监护（我们可以将其解读为"监禁"）。[12] 毕竟，他不可能永远7岁。亨利四世对那些可能威胁到他的人的残酷无情摧毁了任何认为埃德蒙的处境并不危险的幻想：1400年，理查二世被杀于狱中，[13] 亨利即位几个月后，就把注意力转向了罗杰·克拉伦登爵士。

克拉伦登是"黑太子"爱德华的私生子。尽管他并不是作为一名王室成员或者带着类似的期望长大的，但他仍旧被祖父爱德华三世和同父异母的弟弟理查二世视为家族成员，他从爱德华三世那里领受年金，同时还是国王大殿的骑士。他比理查年长——在1400年时大约50岁——而且是个倾向于使用暴力的经验丰富的战士，因此，相比于一个出身更好的7岁男孩而言，他更容易成为直接威胁。1402年，克拉伦登被指控密谋反对亨利，并且传播理查二世仍旧在世的谣言（但是并没有试图自己夺得王位）；他被关进了伦敦塔，之后被带往泰伯恩①，在这里被绞死并被斩首。[14]

一开始，埃德蒙和他的弟弟罗杰待在温莎，但是度过一个平和的童年时期的希望很快就破灭了。亨利四世出征威尔士，当时埃德蒙和罗杰的叔叔埃德蒙·莫蒂默爵士叛逃到欧文·格兰·道尔（Owain Glyn Dŵr）治下的威尔士，迎娶了欧文的女儿，并立即宣布反对亨利，声明他的侄子埃德蒙才是理查二世的合法继承人。这一行为在威尔士并非不得人心，因为在小埃德蒙继承的诸多王室血统中，他还是13世纪伟大

---

① 泰伯恩（Tyburn），伦敦的行刑场。

的威尔士王子卢埃林·艾普·约沃斯（Llywelyn ap Iorwerth）的后裔。其他地方也有支持这一阴谋的人；老莫蒂默的盟友之一是他的姐夫"鲁莽的"亨利·珀西（Henry "Hotspur" Percy）①，他是备受瞩目的诺森伯兰伯爵（earl of Northumberland）之子，是拥有很多资源的大贵族。然而，在1403年7月的什鲁斯伯里之战（Battle of Shrewsbury）中，珀西被亨利四世的军队击败并被杀害了，这次失利让莫蒂默的行动暂时受挫。

埃德蒙爵士的计划于1405年重启，当时有人试图诱拐两个男孩子；这是由康丝坦斯（死于1402年的兰利的埃德蒙之女）策划的，她还将哥哥约克公爵爱德华牵扯了进来。她成功地让埃德蒙和罗杰离开了温莎，他们朝着威尔士飞奔，想要和埃德蒙爵士会合；如果老莫蒂默成功地将侄子们纳入自己的监护之下，那对他的行动一定大为有利。但这一小群人仅仅走到切尔滕纳姆（Cheltenham）就被抓了；康丝坦斯被逮捕，她的哥哥被关押在了伦敦塔里，两个男孩子被送回了温莎。这样还是被认为不够安全，于是他们被转移到了佩文西，这里差不多是英格兰距离威尔士最远的地方了。因为还是孩子，所以在这场谋划中，他们被认为是无罪的，没有受到进一步的惩罚。与此同时，对卷入其中的成年人而言，后果却是喜忧参半的：约克公爵爱德华几个月后就被释放了，他的财产也失而复得了；他的妹妹康丝坦斯暂时被囚禁于肯尼尔沃思（Kenilworth），但也在1406年被释放了。埃德蒙·莫蒂默爵士，也就是小埃德蒙的叔叔并没有被抓住，但在后来推进其主张方面并没能取

---

① 亨利·珀西迎娶了埃德蒙·莫蒂默爵士的姐姐伊丽莎白·莫蒂默（1371—1417）。

得多少成功。他于1409年在贫困交加中去世了；他的遗孀和孩子们被带到了伦敦，安置在伦敦塔里，他们看起来都在1413年去世了，不过并不清楚他们是病死还是被谋杀的。

埃德蒙仍旧未成年，不能掌管自己的领地或者财产；这些领地和财产都被分给了亨利四世的家臣，由于他们贪得无厌、玩忽职守和争论不休，这些资产的价值很快就大大缩水了。结果证明，这对埃德蒙是有利的，个人资源不足使他对亨利四世来说不那么具有威胁性了。显然，鉴于这些情况，他不仅安然度过了童年时期，而且在1408年时还被准许结婚，只是必须"获得国王的批准并听从咨议会的建议"。[15] 这是亨利疑虑渐消的标志；如果他认为埃德蒙是个大威胁，他就不会让埃德蒙有机会做父亲了，因为他的王位继承权会传给他的孩子。

在几乎没什么确凿证据的情况下，很难解释亨利对埃德蒙如此仁慈的原因，他对待其他人可并不仁慈。正如我们在前几个章节看到的，对于有王位继承血统的那些青少年来说，很难保护自己不受到暴力伤害。在当代人看来，亨利的宽厚也许在某种程度上是因为埃德蒙的继承血统并非亲近的直系，因此可能没那么"名副其实"：毕竟，安特卫普的莱昂纳尔已经去世40年了，在15世纪初期的王庭内几乎没个人还记得他了。但这理由本身并不充分，我们能得出的结论是，埃德蒙本身一定有某些方面减轻了亨利的猜忌。尽管一直处于亨利的监管下，但他接受了与其阶层相称的教育，也许其他人发现他身上并没有同龄年轻贵族所常见的那种好战或有野心的特点。当然，在与亨利打交道时，他一定会谨言慎行，如履薄冰地——他肯定会这样，因为作为一名贵族，他迟早会掌管自己的财产——既保持着应有的举止风度，又保持着一定的自信，而同时还不会对其宗主造成威胁。这必然全都是推测，但也许可以在某种程度上解释他逃过一劫的理由。

1409 年时，埃德蒙 18 岁了，他和罗杰被转交给蒙默思的亨利（Henry of Monmouth）监管，这位亨利是亨利四世的四个儿子中的长子，也是他指定的继承人。亨利自己才 20 多岁，他和埃德蒙似乎建立起了一段友谊，并且持续到了他们的后半生；从表面上看，埃德蒙并没有对自己的处境表现出任何不满（或者至少可以说，没有强烈到让任何一位当时的编年史家品评的程度）。蒙默思的亨利拥有从前属于"黑太子"的头衔——威尔士亲王、康沃尔公爵、阿基坦公爵和切斯特伯爵，他的地位以及兰开斯特家族的地位看起来是无可置疑的。当亨利四世于 1413 年去世时，一切无疑都会归其继承人所有，亨利五世毫无异议地正式宣告继位并加冕，没有出现任何拥护埃德蒙继承王位的声音。实际上，正是因为亨利觉得足够安全了，才释放了埃德蒙，封他为骑士，宣布他成年了，允许他继承自己的财产。大约就是在此时，埃德蒙的弟弟罗杰去世了；因为此后，再没有听说过他的消息。

之后的两年，他们的关系继续保持和睦，但是在 1415 年 1 月，埃德蒙利用被允许结婚一事试探了亨利的容忍度：他选择的新娘是安妮·斯塔福德（Anne Stafford），她是格洛斯特公爵，也就是爱德华三世的小儿子伍德斯托克的托马斯的外孙女。这样一来，始于国王爱德华的两个世系就合并了，这场结合中诞生的孩子将会拥有多重王室血统。亨利没有拆散他们，这场婚姻也得到了教皇的豁免，但埃德蒙确实为此付出了 10 000 马克的巨额罚金——导致他余生都处于贫困中，直至去世都没还清这笔债。

就能找到的证据来看，埃德蒙选择的妻子似乎是出于个人喜好，而非任何进一步的政治抱负，此时他仍旧几乎没表现出什么政治抱负。但是，他的王室血统不可能消失，结果证明，亨利太得意忘形了。埃德蒙也许会忠于他，但王国内的其他人正准备利用埃德蒙，以其作为傀儡反叛亨利。1415 年夏天，到了千钧一发之际，三名心怀怨恨的贵族决定采取行动。

众所周知，"南安普敦阴谋"是三个男人的主意。第一个就是剑桥伯爵科尼斯伯勒的理查（Richard of Conisbrough），他是兰利的埃德蒙的小儿子，也就是我们在本章初提到的约克公爵爱德华和康丝坦斯的弟弟；他也是埃德蒙·莫蒂默的前姐夫，他的妻子就是埃德蒙的姐姐，已故的安妮·埃德蒙。第二个是托马斯·格雷爵士（Sir Thomas Grey），他的儿子和剑桥伯爵的女儿订立了婚约，第三个是斯科洛普勋爵（Lord Scrope）亨利，他的叔叔早前因参与反对亨利四世的阴谋而被处死了。① 令人有点儿难以置信的是，他们的计划是要罢黜亨利五世，让埃德蒙取代他坐上王位——这可能并不是因为他们特别赞赏埃德蒙，更多的是因为他们想要除掉亨利，因此需要一个合理的候选人来取而代之（最好是他们认为能够掌控的人）。

密谋者很快就被逮捕了，审判记录详细说明了他们的计划：

> 在南安普敦镇和英格兰王国内的许多其他地方，[他们]虚伪又背信弃义地密谋，沆瀣一气，拉拢了很多其他的人，包括国王陛下和其手下王侯的侍从们，想要在没有国王陛下准许的情况下，带马奇伯爵埃德蒙前往威尔士地区，将他抬高为英格兰王国的最高统治者[……]在上述的威尔士地区，以上述马奇伯爵的名义，正式

---

① 亨利的叔叔约克大主教理查·斯科洛普因参与反对国王的"北方起义"（Northern Rising）于 1405 年被处死。

宣布其为英格兰王位的继承人，反对上述的现任国王陛下［……］而且，他们想要自己夺取现任国王陛下在威尔士的若干座城堡，以武力据守这些城堡，反抗现任国王陛下，此外，他们还虚伪又背信弃义地筹谋了很多其他的背叛、重罪、阴谋并和其他人狼狈为奸，最终目的是要谋害现任国王陛下和他的兄弟们，也就是克拉伦斯公爵托马斯、贝德福德公爵（duke of Bedford）约翰和格洛斯特公爵汉弗莱。[16]

出乎意料的是，正是埃德蒙自己将这个阴谋告知了亨利；他是在1415年7月31日告知的，说他只是听说了这个阴谋。目前尚不清楚这件事的真实程度，也不清楚他是否一开始同意该计划，而后才改变主意。有种可能，也许是埃德蒙对国王强加于他的巨额结婚罚金心存不满——他可能觉得亨利是故意要让他破产？——这种不满也许足以让他听从剑桥的话。然而，这一行动方案实际上是非常危险的，这与他在迄今为止的人生中所走的谨慎路线并不相符。还有种可能是，他只是这群阴谋者的棋子，而非他们中的一员。

同时代人无疑认为埃德蒙是无辜的。"［上帝］将义人从恶人手中拯救出来，揭露了像犹大这样的人的罪孽，并经马奇伯爵莫蒂默揭露了这些人的背信弃义，他们抨击他的清白，以此作为谋害企图的一部分"，其中一位同时代人说道；另一位则专门提到，这些阴谋者是"马奇伯爵发现的"，并没有提及他实际参与其中的可能性。[17] 国王亨利信任着他的这位朋友和亲戚；埃德蒙不仅没有和剑桥、斯科洛普及格雷一起被逮捕，而且还被任命为审判他们的人之一。如果亨利曾经强烈怀疑过埃德蒙参与这一阴谋，他是绝对不可能这么做的。

国王的惩罚来得非常快，在他听说这件事情之后不到一周，一切就都结束了。对这三名阴谋者的审判是直接在南安普敦进行的，因为亨利在这里聚集起自己的军队，准备出发前往法国。[18] 毫无意外，这三人被认定为有罪，并被判处死刑：格雷于 8 月 2 日被斩首，另外两人是在 3 天后被斩首的。8 月 7 日，埃德蒙获得了赦免，不管他在这件事情中参与到了什么程度。这必定是例行公事，因为正如我们上面所说的，亨利一定是真的相信埃德蒙是无辜的；如若不然，他会毫不心软地处决他，这两人之间的亲戚关系并不能让埃德蒙绝处逢生。毕竟，剑桥伯爵和国王的关系更为亲近。

亨利带领军队于 8 月 11 日起航，埃德蒙陪着他，率领他自己的随行人员打头阵，其中包括 60 名武装士兵和 160 名弓箭手。"南安普敦阴谋"对王朝产生了一个值得注意的影响，这种影响在法国战争中愈发明显：剑桥伯爵科尼斯伯勒的理查，也就是兰利的埃德蒙的次子成了约克公国的继承人，因为他的哥哥爱德华没有孩子。当爱德华于 1415 年 10 月死于阿金库尔之战时，约克公爵的头衔传给了剑桥伯爵时年 4 岁的儿子理查。小理查是埃德蒙·莫蒂默的外甥，因为他已故的母亲安妮（于 1411 年死于分娩或者是在生下孩子不久后去世的）是埃德蒙的姐姐。

在法国战争的第一阶段，埃德蒙一直陪伴在国王的身边，但在哈夫勒尔（Harfleur）围城战中，他和包括克拉伦斯公爵托马斯（国王的兄弟和继承人）在内的许多人都染上了痢疾，被送回了英格兰。在攻城阵营中，传染病通常是一种威胁，这次暴发的传染病尤为致命：

> 但是，因痢疾而夺走了我们中的许多人的性命，既包括贵族，也包括其他人，远比被刀剑夺走性命的人更多，这直接影响了剩下

的人，他们无法再和他继续征程了，[亨利]将他们和身体健康的人隔离开来，而后让他们离开并返回英格兰，这些人[……]总数大约为 5 000。[19]

染上痢疾可能相当于判了死刑，但埃德蒙幸存下来了；他于 1416 年和贝德福德公爵约翰（亨利五世的三个弟弟中的老二）重返法国，支援哈夫勒尔。此时，他是亨利最信任的副手之一。1417 年，他负责指挥在海上巡逻的舰队，第二年，他被任命为国王在诺曼底的代理官。当亨利五世于 1421 年迎娶法国国王查理六世的女儿凯瑟琳时，埃德蒙在她的加冕礼上负责拿权杖。[20] 后来，埃德蒙和亨利一同回到法国，在他病重时一直陪在他的身边。

亨利五世于 1422 年 8 月去世，年仅 36 岁，留下的继承人是他尚未见过面的 9 个月大的儿子，被称为亨利六世。因为要面临的是一段非常长的未成年国王时期，所以必须做出适当的安排。国王的二弟，同时也一直是其继承人的克拉伦斯公爵托马斯也许是担任这位小国王的监护人的合理选择，但他在 1421 年 3 月的博热之战（Battle of Baugé）中被杀了。亨利五世最小的弟弟格洛斯特公爵汉弗莱试图成为唯一的摄政者，但遭到了否决，取而代之的是一个委员会，由一些贵族组成并由贝德福德公爵约翰领导，他被任命为"英格兰的监管人"（keeper of England）。作为小亨利的近亲以及本身就很重要的大权贵，埃德蒙也被指派到这一委员会中，但对他的王位继承权的疑虑再次浮现，此时愤怒和怀有敌意的格洛斯特特别提出了这一点。1399 年，埃德蒙自己因年幼而未能成功地继承王位，亨利四世充分利用了作为成年人的他更适合继位这一点，而此时王位上的就是个婴儿，那么这会是埃德蒙的机会吗？

埃德蒙还是没有采取公开行动，但他对亨利六世所具有的威胁性显然比对亨利四世和亨利五世的更大。1423年3月，他被任命为国王在爱尔兰的代理官——他在这里有自己的领地，既是阿尔斯特伯爵，也是马奇伯爵——从表面上看是因为这里的新政权需要一名代表，但这无疑也是将他赶了出去，以爱尔兰海将他与威斯敏斯特隔绝开。他的任期是9年，实际上就是将他逐出了英格兰和英国政治领域。

埃德蒙需要带一大群随行人员，这次远行也需要花时间进行准备；1424年秋天，他才起航。在爱尔兰——也许是命中注定的——他的故事戛然而止了；1425年1月，他在家族宅邸特里姆城堡（Trim castle）死于瘟疫，时年33岁。

埃德蒙的墓志铭只有寥寥数语。他有时会被称为"善者"（the Good），他的家族编年史将他描述为"正气凛然，言谈举止滴水不漏，在面对逆境时也机敏且慎重"。[21] 然而，这很可能是一种对家庭成员所作所为的正面描述，因为这名家庭成员也许并没有太多值得一说的地方——起码和他的莫蒂默先祖们那夺目的人生相比不值一提。这也是种理所当然的表述：纵观埃德蒙的一生，在他的同龄人和亲戚中，有很多都因对兰开斯特王朝具有实际存在的或者想象中的威胁而被处死了，这意味着"言谈举止滴水不漏"是必须的生存策略。

我们极有可能是在给埃德蒙帮倒忙。也许，他一直承受着来自朋友和家人的压力，要求他行使自己的王位继承权，比如他的叔叔埃德蒙·莫蒂默爵士或者剑桥伯爵理查。也许，他对他们不以为然，也因意志坚定而被给予了更多的信任。不过，实话实说，这更有可能是现代历史学家的判断，因为他是"五位叫作莫蒂默的马奇伯爵中最不引人注意、最不出名的那位"，他才能平平，确切地说是"缺乏成为政治领袖

第七章　埃德蒙·莫蒂默

的能力"。²² 然而，最重要的是他在危机四伏的年代里幸存了下来，所以他几乎没有因此而受到苛责。

埃德蒙·莫蒂默有可能是本书中所有未能继承王位的人中最籍籍无名的那个；因为毫无特色，也因为缺少他自己的叙述，所以很难查明他是如何看待自己的处境的；我们至多只能根据他所采取的行动来进行推测。他似乎并没有特别期待王位，或者至少可以说没有强烈到让他认真思考反抗亨利四世或亨利五世的地步。反之，终其一生，他几乎没什么目标，并没有试图制造麻烦，而是麻烦总在纠缠着他。他的王室血脉和牵涉的继承权不可能永远被压制住，他总是面临着被利用为反叛的傀儡或被那些野心勃勃的人玩弄于股掌之间的危险。不管怎么说，埃德蒙得以苟全性命，而他的许多同龄人都掉了脑袋，这就足以说明他作为一个庸人的成功之处了。

尽管就埃德蒙本身的故事而言，他也许是个鲜为人知的人物，但他的存在是 15 世纪一系列血腥事件的关键所在。²³ 在残酷无情的亨利四世和备受尊敬的亨利五世治下，兰开斯特家族似乎已经稳坐王位了，但年幼的亨利六世继位时，形势一下子就改变了。起初，似乎只是另一个漫长的未成年国王时期——这个问题是持续存在的，但并不是无法克服的。可随着亨利六世长大，愈发明显的是，他完全担不起国王这一角色，在英格兰，有很多人在四处探寻替代人选。埃德蒙·莫蒂默去世了，他的弟弟也去世了；他们两人都没有孩子，因此，莫蒂默/克拉伦斯一脉的王位继承权传给了他们的姐姐安妮之子：约克公爵理查。

注释

1. 参见 Tuck, A., "Edmund of Langley, 1341–1402", ODNB 中的性格评价，作者在其中写道，"埃德蒙给人留下的印象是性格软弱且懒散，现代历史学家对此表示认同"。

2. 伊莎贝拉是冈特的约翰的第二任妻子康丝坦斯的妹妹；两人都是被杀的卡斯蒂利亚的"残忍的"彼得一世的女儿，彼得一世得到了"黑太子"的支持，但却对"黑太子"有百害而无一利。冈特的约翰因此凭借其妻子的权利要求继承卡斯蒂利亚王位，纵观其一生，他时不时地就会提出这种主张。

3. 克拉伦斯的菲莉帕的丈夫是第三任马奇伯爵埃德蒙·莫蒂默，他是罗杰·莫蒂默的孙子，罗杰·莫蒂默曾经是王后伊莎贝拉的情人，在被年轻的爱德华三世处决之前一直和她一起统治着英格兰（参见第六章）；后来，这个家族恢复了名誉、领地和头衔。对于我们来说，麻烦的是，莫蒂默家族接连几代的每名男性成员几乎都叫作罗杰或者埃德蒙，但我们会尽力在讨论中进行区分。

4. AU, p. 21. 我们已经在第六章中得知，查理六世于1380年继承了其父"英明的"查理五世之位。

5. Froissart, p. 431.

6. Froissart, p. 423.

7. 编年史家阿斯克的亚当非常详尽地记述了埃德蒙的家谱，其中提到的名字包括皇后玛蒂尔达、"征服者"威廉、阿尔弗雷德大帝（Alfred the Great）、苏格兰和威尔士的王室家族以及法兰西、西班牙和（莫名其妙的）古代特洛伊的国王们。参见 AU, pp. 36-39。

8. AU, pp. 52-54.

9. 参见第五章。

10. 就此而言，爱德华三世的继位安排对他要求继承法兰西王位具有重要的影响，他就是通过其母亲提出要求的；他很难否认或忽视法兰西的萨利克法（Salic Law）中仅限于男性世系的规定，接着再引入自己的王国。

11. AU, p. 55; 此句中标出的强调内容是笔者标注的。

12. 埃德蒙有个弟弟（有点儿意料之中的是，他叫作罗杰），不过鲜为人知；此时，他还不过是个婴儿，1413年或者不久后还十几岁的时候就去世了。当然，1399年时亨利四世并不知道此事，因此对于他来说，必须将两个男孩子都置于自己的监禁下。埃德蒙和罗杰还有两个姐妹安妮和埃莉诺，她们对亨利的威胁较小，因此得到允许，可以和母亲待在一起，而不是交由国王照管。安妮后来嫁给了科尼斯伯勒的理查，他是约克公爵兰利的埃德蒙的次子（因此，也就是她的祖母的第一代堂亲）；我们稍后将进一步谈及她。

13. 尤其可参见 Saul, N., *Richard II* (New Haven: Yale University Press, 1997),

pp. 424–425; Tuck, A., "Richard II, 1367–1400", ODNB。理查的遗孀，年仅 10 岁的伊莎贝拉被送回了法兰西，她"穿着丧服，面对国王亨利时显出阴沉、厌恶的样子"；AU, p. 99。
14. Given-Wilson, C., "Clarendon, Sir Roger, c. 1350–1402", ODNB. 也可参见 Given-Wilson, C. and A. Curteis, *The Royal Bastards of Medieval England* (London: Routledge and Kegan Paul, 1984), pp. 143–146。
15. Griffiths, R. A., "Mortimer, Edmund (V), 1391–1425", ODNB.
16. 摘自 1415 年的议会案卷（Parliament Roll of 1415），译文见于 Pugh, T. B., *Henry V and the Southampton Plot of 1415* (Stroud: Sutton, 1998), p. 182。关于这场阴谋更多的信息，参见皮尤（Pugh）所写的书，也可参见 Mortimer, I., *1415: Henry V's Year of Glory* (London: Vintage, 2010) 一书的"7 月"和"8 月"两个章节。
17. GHQ, p. 19; AU, p. 177（此句中标出的强调内容是笔者标注的）。
18. 亨利重新提出了在他家族代代相传的要求继承法兰西王位的主张，渴望着开战。此时，他的主张是尤为站不住脚的，因为自卡佩王朝的直系灭亡以来，已经接连有 4 位瓦卢瓦王朝的国王继位了，但在接连几次出乎意料地战胜了相当软弱的"疯子"查理六世之后，亨利最终被指定为法国王位继承人。然而，他没能活到继承王位时，垂垂老矣且体弱多病的查理比他多活了 6 周。
19. GHQ, p. 59. 5 000 这一数据很可能是一种夸张说法，但差距不会太大：卷宗上列出了这次战争幸存下来的病人，虽然可能不够准确，其中列出了 1 700 个人的姓名。（GHQ, p. 59 n. 5）
20. 凯瑟琳是查理最小的女儿；她的长姐伊莎贝拉很多年前曾经是理查二世的第二任王后。
21. 引自 Griffiths, "Mortimer, Edmund"。
22. Pugh, *Southampton Plot*, p. 64.
23. 关于他举足轻重的地位，塞勒（Sellar）和耶特曼（Yeatman）后来嘲弄似地说道，"你是埃德蒙·莫蒂默吗？如果不是，你能成为他吗？"这是玫瑰战争期间所有的王位候选人都要回应的关键性问题。Sellar, W. C. and Yeatman, R. J., *1066 and All That: A Memorable History of England* (Stroud: Sutton, 1997; 最初出版于 1930 年), p. 54。

第八章

约克公爵理查

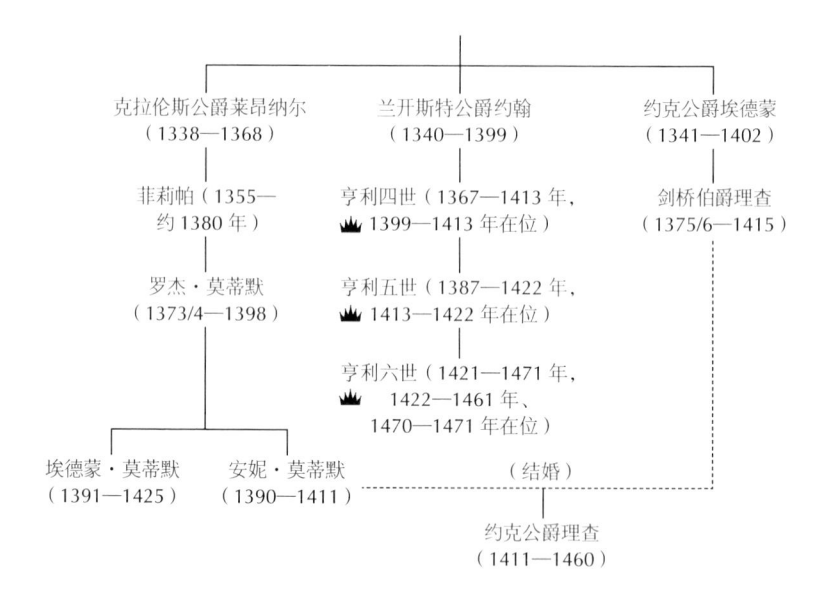

```
                            |
    ┌───────────────────────┼───────────────────────┐
克拉伦斯公爵莱昂纳尔      兰开斯特公爵约翰        约克公爵埃德蒙
  （1338—1368）           （1340—1399）          （1341—1402）
        │                       │                       │
   菲莉帕（1355—           亨利四世（1367—1413年，    剑桥伯爵理查
    约1380年）             ♛ 1399—1413年在位）       （1375/6—1415）
        │                       │
   罗杰·莫蒂默            亨利五世（1387—1422年，
   （1373/4—1398）         ♛ 1413—1422年在位）
        │                       │
        │                  亨利六世（1421—1471年，
        │                   ♛ 1422—1461年、
        │                     1470—1471年在位）
   ┌────┴────┐                                       
埃德蒙·莫蒂默  安妮·莫蒂默────（结婚）──────────────┘
（1391—1425） （1390—1411）
                      │
                约克公爵理查
                （1411—1460）
```

理查·金雀花——这是他所选择的众所周知的王朝姓氏——的人生一开始并不顺遂。他从未见过自己的母亲，因为她在生产时或者生产之后不久就去世了，而在他的父亲因叛国罪被处决时，他才4岁。作为出身尊贵的孤儿，他的监护权归属于王室；他被兜售给了竞价最高者，被送到了一个陌生者的家里。

第八章 约克公爵理查

然而，这种情况——就个人角度而言，对年龄较小的孩子来说是悲惨的——并没有像其本身看上去那样对他的未来造成毁灭性影响：科尼斯伯勒的理查被剥夺了公权（失去了头衔和财产）只是针对他来说的，这并不会禁止他的子孙继承他的领地和头衔。因此，小理查于 1415 年 8 月成了有名无实的剑桥伯爵，同一年稍晚些时候，在他叔叔于阿金库尔身亡之后，他成了约克公爵和拉特兰伯爵（earl of Rutland）。10 年后，他的舅舅也将富有的马奇和阿尔斯特伯爵爵位留给了他，这意味着他在 14 岁的时候就拥有了遍布英格兰、南威尔士和爱尔兰的领地，成为这个王国内仅次于国王的重要权贵。¹

此时的理查已经订婚了。他的监护权——包括对他的广阔领地和婚姻的控制权——已经被卖给了威斯特摩兰伯爵拉尔夫·内维尔；拉尔夫是 22 个孩子的父亲（他结了两次婚，有 11 个儿子和 11 个女儿），其中 19 个活了下来，为了供养这么一个大家族，他需要从他的投资中得到回报。因此，1424 年，为了保证小女儿，也就是时年 9 岁的塞西莉·内维尔（Cecily Neville）的未来，他安排她嫁给了理查。婚礼实际上是什么时候举行的尚不完全清楚，但可以确定是在 1429 年 10 月，当时双方分别是 18 岁和 15 岁。除了得到了一位妻子之外，这场联姻也让理查和庞大的内维尔家族及多名连襟建立起联系，这些人在他之后的人生中将会非常重要。

1425 年 10 月，拉尔夫·内维尔去世了，将理查的监护权留给了他的遗孀琼安·博福特（Joan Beaufort），她是冈特的约翰和情妇（而后成了他的妻子）凯特琳·斯威福德之女；在本章后面的部分，我们将会更为全面地讨论博福特家族。然而，由于拥有王室血统的贵族行列人丁稀薄，理查很快就被赋予了更高的职责。1426 年，16 岁的他被贝德福德公爵约翰（亨利六世的叔叔，在国王未成年期间担任"王国监管人"）封为骑士，他听从召唤，住进了王庭。

1428年秋天，王位继承的安排尚不明确。亨利六世的祖父亨利四世在统治初期，为了确保兰开斯特王朝的未来而设法解决了一个问题：他推翻了先前的惯例，规定按照男性世系，将王位传给他的儿子们及儿子们的继承人；这在1406年的两部法令中正式生效。[2] 要说清楚的是，*男性世系*的后代与一名纯粹的*男性*后代完全不同，因为后者尽管是男性，但他也许是经由一位女性祖先而获得继承权的。约克公爵理查是兰利的埃德蒙的男性世系后代（埃德蒙之子的儿子），但只是安特卫普的莱昂纳尔的男性后代（莱昂纳尔之女的曾外孙）。这种差别及其在王位继承权上的应用极大地缩小了潜在继承人的范围，例如将斯塔福德家族和霍兰德家族排除在外了，前者是伍德斯托克的托马斯之女的孩子们，后者是亨利四世的姐姐的孙子。

当然，新的规定确实巩固了亨利四世自己的地位——他宣称自己的继承权优先于埃德蒙·莫蒂默，就是因为他是爱德华三世的男性世系的后代，而埃德蒙是克拉伦斯的菲莉帕的后代——当时，他对自己王朝的男性世系的未来充满了信心，因为他有4个健康的儿子，无疑会有很多孙子。然而，王朝的命运发生了大转折，他们之中仅仅一个具有王位继承权的孩子出生：亨利六世。亨利出生于1421年12月，此时仅仅6岁——距离拥有他自己的孩子还有很久，而且他自己也不能完全避免在童年时期早亡的危险，因此，形势岌岌可危。该世系的另外两个人是他仍旧健在的叔叔，贝德福德公爵约翰和格洛斯特公爵汉弗莱，他们都结婚了但没有孩子。贝德福德和格洛斯特还有两个姐妹，也就是亨利六世的阿姨们，但是其中一个去世了，还有一个是丹麦王后，不管怎么说此

第八章 约克公爵理查

时都没有继承权。

上一代在提供男性世系继承人方面也没什么帮助，因为亨利四世的合法婚生手足只有两个姐妹和一个同父异母的姐妹；没有兄弟。如果亨利六世在孩童时期就去世了，或者没有自己的孩子，为了按照世系找到下一任国王，就必须进一步追溯到爱德华三世的儿子及其后代们。这样的后代很少，起码就男性世系来说是这样。"黑太子"、安特卫普的莱昂纳尔和伍德斯托克的托马斯都没有男性世系的后代幸存下来，只有冈特的约翰和兰利的埃德蒙有；他们的合法婚生男性世系后代分别是亨利六世和约克公爵理查。

然而，因为博福特家族的存在，情况变得复杂了。正如我们在前面的章节所提到的，冈特的约翰和情妇凯特琳·斯威福德（后来嫁给了他）有3个儿子、1个女儿。通过结婚，这对夫妇的孩子成了合法婚生子女——因此将他们从私生子的污名中拯救了出来——但要特别指出的是，他们及其后代被禁止继承王位。[3] 可是，他们的王室血脉以及与兰开斯特家族的姻亲关系都意味着他们的地位大为提升了，他们中有些人是亨利六世宫廷里具有极大影响力的人物。

冈特的约翰和凯特琳·斯威福德的4个孩子是约翰、亨利、托马斯和琼安；因为冈特的约翰在法国的领地，他们都被给予了博福特这一姓氏。正如上面提到的，琼安是威斯特摩兰伯爵夫人。托马斯是埃克塞特公爵（duke of Exeter），但他在1426年去世了，没有孩子。亨利是一名教士，是富有的温切斯特主教区的主教，也是一名红衣主教。约翰于1410年去世，但是留下了一群孩子；其中，我们最为关注的两人是萨默赛特伯爵（earl of Somerset，后来，亨利六世将这一头衔提升为公爵）和他的弟弟埃德蒙。此时年纪尚小的约翰是法国人的俘虏；在1421年的博热之战中,还是十几岁少年的他被抓了,结果直到 1438 年才被释放。他有一个女儿叫玛格丽特·博福特,但多年的囚禁生涯令他心力交瘁,他于 1444 年去世了——官方说法是因病,但很可能是自杀。[4] 他的某些领地传给了玛格丽特,但公爵头衔传给了他的弟弟埃德蒙。在此期间,有传闻称埃德蒙和寡居的王太后瓦卢瓦的凯瑟琳有染;尽管这件事亦真亦假,但这些谣言足以导致议会颁布法令来禁止英格兰的王太后再婚。[5]

这种种复杂家谱的结果就是从名义上而言,理查比亨利六世更有资格继承王位,因为根据旧的继承体系,他是通过克拉伦斯/莫蒂默一脉得到的继承权,而实际上即便是根据新规定,他也被视为王位继承人(仅次于贝德福德和格洛斯特,而这两人都去世了,并且没有留下合法婚生的孩子)。他是一个极为重要的年轻人,很快就紧密地卷入了一系列的王国事件中。

1429 年,理查出席了亨利六世在威斯敏斯特教堂举行的加冕礼,被授予了巴斯勋爵爵位①;1430 年,他是陪伴 8 岁的亨利前往法国加冕的贵族之一。[6]1432 年,21 岁的理查被正式宣布成年了,可以掌管自己的财产了;第二年,他加入了嘉德骑士团,这是由爱德华三世和"黑太子"创建的骑士兄弟会。1436 年,他被任命为法兰西的代理官,以接替过世的贝德福德公爵约翰:王室委员会声称,法兰西应该由"具有我们血统和世系的某位重要的贵族"来治理,此时这样的人已经很少了。[7] 在他赶到巴黎之前,这里已经被查理七世重新占领了,但在抵达法国后,理查成功地阻挠了劲敌法国国王的进一步进攻,在 1436 年秋天的

---

① 巴斯勋爵爵位(Knight of the Bath),该勋爵爵位最初创建于亨利四世时期。

第八章 约克公爵理查

一场战争中，他确保了鲁昂的安全。没有任何一位同时代人称赞他是像"黑太子"爱德华那样杰出或振奋人心的战士，而是都认为他是个不错的战略家、能干的代理人和有效率的管理者。[8]

接下来的几年，理查一直在法兰西和英格兰履行各种职责。他和公爵夫人塞西莉——鉴于他们已经结婚很久了，这其实有点儿晚了——开始有了孩子。这对夫妇生下长子之后，于1441年生下了一个女儿安妮，他们将长子命名为亨利，以示对国王的尊崇，但不幸的是，这个孩子没能活太久，很可能都没有活到受洗之时，在当时，受洗被认为是非常重要的时刻。他们接着又在1442年和1443年生下两个儿子爱德华和埃德蒙。

也许值得一提的是，近年来有种看法变得盛行起来：即认为爱德华实际上根本不是约克公爵理查的儿子。所引用的"证据"通常是理查和塞西莉在爱德华出生之前的40个星期并没有在一起，而且爱德华的洗礼仓促且不太隆重，爱德华长得也不像理查。这些都是相当容易就能推翻的。首先，我们并不知道塞西莉的孕期是否恰好持续了40个星期（即便如今，常见的看法也是认为孕期为38—42个星期），也不知道她和理查——尽管住在不同的地方，但是两人都在法兰西——是否见过面。其次，约克家族刚刚失去了一个还没接受洗礼的孩子；如果他们急于确保接下来的这个孩子不会遭到相似的命运，谁又能责备他们呢？再者，儿子长得不像父亲是完全有可能的。理查看起来又瘦又黑，而爱德华长到了6英尺4英寸① 高，但他很可能是继承了其祖先安特卫普的莱昂纳尔的身高，一般认为莱昂纳尔身材高大。[9]

---

① 约为1.93米。

在理查忙于自己的职责和家庭时，亨利六世正在逐渐长大，但越发明显的是，他在性格和天资上完全不像亨利五世。据说在 1442 年末，他应该已经达到法定的成年人年龄了，但还不能牢牢地掌控住统治大权，他仍旧被那些试图影响他的人玩弄于股掌间；他经常被描述为"像个孩子""天真"或"单纯"。[10] 此时的理查并不是国王亲近的顾问圈子成员，而是在法兰西忙碌着，这对他来说大为不利。不幸的是，他也不是一系列著名的军事胜利的缔造者：军事胜利无疑会比有效治理的消息更吸引国内民众的关注。与此同时，一个与之竞争的派系正在以牺牲他的利益为代价而逐步发展起来。

冈特的约翰最后一个健在的儿子红衣主教亨利·博福特此时已经 60 多岁了，在他的曾侄子的宫廷里是个重要的人物。这并不只是因为他在教会中处于较高的地位，还因为他借给王室很多钱，因此国王欠他的债。这位红衣主教利用自己的地位来擢升博福特家族的侄子们，先是约翰（他最终于 1444 年去世），而后是新任萨默赛特伯爵埃德蒙。在约克公爵和格洛斯特公爵都不在的情况下，博福特一派成了国王周围最有影响力的王室派系。[11]

理查于 1445 年 9 月返回英格兰；他被视为兰开斯特政权的支柱——鉴于之后发生的事情，这种看法极具讽刺意味——是一位不引人注意但却靠得住的代理官。他还经常宣称并表现出自己对亨利六世的忠诚。就个人层面而言，亨利很难让人讨厌；他是个温文尔雅、热爱和平的人，理查看着他长大，也许觉得不管他是否适合担任国王，都应该保护他的小堂弟。然而，亨利的性格无法让他成为一位强大的国王和有效的国家掌权者，他很容易受到影响。在理查身处英吉利海峡另一侧时，萨默赛特公爵和其他人充分利用这个机会给国王吹耳边风，理查回来时发现自己在诺曼底的管理受到了质疑。在这次的法国代理官任期结束时，他没能续任，这个职位被授予了萨默赛特。

至15世纪40年代末，在格洛斯特公爵汉弗莱去世后，理查成了王位的假定继承人。但博福特家族处于强势地位且越发得势，在男性世系王室后裔这么少的情况下，此时谁还会记得大约半个世纪前他们被剥夺了继承权呢？而且，在15世纪40年代末和50年代初，有三名玩家登上了舞台，他们对理查都非常不友好。首先是亨利的王后安茹的玛格丽特，她于1445年嫁给亨利，当时亨利23岁，她才只有15岁。在英格兰，这是个不受欢迎的选择，因为尽管玛格丽特的父亲是名义上的那不勒斯（Naples）和阿拉贡（Aragon）国王，但他实际上是个穷困潦倒的小人物，连他女儿的嫁妆都给不出。玛格丽特的地位源于她是法兰西王后的侄女；她的姑父查理七世安排她和亨利结婚，因为他并不想要让自己的女儿嫁给亨利。12 无论英格兰的贵族怎么抱怨，这场联姻还是成功了，他们无法取消。他们至少希望这对夫妇能创建起一个大家庭，这样一来未来的继承就毫无异议了。

另外两个新人物是埃德蒙·都铎和贾斯帕·都铎（Jasper Tudor），他们是国王同母异父的弟弟，两人是在王庭里长大的，分别被授予了里士满伯爵和彭布罗克（Pembroke）伯爵爵位。正如我们在本章前面所提到的，一直有关于王太后凯瑟琳和埃德蒙·博福特的风流韵事的传言，由此催生了一个限制王太后结婚的新法令。凯瑟琳不顾这一法令——很可能是在1429年秘密地——嫁给了欧文·都铎，他是威尔士人，出自一个著名但没有头衔的安格尔西岛的家族（Anglesey family）。他们有两个儿子，即埃德蒙和贾斯帕，在凯瑟琳于1437年1月去世之前可能还有其他的孩子。欧文·都铎被囚禁了起来，而后又被释放了，国王亨利自己承担起了为同母异父的弟弟们提供教育和福利的责任。他们是他宫廷里的重要人物：他们和他有血缘关系，但只是在其母亲一方，因此对他没有威胁；他们将所拥有的一切都归功于他，因此对他非常忠诚。奖赏和特权接踵而至，1455年，埃德蒙·都铎迎娶了他的被监护人，也就是已逝的萨默赛特公爵约翰唯一的孩子——12岁的玛格丽特·博福特；在埃德蒙于第二年去世时，她怀了他的孩子。贾斯帕将两个孩子——母亲及其新出生的儿子——都照管了起来。[13]

理查在被萨默赛特公爵夺走了法国代理官的职位后，被授予了爱尔兰代理官的职位，这是他曾经想要前去游历的王国。很难判定这意味着某种奖赏或安慰，还是仅仅要把他赶走：毕竟事实证明，爱尔兰是之前连续三任莫蒂默·马奇伯爵的葬身之地。不管理查个人对这件事的感受如何，他都得去。他再次实施了有效的治理，在爱尔兰地区大受欢迎：

> 他和爱尔兰人一样，总是对这里所有的土地都充满了感激和热爱之情，所有爱尔兰人都开始遵从他。他尽职尽责地将这片土地治理得很好，就像他那些高贵的先祖们所做的那样。[14]

正如我们将会看到的，这段经历对后来的理查大有助益。

在此期间，亨利六世仍旧听凭其顾问们的摆布，这些顾问很快就会让一切都陷入困境。简而言之，诺曼底已经落入法国人之手，王室破产了。在同时代人的眼中，这一定不是国王自己的错；必须责备的是在他周围打转的人。对于我们来说，也许感到奇怪的是没有人公开指责亨利六世；毕竟，他已经年近30岁，因此就任何意义上而言都不可能被视为一名未成年人了。他为什么不能为自己的治理行为负责呢？但这是误解了此时对王权的崇敬；对同时代人而言，亨利六世是由上帝委任的，因此不会犯错。身处爱尔兰的有利形势中的理查，只能眼看着国王的情况雪上加霜。

至1450年，他忍不住了，当年9月从爱尔兰回来了。但他的敌人们——此时必须视他们为敌人了——大肆鼓吹，使亨利认为理查赶往伦敦是要罢黜他。他派使者去找公爵，让他撤退。一位同时代人记述了这个故事：

> 公爵回复称，他对国王的恩宠大为感激，并说他永远不会反抗国王，会一直遵从他。他坚称，发动起义直接针对的是那些背叛国王和英格兰王国的人，他不会反抗国王，只是为了英格兰的利益，其他别无所求。他想要告诉国王是谁造成了他的两个王国，即英格兰和法兰西正在走向毁灭。[包括]萨默赛特公爵埃德蒙在内的这些人必须为失去整个诺曼底这一丢脸的行为负责。[15]

这一阶段的理查一定觉得很沮丧。他仍旧是王位继承人（亨利和玛格丽特在5年的婚姻里没有生下孩子），他一定知道他成为国王会比糟糕的亨利做得更好。虽然并不怎么突出，但他在法兰西和爱尔兰干得很成功，远比此时能找到的任何一位领主都更为成功。他仍旧"只是"一名公爵，一名国王的支持者，但本身并不握有王权，他常常受制于国王的突发奇想和那些对他有影响力的人的恶意。但显然，理查无计可施，这一阶段，他当然没有尝试以王位为目标：他重申了自己的忠诚，只是想要减少其他人对亨利的影响——与此同时也许还希望增加自己的影响力——并且保持自己作为继承人的地位，这是他从兰利的埃德蒙那里继承来的权利。光阴似箭，但王后玛格丽特一直没生下孩子，理查的地位变得愈发稳固，不过，理查也许正在思考着的是王朝的未来而非他自己的。毕竟，他比国王大 10 岁，得在亨利也许比他活得更久这一基础上进行考虑；因此，他希望确保自己儿子们的未来，即此时分别 8 岁和 7 岁的马奇伯爵爱德华和拉特兰伯爵埃德蒙的未来。关于这一点，他主要的担心是萨默赛特公爵——他自己是冈特的约翰的后代，因此是国王最亲近的亲戚——最终会成功地劝说亨利指定他为继承人。

1452 年 3 月，十之八九会这样了，当时萨默赛特公爵在王后的帮助下——王后是他亲密的盟友且与约克为敌——抓住了理查，将其押送至伦敦。他并没有被扔进单人牢房，而是被迫公开向国王宣誓效忠。一般而言，这并不会引起他的憎恶，因为他之前就愿意这么做；屈辱之处在于就其他人来看，他是被胁迫的，仅仅是因为萨默赛特和王后强迫他。

1453 年，事情发生了几次重大转折。首先，当年春天，王后宣布她怀孕了——简直是一个奇迹，至少看起来是。接着，在法兰西的卡斯蒂永（Castillon）惨败的消息传到了英格兰。[16] 当年夏天，国王因紧张性精神症而神志不清，完全无法履行职责了：他既不能动，也不能说话，不过，他显然仍旧有意识，仆人可以喂他吃东西，他还不至于饿死。这是他的精神疾病的新征兆，也许是精神分裂或紧张性抑郁症，不过当然，在年代这么久远的现在是难以诊断的。不出所料，此时的人们并没有正确地认识到亨利的身体状况，但非常清楚的是，随着时间的流逝，就算有可能，他也不会很快地康复。[17]

对于英国君主来说，这是前所未有的情况；国王可能会生病，但他的病是暂时的，或者是由于年龄大了，有适当的程序来应对这种会出现的情况。但正值壮年的成年人无限期地完全丧失行为能力——与此同时实际上并没有去世的迹象——既不同寻常又极具危险性。最终，人们决定必须采取一些行动，此时轮到理查了。他一直在法兰西和爱尔兰担任国王的代理官和副手——那为什么不能在英格兰担任呢？他是合情合理的候选人，拥有王室血脉，又有丰富的政治经验。在经过了整个冬天的审议之后，议会同意了，理查于 1454 年 3 月被委任为"王国的护国公和捍卫者"。任职周期是"国王生病期间，直到爱德华王子成年为止"，因此很可能是一种长期任职。[18] 他必须谨慎行事，进行统治而非夺取（或者说看起来要夺取）王权。理查接受了这一职位，承诺会通过商议的方式进行统治，"在整整一年里［……］他非常完美地以最佳方式治理着整个英格兰王国"。[19] 然而，就某方面而言，他是无法克制自己的：他剥夺了萨默赛特公爵的官职，将他投入了伦敦塔。[20]

从上面引用的任职条件可以得知，就在 1453 年秋天，当人们还在继续讨论理查的角色时，发生了一件大事：10 月，王后玛格丽特生下了一个儿子——碰巧是在亨利最钟爱的圣人"忏悔者"圣爱德华日（Feast of St Edward the Confessor）的那天。从出生日期来看，她显然是在亨利陷入紧张性精神症状态之前就怀孕了，但有谣言称，国王并不是他的亲生父亲，主要的怀疑对象是玛格丽特亲密的盟友萨默赛特公爵埃德蒙·博福特，他似乎偏爱遭到冷落的王后们。下一章将会更为全面地讨论爱德华王子的亲生父亲这一话题。

玛格丽特作为王位继承人之母这一新身份让她处于非常稳固的地位，只要他们都能在最初的危险阶段幸存下来，但她之后做得太过火了，她要求在丈夫丧失行为能力期间指定她为摄政者，掌握全部的王室权力："她渴望拥有这片土地的全部统治权［……］她可以任命这片土地上的御前大臣、财政大臣、王玺大臣和所有其他官员，"一名评论者如是说道。[21] 但是英格兰的权贵们不会让一名女性，尤其是法兰西的查理七世的侄女这样一个法国女性来统治他们，因此，理查比想象中更容易地稳固了自己作为护国公的地位。他重申了自己对亨利六世的支持，并表示愿意承认小王子的王位继承权高于他自己的王位继承权。

国王之子的出生将理查赶出了继承序列。然而，要将这个孩子正式指定为继承人，还需要得到他父亲的认可，尽管这个婴孩多次被带到国王面前，但他没有表现出任何认可的神情：

> 在王子来到温莎时，白金汉公爵把他抱在怀里，非常精明地将他放到国王面前，恳求国王对他表示认可；国王没有做出任何回应。尽管如此，公爵仍旧和王子待在国王的身边；在他还没有任何回应时，王后进来了，把王子抱到自己怀里，像公爵所做的那样把王子放到国王面前，希望他表示认可；但这一切都是徒劳，随后他们只能在没有任何回应或认可的情况下离开了。[22]

尽管没有来自亨利六世的正式认可，但小爱德华仍旧于 1454 年 3 月被正式封为威尔士亲王和切斯特伯爵。玛格丽特的地位更稳固了，尽管此时萨默赛特公爵仍旧被关在伦敦塔内，但由于他这位亲密盟友的地位提升了，他自己的境况也得到了改善。

整个 1454 年都处于这种平衡状态，不过正如我们前面所提及的，人们普遍认为理查治理得很好。之后，1454 年圣诞节，在陷入无法交流的紧张性精神症状态 18 个月后，亨利清醒了。"国王恢复得很好，"一位同时代人写道，此时 14 个月的爱德华再次被带到他的面前：

王后带着王子一起向他走来。之后,他询问王子的名字,王后告诉他叫爱德华;接着,他举起双手,就此感谢上帝。他说直到那一刻,他才知道此事。[23]

这是玛格丽特的胜利:约克公爵理查被解除了作为王国护国公的职位,而萨默赛特的埃德蒙被从伦敦塔释放了出来,此时,他对自己的这位敌人的恨意更为强烈了。

这时,上层贵族中有两个不同的派系,其他人都无法忽视这种分裂,因此不得不选边站。理查最大的盟友是他的内兄索尔兹伯里伯爵理查·内维尔和索尔兹伯里伯爵之子沃里克伯爵理查·内维尔。[24] 萨默赛特和王后的支持者是诺森伯兰伯爵亨利·珀西,长期以来,他一直是内维尔家族的竞争对手。[25] 与此同时,国王亨利自身还是一如既往地热爱和平。在他清醒后,"他说他要与全世界为善,也要与所有的领主为善",[26] 但形势已经恶化到无法挽回的地步了。此时武装冲突看起来是难以避免了:这是一场针对王位本身而非控制国王本人的战斗。

王后玛格丽特和萨默赛特公爵充分利用了他们离亨利更近的机会,给他吹耳边风。理查和他的伙伴为了避免流血冲突进行了最后一搏,他们写了封信给亨利,向他保证他们的忠诚,同时表达出对他身边那些糟糕的顾问们一直说他们坏话的痛心疾首,但是萨默赛特公爵拦下了这封信,并没有交给国王。[27]

两群全副武装的人相持不下。1455 年 5 月,由萨默赛特公爵和诺森伯兰伯爵率领的国王的军队——有点儿怪异的是其中还包括亨利自己——在圣奥尔本斯镇(town of St Albans)分成四组,封锁了进入这座城镇的路。然而，约克公爵、索尔兹伯里伯爵和沃里克伯爵的军队还是发现了一条进入的路，于是在街上开战了。这场战役就是众所周知的第一次圣奥尔本斯之战，但这看起来是一种有针对性的攻击：尽管整体上的伤亡人数很少，但萨默赛特公爵和诺森伯兰伯爵都被杀了。理查在城镇中发现了国王亨利——他的脖子被箭射中，受了点儿伤。国王和王国都任由他摆布了，但他还是没有利用自己的优势地位；他向国王表示顺服，再次表达了自己的忠诚。理查和亨利出发前往伦敦，某位编年史家谨慎地写道："约克公爵是将其作为国王而非俘虏带回伦敦的。"[28]

当然，不管就个人层面而言，这种尊敬有多么真诚，就政治层面而言都是不理智的——理查实际上是将国王置于自己的监管下了，他试图再被任命为护国公，1455 年 11 月这一任命成真了。当亨利再次正式加冕，以重新强调他的地位时，正是理查将王冠交到了主教的手上，让他为国王戴上；其中的象征意义几乎不言而喻。而且，感到疲累的亨利又生病了，过去几个月的压力再加上之前长期患病，对于他来说太难以承受了。这一次，他没有陷入紧张性精神症状态，但为了休息一段时间，他暂时从公共生活中消失了，这让理查有了以他的名义更为自由地进行统治的机会。对于理查在多大程度上怂恿了亨利，让他认为自己病到需要隐退，我们尚不得而知。

但一而再，再而三的是，理查继续尊崇神圣的王权机制和亨利这位受膏者就意味着他永远无法安如泰山：国王仍旧在名义上掌握着大权，任何时候都可以宣布他的"护国公"职位无效，而且会一直深受身边人所说之言语的影响。事情就这样发生了：1456 年 2 月，亨利暂时恢复了精力，决定将统治大权掌握在自己的手里。摄政政体解体了。

亨利试图以自己天真的做法来改善形势。他最大的愿望就是每个人都成为朋友,他似乎看不出来在这种情况下,这是完全不可能的;不同派系间的竞争太过于激烈了。他一直固执己见,1458 年 3 月,他组织了一场非常失策的公共"友爱日"(Loveday)活动。伦敦的市民被招待着看了一场游行,在队伍中,国王身后跟着双方的代表,成对地挽着手:王后玛格丽特和约克公爵并排而行;萨默赛特公爵(此时是埃德蒙的长子亨利·博福特)和索尔兹伯里伯爵;诺森伯兰伯爵(此时是前任的长子,也就是另一位亨利·珀西)和沃里克伯爵;其他人依序排列。在圣奥尔本斯被杀的那些人的儿子和应该为其父辈之死负责的人并肩而行时,他们的感受只能凭借我们的想象了;我们只能推测理查和王后在手牵手前行时也许不得不找些话交谈。后来的编年史家在事后回顾这一事件时,捕捉到了其中的气氛:

> 他们的身躯因手牵手而相亲相近,但心灵却相去天渊:他们的嘴角挂着亲切的笑容,但却包藏祸心:他们说着甜言蜜语,但却口蜜腹剑:而这些貌合神离的人都体验到了痛苦的滋味。[29]

当然,当时任何的和解充其量都只是表面现象,更有可能是子虚乌有的。王后一派(此时包括亨利·博福特和亨利·珀西,他们两人都想要为各自在圣奥尔本斯丧生的父亲复仇)再次在亨利的身边吹耳边风。他们明里暗里密谋反对约克公爵及其同党,和几年之前的情况正好相反,他们宣称此时的约克公爵、索尔兹伯里伯爵和沃里克伯爵是国王身边的"邪恶的顾问",必须被消灭掉。在 1459 年 6 月于考文垂(Coventry)召开的议会上,在这三人都不在场的情况下,他们被正式指控犯有叛国罪。

约克公爵、索尔兹伯里伯爵和沃里克伯爵此时只能指望自己了，10月，在理查那间位于勒德洛（Ludlow）的城堡里，他们集结起来，还有约克的儿子们，即马奇伯爵爱德华和拉特兰伯爵埃德蒙（此时分别为17岁和16岁）。说来奇怪的是，鉴于所处的危险形势，伯爵夫人塞西莉以及这对夫妇的两个尚年幼的儿子乔治和理查也来到这里；也许理查公爵认为他们待在坚实的城墙后面远比待在福瑟陵格（Fotheringhay）的常住地更为安全。[30] 理查和四位伯爵让其部队驻扎在勒德洛洼地（Ludford Meadow），他们的身后就是桥和城堡。然而，某些叛逃者以及对付他们的王室军队的实力——包括在王室旗帜下的亨利本人——让他们无力回天。在有可能发生对战的前一晚，这五人从战场上撤退了，返回了城堡里；他们认为，除了逃跑外别无他法。如果他们被王室军队击败或者被俘虏，那么，他们无疑会被杀。

理查和他的儿子埃德蒙骑马穿过威尔士，乘船前往爱尔兰；马奇伯爵爱德华和他的舅舅索尔兹伯里伯爵及表兄沃里克伯爵前往加来，也就是在英吉利海峡另一侧唯一还为英国人所有的领地，该领地由沃里克伯爵的部队掌控。塞西莉被留下来面对国王、王后和充满敌意的军队的怒火，身边陪伴着她的只有10岁的乔治和7岁的理查。这一定是一次非常可怕的经历。他们被抓住并被带到了国王面前；对于他们来说，幸运的是（因为本来可能会有完全不同的结局），亨利认为他们这几个人并没有冒犯他，因此只是将他们关押起来。看守他们的人是塞西莉的众多姐妹之一，白金汉公爵夫人安妮·内维尔，因此，尽管白金汉公爵是国王的拥护者之一，但我们也许可以推测，他们至少得到了像样的对待。

理查和埃德蒙安全地抵达了爱尔兰。由于15世纪40年代后期在这里的努力和公正的统治，公爵在这里大受欢迎；他和他的儿子在那里安

第八章 约克公爵理查

然无恙地待了将近一年。实际上，在亨利的混乱统治无法对这里施加多少影响的情况下，理查是否会一直待在这里，让自己成为爱尔兰唯一的统治者，这一点还存在一些疑问。但这对他的儿子们、内兄和外甥起不了多大作用。在他们不在的情况下，他们的财产和权利都被剥夺了，而且是全部被剥夺了（与1415年将理查父亲的财产和权利传下来的那种剥夺不同）——约克公爵、索尔兹伯里伯爵、内维尔伯爵及他们的继承人所拥有的每一个头衔、每一份财产、每一处城堡和庄园都被剥夺了。现在，他们都是身无分文的逃犯了，所有的荣耀和利益都要求理查必须做些什么。

实际上，不再有赌注了，所以他们几乎没有什么东西可以失去了。这群分成两拨的人成功地与彼此取得了联系，并计划入侵英格兰。1460年夏初，理查的儿子爱德华率先和内维尔家族在肯特登陆。他们再次表明忠于亨利六世，他们的目标仅仅是将邪恶的顾问赶出王庭；他们在伦敦和东南部获得了支持，于7月在北安普顿击败了王室军队。他们又抓住了国王，又向他表示了顺服。

然而，这要么完全是一场骗局，要么是马奇伯爵、索尔兹伯里伯爵和沃里克伯爵没有发觉理查的真正目的。他花费了更长的时间才抵达英格兰，但当他于夏末到来时，他直接奔向伦敦，给予和他一同前往的人"没有任何差异的带有整个英格兰纹章的旗帜，并且下令在他面前必须将剑直立着"。[31] 持有"无差异的"英格兰纹章（也就是说没有任何支系的标记）的意义非比寻常，因为只有国王有权使用这种纹章；举起直立的剑也表明了君主的姿态。当理查到达威斯敏斯特时，仍旧余波未平，在张口结舌的沉默中，他走向王冠，并将手放在了王冠上。他终于受够了，此时，他要做长久以来一直抗拒做的一件事情。几天后，他让御前大臣（正好就是索尔兹伯里伯爵的儿子、沃里克伯爵的弟弟乔治·内维尔）正式宣布，因为他的莫蒂默先祖是安特卫普的莱昂纳尔的后裔，也就是兰开斯特一脉的祖先冈特的约翰之兄的后裔，他才是名副其实的国王。[32] 他并不是王位继承人，而是合法的国王。

因为他在议会做了这样的正式声明，议会不得不对此进行回应，普遍的反应是惶惶不安和犹豫不决。他们认识到了理查的强大地位——如果站出来反对，很可能让他们自己陷入危险——但他们仍旧无法支持罢黜无能但和蔼的亨利这一想法，亨利是上帝的受膏者，甚至在他能理解这个词的含义之前，他就被指定为国王了。他们最终达成了某种无法令任何人满意的妥协——正式批准了《调解法案》(Act of Accord)：亨利余生依旧是国王，但他的继承人是约克公爵理查，而非威尔士亲王爱德华。除此之外，理查每年会得到 10 000 马克，用于维持他自己及其家人按照与王位继承人相称的方式生活。

这种情况有点儿类似于我们在第三章的讨论，也就是国王斯蒂芬同意剥夺其子尤斯塔斯的继承权，转而支持皇后玛蒂尔达之子亨利，即后来的亨利二世。尽管涉及的派别不同，但反应类似。在前述情况中，尤斯塔斯已经长大成人，听说自己被剥夺了继承权就举起了武器；小爱德华此时刚刚过了 7 岁生日，无法做出同样的事情，但他有一位拥护其利益的愤怒母亲，她会尽最大的努力去捍卫他和他的权利。

正如我们前面提及的，玛格丽特在英国贵族中不太受欢迎，但她此时的处境引发了一些同情。大权贵们无疑都为自己的家族感到担忧；如果国王自己的儿子都能被剥夺继承权，那么还有多少其他人会被剥夺继承权呢？玛格丽特一直待在威尔士（处于贾斯帕·都铎的保护下），之后待在苏格兰，而此时她带领所能得到的军事支援一路向南。关于玛格丽特及其所采取的行动，我们将在下一章节中进一步讨论。

理查和他的儿子拉特兰及内兄索尔兹伯里伯爵一起去了约克郡的桑德尔城堡（Sandal Castle），但此时是冬季，并不是能供养这么一大群人的好时节。在玛格丽特迫近时，他不得不让其手下的士兵们分散开来，以搜寻能吃的食物。年轻的萨默赛特伯爵和诺森伯兰伯爵也在王后的军队中，他们期待着最后的复仇。1460 年 12 月 30 日，出于某些如今依旧不清楚的原因，理查从桑德尔出发，迎击王后的军队。也许他得到的关于王后军队人数的情报是错误的，没有意识到他们的人数远超过他的人马。也许是知道供给要耗尽了，他需要在他们因饥饿而失去气力之前采取行动。不管是哪种原因，结果都是灾难性的。

正如我们在本章一开始时所说的，理查的人生初始阶段并不顺利。其结束时更为糟糕；他的士兵中有数百人被砍倒，他和他 17 岁的儿子埃德蒙都在交战中被杀了，这场战争也就是众所周知的威克菲尔德之战（Battle of Wakefield）。索尔兹伯里伯爵被俘虏了，于第二天被处死。他们三人的头颅都在死后被切了下来——这明显背离了当时普遍认可的战争惯例——并被钉在约克的米克盖特门（Micklegate Bar）上。此外，王后还下令将一顶纸做的王冠放在他头上，以嘲笑他对王位的觊觎。对于这个男人来说，这是个突如其来的、悲惨的、耻辱的结局，假如他在为自己夺取王位之前尽其所能，他肯定会成为比倒霉的亨利六世更好的国王。

然而，玛格丽特的胜利没能保持下去。马奇伯爵爱德华（现在，他既成了约克公爵，也凭借其父亲的权利而成了王位继承人）因愤怒和悲伤而怒不可遏，已呈不可阻挡之势。1461 年 2 月，他在莫蒂默十字路口之战（Battle of Mortimer's Cross）——正好是莫蒂默家族祖传的中心腹地——大获全胜，在伦敦大受欢迎，并正式称王。第二个月，他巩固并确保了自己的胜利，在托顿（Towton）大败兰开斯特的军队，这场战斗仍是英格兰土地上最血腥的一场。[33] 有位编年史家注意到了其中蕴含的神圣正义：

> 国王亨利和他的妻子王后玛格丽特被推翻了，丢掉了自其祖父亨利四世以暴力方式从其堂兄国王理查二世那里篡夺而来的王位，亨利四世还卑劣地谋杀了理查二世［……］人们都说不义之财如流水。[34]

似乎拨乱反正了；王冠只是暂时离弦走板，在兰开斯特家族传承了三代之后，它此时又回到了合法者的手里。亨利六世又成功地逃过了一劫，但爱德华把他牢牢地锁在了伦敦塔里。随着这位天真且茫然的君主被置于他的监管下，爱德华感觉到足够安全了，他可以着手行使权威并开始自己的统治了。但是当然，他这么做开启了另一场暴力的循环，因为他剥夺了另一个小男孩的继承权，而这个孩子将会在适当的时候展开报复。

注释

1. 理查是两部现代传记的传主：Johnson, P. A., *Duke Richard of York, 1411–1460* (Oxford: Clarendon Press, 1988); 和 Lewis, M., *Richard Duke of York: King by Right* (Stroud: Amberley, 2016)。在一些有关玫瑰战争的著作中，也有关于他的专门章节，包括 Gillingham, J., *The Wars of the Roses: Peace and Conflict in Fifteenth-Century England* (London: Phoenix Press, 1981), pp. 65–75；他还出现在了一些其他著作中，包括 Lander, J. R., *The Wars of the Roses* (Stroud: Sutton, 1990)。

2. Pugh, T. B., *Henry V and the Southampton Plot of 1415* (Stroud: Sutton, 1988), p. 24.
3. Gillingham, *Wars of the Roses*, p. 68; Lewis, *Richard Duke of York*, p. 60.
4. Harriss, G. L., "Beaufort, John, duke of Somerset, 1404–1444", ODNB.
5. 像这个年代的大部分公主一样，凯瑟琳在与亨利五世的婚姻上并没有选择权（不过莎士比亚的戏剧可能会让你认为她有选择权）；结婚的时候，她18岁，她最后一次见到自己的丈夫是在19岁。20岁的时候，她就成了寡妇，被困在一个外国的宫廷里，周围的各个派系都在试图控制她尚在襁褓中的儿子，这也就难怪她觉得需要陪伴了。实际上，她再婚了，但并不是和埃德蒙·博福特：在本章后面的部分，我们谈到了她的第二段婚姻。
6. 正如我们在前面提到的（参见第七章，注释18），法兰西的查理六世指定亨利五世为他的继承人，但是亨利五世先于他而亡。查理一去世，英国人就宣布亨利六世是合法的法兰西国王，不过，之前被剥夺了继承权的王太子——瓦卢瓦的凯瑟琳是他的姐姐，因此他就是小亨利（即亨利六世。——译者注）的舅舅——的支持者立即就封他为查理七世。查理拥有兰斯（Reims）周围的领地，法国所有的加冕礼都是在兰斯举行的，因此亨利六世的捍卫者们不得不在巴黎为他加冕。
7. 该委员会的全文见于 Johnson, *Duke Richard of York*, pp. 226–227。
8. "正是因为[在诺曼底]良好的治理和在解决反对军事占领所引发问题时的真诚努力，约克公爵才一直被法兰西人铭记。" Watts, J., "Richard of York, 1411–1460", ODNB.
9. 爱德华的身高可以通过对其骨架的分析来确定；参见 Gillingham, *Wars of the Roses*, p. 134。有位编年史家提到安特卫普的莱昂纳尔时说道，"在当时，世界上没有任何一位王子拥有他这样的身高"；他还提到，莱昂纳尔的身高远远高于一个房间里的其他人（Hardyng, p. 334）。关于爱德华的血统问题的进一步分析，参见 Lewis, *Richard Duke of York*, pp. 88–90。
10. 最近有一部传记更详细地阐明了亨利六世的生活和性格：Johnson, L., *Shadow King: The Life and Death of Henry VI* (London: Head of Zeus, 2019)。
11. 亨利五世最后一个仍健在的弟弟格洛斯特公爵汉弗莱此时还活着，但他已经隐退了，因为他的妻子因施行巫术而被逮捕和定罪。他于1447年去世，再没能在王庭里重获之前的影响力。
12. 查理不愿意的原因之一是像个孩子且精神状态几乎不稳定的亨利六世是他的外

甥，因此他的女儿们是亨利的第一代表亲——他们都是"疯王"查理四世的孙辈。此时的人们显然还不太懂基因学，但每个人都充分地意识到这种结合所生下的孩子更有可能得遗传病。安茹的玛格丽特是查理的妻子的侄女，并没有相关的血缘关系，因此是更不错的人选。

13. 有谣言称王后凯瑟琳和埃德蒙·博福特有染，因此有种推测是他可能是埃德蒙·都铎——凯瑟琳的第二段婚姻的长子——的生父；参见 Richmond, C., "Beaufort, Edmund, duke of Somerset, c. 1406–1455)", ODNB。鉴于埃德蒙·都铎迎娶了埃德蒙·博福特的侄女玛格丽特，于是出现了一种耐人寻味的推测，即他们的儿子亨利·都铎（后来的亨利七世）很可能有一对互为第一代堂亲的父母，而都铎家族实际上可能是博福特家族。
14. Hardyng, p. 399.
15. CWR, p. 208.
16. 这次大败导致英国人失去了波尔多和加斯科涅的剩下部分；最终结果是除了加来之外，英国人失去了所有在法兰西的领地，这种情况一直持续到 1558 年。现在，人们通常认为卡斯蒂永之战标志着百年战争的终结。
17. 关于亨利的病因及病情对他产生的影响更为全面的讨论，参见 Ross, J., *Henry VI: A Good, Simple and Innocent Man* (London: Allen Lane, 2016), pp. 65–69。
18. CWR, p. 212.
19. *Benet's Chronicle*，引自 Watts, "Richard of York"。
20. CWR, p. 212; Paston, vol. I, p. 296 n.2.
21. Paston, vol. I, p. 265.
22. Paston, vol. I, pp. 263–264.
23. Paston, vol. I, p. 315.
24. 父子同时为伯爵似乎有点儿奇怪，但他们两人的头衔都是凭借其各自妻子的权利而获得的；内维尔家族野心勃勃的联姻策略意味着，此时的他们和这个王国内的众多上层家族都有关联。
25. 这位亨利·珀西就是 1403 年在反对亨利四世的战斗中被杀于什鲁斯伯里的"鲁莽的"亨利·珀西之子，但他一直尽心尽力地为亨利五世效劳，因此获准继承其祖父的伯爵爵位。巧合的是，他的母亲，也就是"鲁莽的"亨利·珀西的遗孀是伊丽莎白·莫蒂默，她是克拉伦斯的菲莉帕之女；这就让帕西成了约克公爵的隔代表亲。碰巧，他还通过联姻和约克产生了关联，他们的妻子分别是塞西莉·内维尔和埃莉诺·内维尔，她们是姐妹。因为英格兰贵族家庭之间的联姻，玫瑰战争中几乎没有对手是完全没有亲属关系的。

26. Paston, vol. I, p. 315.
27. 这封信的全文可见于 Paston, vol. I, pp. 325–326。
28. Gregory, p. 198. 关于这场战斗的更多内容，还可参见 Boardman, A., *The First Battle of St Albans 1455* (Stroud: Tempus, 2006); Burley, P., Elliott, M. and Watson, H., *The Battles of St Albans* (Barnsley: Pen and Sword, 2007); Gillingham, *Wars of the Roses*, pp. 85–91。
29. Grafton, Hist., vol. I, p. 659.
30. 理查和塞西莉有12个或者13个孩子，其中仅有4个儿子和3个女儿存活了下来。儿子们分成两个年龄层：爱德华和埃德蒙分别出生于1442年和1443年，接着是两个女儿及两个夭折的孩子，直到1449年和1452年，乔治和理查才出生。
31. Gregory, p. 208.
32. Grafton, *Hist.*, vol. I, pp. 666–668.
33. 关于托顿之战有很多著述。例如，可参见 Sadler, J., *Towton: The Battle of Palm Sunday Field* (Barnsley: Pen and Sword, 2014); Goodwin, G., *Fatal Colours: Towton, 1461* (London: Weidenfeld & Nicolson, 2011); Boardman, A. W., *Towton: The Bloodiest Battle* (Stroud: The History Press, 2009); Gillingham, *Wars of the Roses*, pp. 132–135。
34. CWR, p. 224.

第九章

兰开斯特的爱德华

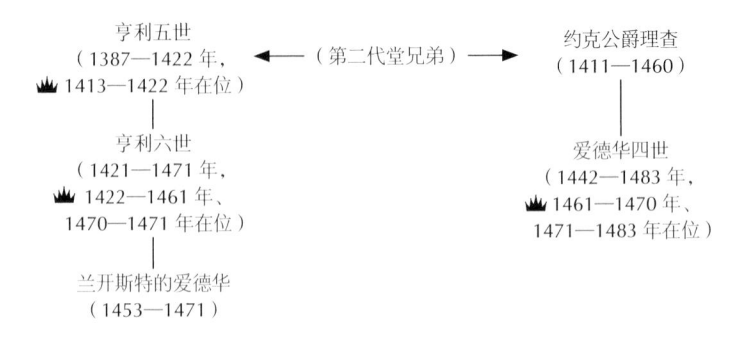

```
亨利五世                                      约克公爵理查
(1387—1422 年,    ◀—(第二代堂兄弟)—▶    (1411—1460)
♛ 1413—1422 年在位)                              │
        │                                         │
    亨利六世                                   爱德华四世
(1421—1471 年,                            (1442—1483 年,
♛ 1422—1461 年、                          ♛ 1461—1470 年、
  1470—1471 年在位)                          1471—1483 年在位)
        │
  兰开斯特的爱德华
   (1453—1471)
```

在这个动荡不安的时期,10 月 13 日,王后在威斯敏斯特生下了一个漂亮的男孩,这个孩子在受洗时被命名为爱德华［……］他的母亲遭到了大众的诽谤和责骂,这些人说国王生不出孩子,这不是他的儿子。[1]

关于备受瞩目的女性,尤其是那些出乎意料地怀了孕的备受瞩目的女性的流言蜚语并不是什么新鲜事儿;安茹的玛格丽特是众多承受这种流言蜚语的女性之一。通常情况下,我们也许会将这种流言蜚语视作胡扯一通,但兰开斯特的爱德华出生时的具体情形表明我们应该更仔细地调查一下他父亲的身份这一问题。

爱德华可能不是亨利六世之子是基于多种因素得出的结论。首先，众所周知的是，亨利六世厌恶接触女性的身体。一位同时代人指出，他会"避免和女性的目光接触或和她们谈话，他认定这些行为是魔鬼的把戏，引用福音书中的话来说就是'凡看见妇女就动淫念的，这人心里已经与她犯奸淫了'①"。然而，这一证据有时会被选择性地加以阐释。亨利是一个虔诚的人，严格遵守着教会的命令，尽管教会必然会反对那些未婚者之间的肌肤之亲，但它不仅会宽恕，而且会积极鼓励丈夫和妻子之间的亲近——毕竟，贵族联姻的主要目的就是生孩子。上述引文实际上还有后续："那些熟悉他的人都说直至现在，他一直保持着自己内心和身体的贞洁，他下定决心除了有婚姻这层纽带联系的女性之外，不会和其他女性有所牵扯。"2 因此，尽管亨利也许会避开其他女性，但他肯定会在婚后和玛格丽特保持惯常的婚姻关系。

紧接着第一个论据的第二个论据就是玛格丽特在他们结婚的前八年一直没有怀孕，她不可能再怀上了。在她（和她的盟友萨默赛特）岌岌可危时，即约克公爵的地位上升、萨默赛特的影响力看起来变弱的时候，她怀孕了，这次重要的怀孕只是巧合吗？还有什么会比让她成为王位继承人的母亲、让萨默赛特成为孩子的教父这样更能稳固地位的呢？我们也许会提出几种反对的观点，尤其是关于玛格丽特自己的品行。她受到了很多同时代人和后来的评论者的指责，但他们中没有人将她描述为轻浮或水性杨花的——实际上完全相反。她对宗教的虔诚虽没有达到亨利的程度，但她非常清楚教会有关婚姻忠贞的规定。而且，她也知道，作为一名王后，通奸不仅仅是道德犯罪，还是叛国罪。惩罚非常严

---

① 出自《马太福音》5∶28。

厉，如果罪名坐实（也就是说，令国王满意的"坐实"），这类通奸会导致双方惨死。

接下来要说一下萨默赛特公爵。他的职业生涯都用在增加自己的利益上了；无论看起来的收益有多大，他必然都不会冒险采取这种后果严重的行动。王国内最有影响力的权贵之一和现任王后的风流韵事，实际上是非常不同于他年轻时和寡居的王太后瓦卢瓦的凯瑟琳之间那种暧昧关系的。这种私通，再加上试图让一个私生子充当合法王位继承人的罪行，必定是非常愚蠢的；鉴于玛格丽特和萨默赛特的性格和地位，是不太可能做出这种事情的。

那么，我们只能得出结论，爱德华是国王和王后之子，他被怀上是天意——毕竟，有些一直想要怀上孩子的夫妇确实会自然而然且出乎意料地怀上，没有任何理由能认定亨利和玛格丽特不是其中一员。实际上，国王身边就有这样的先例：约克公爵和公爵夫人子孙满堂，但直到结婚至少 10 年后，他们才有了孩子。亨利和玛格丽特后来没能再生下更多的孩子，很可能是因为在玛格丽特剩下的育龄时期内，他们在一起共度的时间非常少。因此，我们可以推断，关于小爱德华之父身份的谣言仅仅就是流言蜚语。玛格丽特是一位外国女性，一般人又不喜欢她，诽谤这样一位女性的最简单方式就是暗示她犯有通奸罪。约克一派很可能煽动散播了这类说法；毕竟，在这个孩子出生前，理查公爵一直是王位的假定继承人，而此时他却被赶出了继承序列。但这无关紧要——在相关人士的眼里，这个小婴儿就是真正的王位继承人。[3]

正如我们在前一章节所看到的，婴儿爱德华在出生之后并没有立即得到他那生病的父亲所认可，可不管怎样他还是被任命为威尔士亲王了；在 14 个月后，他得到已经康复的国王正式认可时，任何关于他身份的怀疑都消散了。就理论上而言，他此后会获得像本书中提及的其他公认的王位继承人那样的待遇：拥有自己的府邸，建立起监督其各项事务的委员会。但对任何人而言，这都是非正常时期，尤其是对存在争议的王位继承人而言，爱德华的童年时期是非常不安定的。

不出所料的是，爱德华早期的生活是由母亲主导的。她不愿意让这么一个重要的孩子（同时也是有价值的孩子）脱离自己的视线，她带着他四处游历，而没有交给某间宫殿内的保姆来照顾。这有些罕见，但当时玛格丽特的处境既非同寻常，又举步维艰。王后的部分作用是生下继承人，她已经做到了，但除此之外，她还得担当丈夫的副手和内助；如果国王是个强大、有权威的人物，这个角色一定会被很好地加以诠释，但玛格丽特如何能成为亨利六世这样的国王的内助呢？倒霉的亨利力所不及，迫使她成了更为活跃的角色，这导致她被描绘为传说中贪婪的"母狼"，但很难弄清楚她还能做些什么。必须有人承担责任，维护亨利和爱德华的利益，如果亨利不能的话，那么就必须由玛格丽特来承担。幸运的是，她非常适应这样的角色，正如一位编年史家所说的：

> 相比于那些普通女性，王后更为聪慧，她为了自己丈夫的资产、自身的境况和唯一之子所面临的危机而筹谋，认为必须抢夺下他们手中的权威之剑。[4]

对于玛格丽特而言，绝对优先的是她的儿子及其未来；为了保护他，她可以做任何事情。不幸的是，约克公爵理查为了他自己和他家族的未来也有类似不顾一切的想法，他们势同水火，一场武装冲突是在所难免了。1455年萨默赛特公爵在圣奥尔本斯丧生这一灾难性事件以及接下来国王被俘虏，让玛格丽特和爱德华陷入绝境。

1457 年，情况有了点儿变化，当时，约克公爵的摄政结束了；建立起了一个委员会负责照管尚年幼的爱德华王子的事务，玛格丽特确信她可以直接控制这个委员会。对于他们来说，伦敦是个过于危险的大本营——这里的市民往往都支持约克公爵——因此，她和爱德华过着四处游历的生活，一般是在他自己所拥有的中部地区或柴郡（Cheshire）的领地，在这些地方，他们得到了更多的支持。在接下来几年的跌宕起伏中，她偶尔能成功地从其对手手中夺得国王的监护权（确实没什么其他更合适的词了），将他纳入自己的小圈子里，这意味着她可以更牢固地掌握住权力。1457 年 8 月，亨利到达了妻子位于肯尼尔沃思的临时大本营，当时爱德华将近 4 岁了，很可能开始对自己周围发生的事情有了些许了解。他是如何看待他的父亲的尚难以推断。

遗憾的是，我们没有关于爱德华此时每天生活的信息，但我们可以断言他早年所接受的教育和他这一阶层的其他男孩子一样——学习知识、礼仪以及某些和宗教相关的内容，玩一些或者开始做一些游戏，为以后进行更正式的军事训练做准备。不过，和其他人不同的是，他的成长过程中充满了不确定性和对未来的恐惧，这种氛围很可能已经传递给他了。

爱德华安稳度过了婴儿期，进入了童年时期，他的权利得到了更好的保障，他的地位也得到了认可。这在 1459 年 9 月的布洛希思之战（Battle of Blore Health）中明确体现出来，相比于玫瑰战争中那些更为大型的战斗，这场战役有时会被忽略掉。简而言之，1459 年 6 月，在玛格丽特位于考文垂的大本营里召开了一次会议，在会上，缺席的约克公爵、索尔兹伯里伯爵和沃里克伯爵都被指控为犯有叛国罪；[5] 之后，索

第九章 兰开斯特的爱德华

尔兹伯里伯爵从约克郡的米德尔赫姆（Middleham）赶往勒德洛，和其他人会合，但在斯塔福德郡（Staffordshire）的布洛希思，他遭到了兰开斯特士兵的伏击。他在人数上占优势，成功地击败了敌人，并且继续前往勒德洛，正如我们在上一章所见，他和其他人会合了。因此，从军事背景来看，这场战役并没起关键作用，但其重大意义在于一个具体的要素：兰开斯特军没有穿国王的制服，而是穿着国王之子威尔士亲王爱德华的制服。

随着约克公爵及其同伴被逼到走投无路的境地，爱德华和他的父母一起去了勒德洛，但是约克一派的主将突然逃往了海外，这使爱德华一方占据上风。他们带着某种程度的胜利返回考文垂，在 1459 年 11 月于考文垂召开的议会上，约克的理查及其盟友都被剥夺了财产和权利。同样是在这次议会上，大权贵们都承认了爱德华是王位继承人，他一直待在玛格丽特身边，在约克身处爱尔兰期间，也就是 1459 年冬季至 1460 年春季，玛格丽特成了英格兰无可争辩的统治者。[6] 爱德华作为待位之君的地位似乎暂时稳固了，但这段稳定期并没能持续太久。

随着 1460 年夏天约克的理查正式提出自己作为克拉伦斯/莫蒂默一脉有权继承王位，以及接下来的《调解法案》，7 岁的爱德华被剥夺了继承权，他的未来毁于一旦。他不仅失去了王位继承权，还失去了威尔士亲王、切斯特伯爵和康沃尔公爵的头衔，这些头衔都给了约克公爵；他一无所有了。我们不知道这些消息是如何传达给他的，或者他对这种情况理解到什么程度，但他的母亲对此的反应一定给了他一种形势严峻之感。出于对爱德华个人安全的担忧，她立刻和他一起逃往了威尔士，他们受到了彭布罗克伯爵贾斯帕·都铎的庇护。作为亨利六世同母异父的弟弟，他也是爱德华的叔叔；他肯定会对兰开斯特的事业保持忠诚，因为没有兰开斯特的话，他也不会有未来。然而，因为约克在威尔士边界区（Welsh Marches）拥有强大的势力，即便是这里也被认为是不安全的，这对母子不久就逃往了苏格兰。

此时的苏格兰王国正饱受自身问题的困扰。苏格兰国王是 8 岁的詹姆斯三世（James III），他才仅仅继位几个月，他的父亲詹姆斯二世在罗克斯堡围城战（siege of Roxburgh）中被大炮炸死了。作为未成年人，詹姆斯是无法亲自掌权的；他的母亲盖尔德斯的玛丽（Mary of Guelders）作为他的摄政者行事。爱德华和詹姆斯的相似处境——在丈夫不在的情况下，由母亲代表其子行事——让玛格丽特和玛丽也有了某些共同点，他们在苏格兰受到了友好的欢迎。爱德华和詹姆斯年龄相似，巧合的是，他们还是远亲；已故的詹姆斯二世的母亲是博福特家族的琼安，她是玛格丽特一直以来的盟友萨默赛特公爵埃德蒙的妹妹。

两位女性进行谈判，玛格丽特同意将贝里克镇（town of Berwick）——两个王国一直以来争夺的焦点——割让给苏格兰，以换取一支军队。为了确认这一协议，有人提议让爱德华和国王詹姆斯 6 岁的妹妹玛丽·斯图尔特（Mary Stewart）结婚，不过并没有举行婚礼。

由此可见玛格丽特的迫切程度。不管怎么说，她都无权割让贝里克，她也不可能认为这种做法在英格兰会大受欢迎。然而，此时的形势迫使她只能考虑短期内的利益；她拥有了自己的军队，穿着爱德华的制服的士兵们向南行进。不过，结果证明，这又是一个错误，会产生严重而深远的影响。作为一名法国女性，玛格丽特很可能没有意识到英格兰和苏格兰之间深深的敌意——率领一支凶猛的苏格兰人军队出现在英格兰北部只会适得其反，或者至少可以说很容易被视为叛国。除此之外，玛格丽特没有可用的现金支付给她的这些新士兵们，因此替代薪水的

第九章　兰开斯特的爱德华

是，她允许他们在行军过程中拿走任何想要的，不出所料，苏格兰人在南下过程中一路烧杀抢掠。关于他们的暴戾恣睢的谣言先一步传来，在传播过程中还越来越言过其实了。

当然，爱德华同他的母亲一起南下了，他岌岌可危的处境因一次有利于他的时来运转而改善了：1460 年 12 月 30 日，轻率的约克公爵理查从桑德尔城堡冲出来，在威克菲尔德之战中被杀了。然而，玛格丽特再次让她自己和爱德华失去了人心，因为她损毁了约克公爵、索尔兹伯里伯爵和拉特兰伯爵的尸体——我们别忘了，其中有一位是年仅 17 岁的小伙子——在死后还给约克戴上了纸王冠嘲笑他。这除了个人报复不包含任何其他意味，对于她的忠实支持者——比如萨默赛特公爵和诺森伯兰伯爵，他们的父亲在五年前的圣奥尔本斯被约克杀害了——而言，这种做法可能会大受欢迎。然而，这只会引起其他人的反感，这当然惹怒了马奇伯爵，也就是此时的约克公爵爱德华。

起初，玛格丽特和爱德华似乎运气不错，尽管有一些判断失误：在威克菲尔德之战及其可怕性的影响之后，他们一路向南，发现兰开斯特的军队已经在圣奥尔本斯击败了由沃里克伯爵率领的约克军（众所周知，这次交锋被称为第二次圣奥尔本斯之战，以区别于 1455 年那次更早的交战），国王亨利已经被解救出来了。爱德华再次和他的父亲团聚了，不过，对于一个已经对军事事业表现出兴趣的小男孩来说，和那些征战沙场的好战同伴相比，国王一定给他留下了不好的印象。也许，他想知道亨利这位被尊为受膏者的国王为什么会与他身边那些久经沙场的战士们如此不同。正如后来的证据所显示的，爱德华是以后者而非前者为榜样的。

爱德华还只有 7 岁，但是在缺少一个可靠的国王似人物的情况下，他需要被带到战场上的突出位置,以展现兰开斯特家族所拥有的光明未来。对于他而言,这既有积极的,也有消极的直接影响:他被封为骑士,这是一项巨大的荣耀,接着轮流将那些在战斗中表现突出的人封为骑士……再接着,他宣布对被击败的敌人的判决,并将他们处死。他甚至很可能不得不观看判决的执行,对于一个年纪尚小的孩子而言,这是一种精神创伤。

正是在此时,爱德华和玛格丽特的运气耗尽了。他们无法再朝伦敦前进了,伦敦已经宣布支持约克的爱德华,这主要是因为市民们对玛格丽特的军队从苏格兰一路南下的劫掠传闻感到害怕,这个理由非常充分。她的策略起了反作用。他们被迫逃回北方,与此同时,约克的爱德华作为救世主进入伦敦,正式称王。

此时的爱德华四世需要主动出击:英格兰不能有两个国王。他紧随玛格丽特和爱德华——还有亨利,他一直被他们拖来拽去的——向北至约克郡。两支军队在托顿交锋,两位国王候选人之间的差异变得极为明显:时年19岁的爱德华是一位具有男性气概的健壮男性,他在前线率领着自己的军队;而兰开斯特王族不得不将战斗的任务交给了其他人,他们都太软弱、太阴柔且太年轻了,以至于无法参与其中。他们待在距离约克10英里远的地方——约克公爵和索尔兹伯里伯爵、拉特兰伯爵的头仍旧挂在米克盖特门上示众——在听说1461年3月29日托顿之战的惨败消息时,他们仍旧待在那里。[7] 逃跑又成了唯一的选择,苏格兰是当下唯一可靠的目的地:他们向北疾驰,"满载着悲伤与郁闷,这并不足为奇"。[8]

爱德华四世于1461年秋天召开了第一次议会,玛格丽特和爱德华都被剥夺了财产和公民权,这意味着他们此时就像一年前的约克那样是身无分文的逃犯了。实际上,命运之轮非常迅速地转动起来了。另一方面,国王爱德华明确地说明,他并不是因征服或者篡夺亨利六世之位成为国王的,而是凭借他及其父亲的莫蒂默/克拉伦斯血统称王的:

> 在上述国王理查去世后,根据法律、惯例和良知,有关上述王位和爵位的权力和头衔都归于埃德蒙[莫蒂默];此时,该权力归属于上述至高无上的君主国王爱德华四世[……]我们至高无上的君主国王爱德华四世[……]在上述合法的高贵且了不起的约克公爵,也就是其父亲理查去世之后[……]*允许他使用有关上述英格兰王国的权力和头衔*。[9]

这项公告的措辞意味着爱德华并不是一位新的王位继承人;他的权利一直都在,此时只是维护了自己的权利。当然,由此产生的连锁反应使年纪尚小的兰开斯特的爱德华的处境变得更为糟糕了。他并不是被推翻的合法继承人,只是一个篡位王朝的后裔,这个王朝根本没继承王位的权利。

随着这一切的发生,爱德华于 1461 年 10 月满 8 岁了,他经受了许多人一生中都无法想象到的更多的——更为严峻的——命运变化。他的成长环境一直极为不稳定:又过了一年,甚至苏格兰也被认为是不安全的了,因此,他和玛格丽特起航前往佛兰德斯。亨利六世返回了英格兰;1464 年春天,他的支持者们在赫奇勒沼泽(Hedgeley Moor)和赫克瑟姆(Hexham)被击败了,他被俘获,并于第二年被带到了伦敦,关在了伦敦塔里。这一次,他不可能像 1455 年那样得到符合王室尊严的待遇了:他的双脚被绑在马镫上。[10] 实际上,他的儿子兰开斯特的爱德华的存在很可能是亨利仍旧能活着的唯一理由；如果杀死他，将兰开斯特的王位继承权从一个可悲又可怜的久病衰弱者转移到一个充满活力且正在成长中的孩子身上，那将毫无意义。

爱德华和玛格丽特到了勃艮第公爵的宫廷，"贫穷又孤独，一无所有，无依无靠；既得不到大众认可，也没有钱、物资和可以抵押的珠宝"。[11] 尽管公爵不愿意代表他们的利益拿起武器作战，但却提供了足够的钱，让他们能去和正在洛林的安茹的勒内（René of Anjou），也就是玛格丽特的父亲会合。从 1463 年到 1470 年——也就是从 9 岁到 16 岁——爱德华一直和其他被驱逐的兰开斯特家族成员住在他外祖父的城堡里，这座城堡位于法兰西东北部兰斯以东大约 80 英里的科尔（Koeur）。和苏格兰的联盟破裂了，爱德华一方多次尝试联姻，包括和法国国王路易十一世之女玛格丽特的联姻，[12] 但因为英格兰的局势仍旧不明朗，这些提议都落空了。

关于爱德华每天的成长，我们依旧几乎没有什么资料，但玛格丽特无疑会经常提醒他牢记自己的血统和权利，他所接受的教育都是为了努力恢复其血统和权利的：既包括学业追求，也包括军事训练，但后者更为重要。关于爱德华这些年来的生活，我们确实有些简明的大致印象，这些似乎表明（也许并不足为奇，因为众所周知，他的一生都与暴力和不确定性为伍）他正在成长为一个会造成伤害的青年人。1467 年，一位同时代人在提及他时说道："这个男孩尽管只有 13 岁，但除了砍头或者开战外，几乎不会谈及其他事情了"；[13] 另一位同时代人写道："一长大，[爱德华] 就全身心地投入到了军事训练中；他骑在凶猛的、半驯化的战马上，策马前行，常常乐于袭击和殴打那些他身边的年轻同伴。"[14]

第九章 兰开斯特的爱德华

爱德华本可能一直待在法兰西的东北部，成为永远待在流亡宫廷里的王子，但1470年初，他的处境再次发生了很大的变化。而当一切发生时，他和他的母亲什么都没做，这又是命运之轮的随意转动。爱德华四世此时已经稳坐英格兰王位9年了，没有受到兰开斯特家族的任何挑战，但他和他最大的支持者，也就是他的表兄沃里克伯爵理查·内维尔疏远了。出现这种情况的原因是复杂的，在这里，我们不会特别详细地加以研究，但要特别指出的是，其中一个主要原因是国王爱德华的非正统的婚姻。

爱德华于1464年5月完全秘密地迎娶了伊丽莎白·伍德维尔（Elizabeth Woodville）。她是尤为不合适的人选：小士绅理查·伍德维尔之女，同时她还是1461年在对战兰开斯特一派时被杀于圣奥尔本斯的约翰·格雷爵士的遗孀，并且比爱德华大5岁。[15] 爱德华和他的远亲"黑太子"一样，是出于喜爱，而非政治原因才选择了这场婚姻，但和更早的那位爱德华不同，他没能摆脱不利影响。他的王朝才刚刚建立起来，他自己的地位仍旧不稳定——一位被罢黜，但已经加冕的受膏国王处于他的监管下，而这位被罢黜国王的儿子待在海峡的另一边——因此，他需要找到一位能带来外交优势的新娘。实际上，爱德华非常清楚不应该结这场婚，这也就是"这次结婚一直完全处于保密状态，许多天后还没人知道"的原因。[16] 在隐瞒这件事的4个月里，爱德华让沃里克继续同法兰西商讨婚事，结果在8月完全难以规避时才不得不揭露了真相。这自然让沃里克看起来像个傻子一样，这也损害了他一直作为国王最信任的顾问的地位：如果不让他知道这么重要的秘密，他怎么能被信任呢？令沃里克难上加难的是，新王后有一个大家族——不只是她的两个儿子，她还有5个兄弟和7个未婚的姐妹——他们都需要供养。伍德维尔家族尽其所能地和所有单身的男性继承人与女性继承人进行了联姻（其中最恶名昭彰的是 1465 年的一场婚礼，19 岁的约翰·伍德维尔迎娶了时年 60 多岁的诺福克公爵的遗孀，由此将她所有的资产都转交到了他的手上），对沃里克不利的是，该家族的男性成员，尤其是伊丽莎白的父亲和她的长兄安东尼·伍德维尔对国王的影响力日益增强。在新王后终于被带到王庭的时候，沃里克和国王的母亲，也就是约克公爵的遗孀塞西莉都没有出席她的加冕礼，这种关系破裂似乎是无法修复的。

沃里克伯爵先是将注意力从爱德华身上移开，转向了他的下一个健在的弟弟乔治，此时，他是克拉伦斯公爵；沃里克安排克拉伦斯迎娶了他两个女儿中的长女伊莎贝尔·内维尔。[17] 此时，克拉伦斯是爱德华四世的男性继承人：爱德华和他的王后有 3 个女儿，没有儿子。这很可能让沃里克处在了更有影响力的地位上，尤其是克拉伦斯比他的哥哥更容易被操纵。1469 年，一场以克拉伦斯名义发起的暴动爆发了，公开表示要将伍德维尔家族赶出国王的圈子；结果在沃里克的命令下，王后的父亲和兄弟约翰都被处死了。然而，人们对克拉伦斯的热情普遍不高，结果证明，伯爵也对这一联盟不满，因此，最终他迈出了完全转变立场的重大一步；他起航前往法兰西，拜倒在安茹的玛格丽特的脚下（这是就字面意义而言；她让他跪了 15 分钟）。

玛格丽特和沃里克的过去显然让他们难以和解。用最简单的话来说，他得为罢黜她丈夫和剥夺她儿子的继承权负责，而她得为处死他的父亲并将其头颅钉在城门上示众负责。然而，这是她多年来再次向王位发起冲击的最大希望，她认为这王位本应属于爱德华，因此，从务实的角度，她得出结论，敌人的敌人即便不是她的朋友，至少也是个有用的盟友。双方达成了协议，爱德华会迎娶沃里克的小女儿安妮；反过来，

第九章 兰开斯特的爱德华

沃里克会为他们而战，努力让兰开斯特王朝重新掌权。如果成功的话，他的个人影响力就会增强：成为兰开斯特的爱德华的岳父远比作为约克的爱德华的表兄更有好处。

这次见面仅仅几天后，爱德华和安妮就订婚了，沃里克起航返回英格兰，将他的女儿交由玛格丽特照管。而玛格丽特仍旧不愿意让她唯一的宝贝儿子冒险：爱德华没有和沃里克返回英格兰，他们在沃里克完全兑现承诺之后才会登船。尚不清楚爱德华究竟在多大程度上同意这一决定：此时的他已经16岁，如果他这些年来真的"除了砍头什么都不谈及"的话，他也许不会喜欢被母亲以这种方式悉心照料。但我们清楚的是，她在这一阶段仍旧掌管着他的一切。

因此，爱德华仍旧是一枚棋子，处于被人牵着鼻子走的危险中。有位编年史家认为，分别将女儿嫁给克拉伦斯和爱德华的沃里克是在挑拨离间，想要他们自相残杀：

> 在公爵看来，王子的这桩婚事是个污点；而在王子看来，公爵的这桩婚事则秒若尘埃［……］在伯爵冲他们微笑时，他们每个人都期望着被抬高地位；而在伯爵冲他们皱眉时，他们每个人都再次想到了被推翻。[18]

沃里克现在既有个约克的女婿，又有个兰开斯特的女婿，可以趋利避害；鉴于他没有儿子，也没有能以自己的名义来要求继承王位的王室血统，这可能是他能获得的最佳地位。然而，在他离开玛格丽特时，肯定是觉得他在兰开斯特这一方更具优势，看起来，他甚至认为克拉伦斯会附和他的计划。沃里克承诺，他"永远不会放弃战争，除非国王亨利六世或者他的儿子即王子重获对王国的全部所有权和王权"，还补充了一个不太合理的附加条件：

> 王后和王子应讨论并委任［克拉伦斯］公爵和［沃里克］伯爵为公共财富的管理人和保护人，直到王子成年，可以承担起如此大的责任和如此重的负担时为止。[19]

爱德华和玛格丽特在等待着。很快就有好消息从英格兰传来了：沃里克和克拉伦斯逼得爱德华四世逃跑了，1470年10月，国王逃往荷兰①。怀着孩子的王后伊丽莎白·伍德维尔连同三个年幼的女儿逃往威斯敏斯特修道院寻求庇护。爱德华没有儿子，因而没有使情况变得更为复杂；他的弟弟和名义上的继承人克拉伦斯公爵乔治站在兰开斯特阵营这边，他的另一个还健在的弟弟，也就是17岁的格洛斯特公爵理查和他一起逃亡了。尽管困难重重，但是沃里克成功了，因此，爱德华和他的母亲可以制订返回计划了。

命运之轮又突然地转动起来，兰开斯特的爱德华没费吹灰之力就再次成了王位继承人：实际上更重要的是，起码从名义上而言，他是其父亲的摄政者。在他的母亲和岳父都试图控制他的情况下，他究竟会如何做仍旧需要拭目以待，但不管怎么说，这都是近十年来他获得的最有利的地位。此时，他不得不严格履行他所签下的协议了：1470年12月，17岁的爱德华迎娶了14岁的安妮·内维尔，双方对这桩婚事的感受并没有被记录下来。

---

① 此时的荷兰处于勃艮第公爵"好人"腓力（1396—1467）的统治下。

第九章 兰开斯特的爱德华

在英格兰，还处于茫然中的国王亨利被带出了伦敦塔，自1465年被俘以来，他一直待在那里；他被带着游行，穿过大街小巷，这看起来令人难过的景象证明了他仅仅是个有名无实的领袖，会有其他人为他并通过他来进行统治。但如果真正的权力被给予了国王之子，那么这又和王室历史上之前的发展脉络有什么不同呢？这种安排可以被视为回归到了基本常态。对于许多贵族、市民和商人而言，让爱德华四世称王的部分吸引力是他可以带来稳定，因为他比亨利六世更为健康、更为坚定，因此也会成为更好的国王。但如果兰开斯特的爱德华可以提供同样的稳定，就会削弱爱德华四世的某些优势，亨利常常会引人同情，而此时这种残存的同情开始浮现出来；对于普通民众而言，他才是真正的国王。毕竟，他已经在位近50年，兰开斯特王朝已经历经7位君主了；除此之外，此时还健在的人几乎已经不记得其他事情了。

最后，在1471年春天，爱德华和玛格丽特，连同他们的军队起航前往英格兰了，但他们还不知道的是，爱德华四世并没有被消灭。他几乎一到达荷兰就开始重新部署，在他们起航前不久，他自己就已经登上前往英格兰的船了。3月14日，他在亨伯（Humber）河的拉文斯普尔（Ravenspur）登陆，比爱德华和玛格丽特早了10天，而两人没有收到任何有关这件事的消息。他们因逆风而耽搁了，直到4月14日才抵达韦茅斯（Weymouth）。正是在那天——也就是复活节——于伦敦北部的巴尼特（Barnet）发生了一场大型战斗，是在两对兄弟之间进行的，卷土重来的爱德华四世和格洛斯特的理查对战沃里克伯爵和他的弟弟蒙塔古侯爵（marquis of Montagu）约翰·内维尔。结果是决定性的：内维尔兄弟都被杀了，倒霉的亨利六世再次被俘，又回到了伦敦塔。[20]

爱德华和玛格丽特得知了这一消息。一开始，他们的想法是改变方向，再次起航，玛格丽特最担心的就是爱德华的安全。有位编年史家描绘了她和萨默赛特公爵之间的这类对话，其中提到，"她非常同意他的意见，就算那样做会让她处于危险中，也不能让她的儿子冒险"；"担心在他们为了国家激战时，她的儿子会受伤或者遭劫"，她"认为最好是要么将战斗推迟或延期到其他时候，要么送她的儿子回法兰西"。[21] 关于爱德华自己的观点，我们一无所知，但是对于一个好战的年轻人来说，他一生都在期待着这样一个时刻，掉头逃跑的想法一定会令他感到恼怒。无论是谁做出的最后决定，他们都将留下来一决雌雄。

爱德华和玛格丽特的最后机会是朝威尔士前进，他们可以在那里和贾斯帕·都铎会合，他仍旧是他们的盟友；为此，他们从韦茅斯出发，途经埃克塞特和布里斯托尔，但当他们于 5 月 3 日到达图科斯伯里（Tewkesbury）时，传来消息称疯狂的爱德华四世正在迫近，他刚刚在巴尼特大获全胜、想要彻底消灭兰开斯特这一威胁，而且他已经在 10 英里外的切尔滕纳姆安营扎寨了。

他们面临着严峻的选择：要么进行一场激战，要么逃跑。玛格丽特的天性可能会倾向于后者，而爱德华也许倾向于前者。他的机会来了：他此时 17 岁，是一名骑士，也是一名王子，还是一位国王之子——至少在他自己的心里——是王位的合法继承人。他有大约 6 000 人的兵力，包括德文伯爵（earl of Devon）、萨默赛特公爵和萨默赛特的弟弟多塞特伯爵。顺带一提，此时在场的这位是另一位萨默赛特公爵：第四任公爵埃德蒙，他是玛格丽特之前的盟友第二任公爵埃德蒙的次子。他的哥哥亨利于 1455 年继承了萨默赛特公爵这一头衔，但在 1464 年的赫克瑟姆之战中，亨利被沃里克伯爵的弟弟蒙塔古勋爵约翰·内维尔抓住并处死了。

第九章 兰开斯特的爱德华

玛格丽特身边的男性们掌握着最终决定权，他们选择战斗。因此，玛格丽特让她深爱的儿子离开了自己的视线，这几乎是他人生中的第一次。她不能上战场，因此向他道别，撤退到了附近的修道院——她余生都将对这一行动感到悔恨不已。

爱德华跃跃欲试。他"骑马巡视整个战场，激励着士气，承诺（如果他们确实英勇地对抗敌人的话）会给予他们高官厚禄、数不胜数的掠夺物和琳琅满目的战利品，以及更为重要的是响彻整个王国的名望和声誉"。[22] 按照惯例，他的军队被划分为三个部分或者说三条"战线"；右翼由萨默赛特公爵率领，左翼由德文伯爵率领，而爱德华自己负责指挥中路，就像和他年龄相近的远亲和同名人物"黑太子"在面对不同的情形时所做的那样。但爱德华并不是他的曾曾曾叔祖父：多年来在科尔欺侮年轻同伴这样的训练并不足以让他能够对抗爱德华四世这样的劲敌。

对于兰开斯特一脉的前途而言，1471年5月4日发生的图科斯伯里之战是一场灾难。[23] 在沃里克伯爵还健在时，克拉伦斯公爵乔治在名义上是站在爱德华一边的，但他在几周前又转投向了他的哥哥；随着沃里克的去世，指望自己哥哥的仁慈而非依靠妻子的妹夫更有利于他，因为这位妹夫一直视他为威胁。继沃里克丧生之后，爱德华又失去了他原本期望得到的兵力。与此同时，约克一派的军队由爱德华四世及他的弟弟18岁的格洛斯特公爵理查率领，他们刚刚在巴尼特获胜，斗志昂扬。爱德华在军队中心的两个最亲密的顾问都战死了；关于爱德华自己的遭遇众说纷纭，但他很可能是在逃离危如累卵的城镇时被杀的——说他被抓获并被带至爱德华四世面前，公然顽抗，结果被处以极刑的故事几乎都是后来的杜撰。最为全面的资料是由同一时期的一位约克派拥护者和目击者所写的，其中说道，"自称王子的爱德华狼狈逃窜"，"在逃往城镇时被抓获,于战场上被杀死"。[24] 因此,他的临终时刻充满了一直笼罩着他整个人生的暴力。

获胜的爱德华四世此时想要彻底消灭兰开斯特一脉最后的余孽。其中有几位领主逃到了图科斯伯里修道院避难,但他把他们拉出来示众并处以极刑,其中包括萨默赛特公爵,而他仅存的弟弟多塞特已经战死沙场了。不幸的亨利六世成了唯一健在的兰开斯特后嗣,国王一赶回伦敦,就谋杀了他。

这场战役结束几天后,王后玛格丽特就被抓了,她"悲痛欲绝",[25] 在所有的希望和梦想都破灭之后,她很可能会这样。国王爱德华不能非常轻易地除掉她——即便是在当时,谋杀一名王室遗孀也是过分的——但他要为死去的父亲和弟弟以及所受到的屈辱复仇,于是让她乘马车在伦敦游街示众,这也是他胜利游行的一部分。她被监禁了多年,但随着她丈夫的去世,尤其是她儿子的去世,她日渐衰弱。她不再被视为威胁了,于是在1476年被交还给她的表兄路易十一世,她一直平静地生活到1482年才自然死亡。"她在法国度日如年,生不如死,"有位编年史家评论道,"在哀痛欲绝中备受煎熬,并不是为了她自己和她丈夫〔……〕而是为了失去儿子王子爱德华。"[26]

兰开斯特的爱德华被葬在图科斯伯里修道院。这里没有宏伟的坟墓;其葬身之地的全部标记就只是一块小牌匾,而且是直到很久以后才建起来的。然而,即便是这样的安葬方式也被视为一种特许:尽管爱德华四世的父亲和弟弟的遗体被安茹的玛格丽特损毁了,但他却没有对她儿子做同样的事情。他"授予上述爱德华以及其他在战场上或其他地方被杀者的尸体以特权,允许他们安葬在教堂里〔……〕没有五马分尸,也没有侮辱他们的遗体"。[27]

第九章 兰开斯特的爱德华

就这样，兰开斯特的爱德华的故事结束了。他的故事是个悲剧，他抱憾而终，他的人生因从出生开始就卷入的冲突而蒙上了阴影。他无疑会成为比他父亲更为强大的国王，但鉴于他的暴力行为和不稳定的成长环境，他的"力量"会如何表现出来，他会如何在一个充满了严重分歧和仇恨的时代进行统治仍旧是耐人寻味的问题。他会带来和平，还是会造成更多的战争呢？

＊＊

此时的英国王室血统已经濒于断绝了。拥有合法继承权的兰开斯特家族成员全都死了。私生子博福特一脉也被尽数消灭了；[28] 唯一的幸存者是第一任萨默赛特公爵约翰的女儿玛格丽特·博福特及她和埃德蒙·都铎的 14 岁的儿子亨利。没人把他们放在心上；此外，兰开斯特一脉的王位继承权只基于男性世系来继承——正如我们在前面所说的，如果女性继承权也被纳入其中，那么约克一派的继承权会更稳固——因此，玛格丽特·博福特或者亨利·都铎如果要通过他们的母亲来要求继承王位，那就是自相矛盾和自掘坟墓。

约克一派的情况几乎同样糟糕：爱德华四世有两个健在的弟弟和三个年纪尚幼的女儿，而此时他的两个弟弟都还没有孩子。但在最黑暗的时刻，约克王朝迎来了一丝曙光。在国王逃亡期间一直待在威斯敏斯特修道院避难的爱德华之妻伊丽莎白·伍德维尔——日复一日地，她难以确定自己会成为王后还是逃亡者，会成为妻子还是寡妇——生下了一个儿子。

注释

1. Grafton, *Hist.*, vol. I, p. 651.
2. 引文出自皮埃罗·达·蒙特（Piero da Monte），他是被派往亨利六世王庭的教皇使者，他非常了解国王；此句中标出的强调内容是笔者标注的。关于亨利的节欲和/或性行为，包括对达·蒙特的看法，参见 Lewis, K., *Kingship and Masculinity in Late Medieval England* (Oxford: Routledge, 2013), pp. 198–202。

3. 更多关于爱德华出生情形的讨论，参见 Ross, J., *Henry VI: A Good, Simple and Innocent Man* (London: Allen Lane, 2016), pp. 22–25。
4. Grafton, *Hist.*, vol. I, p. 655.
5. 参见第八章。
6. 玛格丽特掌权一事得到了普遍认可，因为她是代表她丈夫和儿子的利益行事的；正如我们在第二章讨论皇后玛蒂尔达和王后布洛涅的玛蒂尔达时所见的，只要论及的女性是为了一名男性亲属行使权力，而非为了她自己，那么女性掌权就是可以容忍的。
7. 关于托顿之战的进一步参考，参见第八章的注释33。
8. Gregory, p. 217.
9. 出自爱德华的议会法案，译文见于 Lander, J. R., *The Wars of the Roses* (Stroud: Sutton, 1990), p. 98；其中标出的强调内容是笔者标注的。
10. Ross, *Henry VI*, p. 92.
11. 勃艮第公爵的官方史学家乔治斯·夏特兰（Georges Chastellain），引自 Lander, *Wars of the Roses*, p. 108。
12. 查理七世于1461年7月去世，由他的长子继位，即路易十一世。结果证明，路易在欧洲政治中是一股令人敬畏的力量，正如他的各种绰号所证明的："精明者""狡诈者"和"万能的蜘蛛"。
13. 出自被派往法兰西的米兰大使所写的家书，引自 Lander, *Wars of the Roses*, p. 110。
14. Sir John Fortescue，引自 Griffiths, R. A., "Edward of Westminster, prince of Wales", ODNB。
15. 这场婚姻非常离谱，甚至有人评论道，"就政治角度而言，与其说是不合适的，不如说是不可思议的"。Castor, *She-Wolves*, p. 386.
16. Gregory, p. 226.
17. 理查·内维尔和他的妻子安妮·比彻姆（Anne Beauchamp）没有儿子，因此沃里克这一头衔会传给他的长女伊莎贝尔，领地会在伊莎贝尔和她的妹妹安妮·内维尔之间平分。这将在她们的母亲，而非她们的父亲去世后实行（至少在理论上是这样），因为安妮·比彻姆是凭借自己的权利而成为沃里克女伯爵的。

18. Grafton, *Hist.*, vol. II, p. 22.
19. Grafton, *Hist.*, vol. II, p. 22.
20. 关于巴尼特之战的更多内容，参见 Cass, F., *The Battle of Barnet* (London: British Library Historical Print Editions, 2011); Clark, D., *Barnet, 1471: Death of the Kingmaker* (Barnsley: Pen and Sword, 2006); Hammond, P. W., *The Battles of Barnet and Tewkesbury* (London: St Martin's Press, 1990)。
21. Grafton, *Cont.*, p. 459.
22. Grafton, *Hist.*, vol. II, p. 42.
23. 关于这场交战更详细的信息，参见 Hammond, *Battles of Barnet and Tewkesbury*; Goodchild, S., *Tewkesbury: Eclipse of the House of Lancaster 1471* (Barnsley: Pen and Sword, 2005); Gillingham, J., *The Wars of the Roses: Peace and Conflict in Fifteenth-Century England* (London: Phoenix Press, 1981), pp. 202–207。
24. *Arrivall*, p. 30.
25. Grafton, *Hist.*, vol. II, p. 42.
26. Grafton, *Hist.*, vol. II, p. 43.
27. *Arrivall*, p. 31.
28. 卷入15世纪的王朝战争让博福特家族付出了惨重的代价。简明扼要地说：第一任萨默赛特公爵约翰死于疾病或者是自杀。他的弟弟在1455年被杀于圣奥尔本斯；埃德蒙的长子亨利在1464年的赫克瑟姆之战后被处以极刑；亨利的弟弟埃德蒙和约翰在1471年于图科斯伯里分别被处死和被杀。还有更多的贵族遭受了自诺曼征服以来从未体会过的痛苦：吉林厄姆（Gillingham）指出，在1455—1471年间，有26位贵族被杀，还有13位被处死，而爱德华三世的6名男性世系的后裔都因暴力行为而亡（Gillingham, *Wars of the Roses*, p. 217）。

第十章

爱德华五世、米德尔赫姆的爱德华和沃里克的爱德华

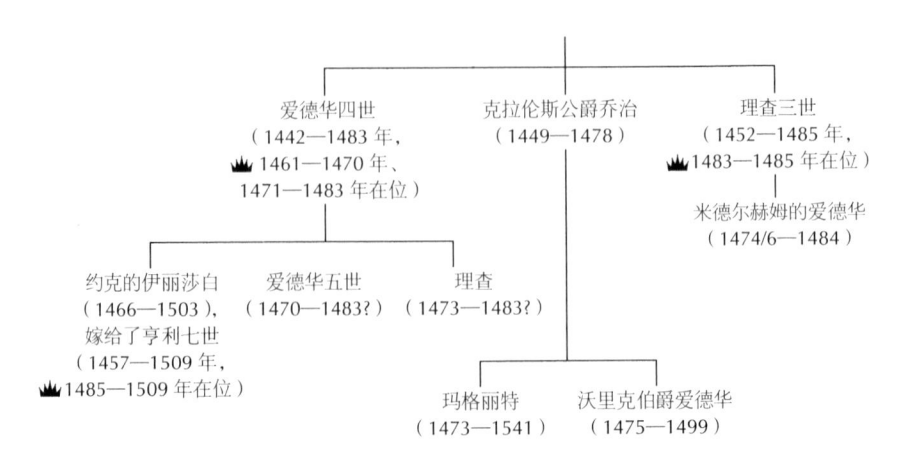

```
                    ┌─────────────────┼─────────────────┐
              爱德华四世          克拉伦斯公爵乔治         理查三世
           （1442—1483年，        （1449—1478）      （1452—1485年，
      👑 1461—1470年、                            👑 1483—1485年在位）
          1471—1483年在位）
                                                   米德尔赫姆的爱德华
                                                   （1474/6—1484）
    ┌──────────┬──────────┐
 约克的伊丽莎白  爱德华五世    理查
 （1466—1503），（1470—1483?）（1473—1483?）
 嫁给了亨利七世
 （1457—1509年，
 👑 1485—1509年在位）
                                 ┌──────────┬──────────┐
                              玛格丽特      沃里克伯爵爱德华
                            （1473—1541）   （1475—1499）
```

至 1471 年夏天，尘埃落定。爱德华四世再次稳坐王位，世上已经没有对手了；他拥有一个儿子和继承人，这个孩子是在 1470 年 11 月出生于避难所的。这个小婴儿以其父亲的名字命名为爱德华，他的未来似乎得到了保障。对于国王来说，一切顺利；接下来 10 年，他的统治平静且丝毫没有威胁，他的王后又给他生了两个儿子——1473 年 8 月出生的理查和 1477 年出生的乔治——能够确保王位继承了。不幸的是，乔治在两岁的时候就去世了，但爱德华拥有一个大家族，包括两个

第十章 爱德华五世、米德尔赫姆的爱德华和沃里克的爱德华

儿子和6个女儿，对于君主而言足够了。他还有两个弟弟，他们两人在15世纪70年代中期各自有了儿子，因此几乎难以想象约克王室会被取代。然而，中世纪将面临最后一次王权激变，而小爱德华正处于激变的中心。[1]

与爱德华地位相称的是，他很早就满载荣耀了。仅仅7个月大的时候，他就被封为威尔士亲王和切斯特伯爵；同时，议会宣誓尊他为王位继承人。还建立起了一个委员会，负责照料他的各项事务，但这却成了会发生某些事情的征兆，因为该委员会由4个水火不容的人负责：爱德华的母亲王后伊丽莎白；她的大哥安东尼·伍德维尔，此时是里弗斯伯爵（earl Rivers）；国王的两个弟弟克拉伦斯公爵乔治和格洛斯特公爵理查。首先，他们会负责管理爱德华的府邸和资产，直至其14岁为止；尚不清楚是故意做出这种与众不同的安排，还是仅仅为了宣告王子成年的年龄，我们可能永远也无法得知了。之后变得至关重要的一个因素是，尽管爱德华的各项事务是由委员会监管的，但他的个人监护只委托给了一个人，就是他的舅舅里弗斯伯爵安东尼。里弗斯负责培养和教育王子，可以用他的名义来行使王室权威。这是个非同寻常的安排：通常而言，这种权威应该被赋予拥有王室血统的男性，而非一个母系亲属。但和此前一样，庞大的伍德维尔家族对国王的影响很大。

爱德华和他那个尚在襁褓中的弟弟理查于1475年5月被封为嘉德骑士，爱德华的地位得到了进一步的认可，在爱德华四世于1475年6月前往法兰西时，他被指定为"王国监管人"——实际上，这个头衔显然是名誉性的，因为当时他仅仅4岁，可这表明了权力的走向，与去世已久但备受尊崇的"黑太子"所拥有的地位类似。

1476年，在快要6岁的时候，爱德华将自己的府邸搬到了勒德洛。

当然，这里就是他的祖父在 1459 年逃亡时的地方，但它也是威尔士边界区的一个关键据点，长期以来一直为这个家族所有，其目的在于将王权血统辐射到边境地区。就行政管理角度而言，这种迁移是个好主意，因为爱德华四世不可能同时待在每一个地方；他主要住在伦敦和南方，而他的儿子和继承人在西方，他的弟弟格洛斯特的理查在北方，这样就能通过可靠的代理官来维持他的权威了。然而，这种安排实际上造成了连锁反应，就是让小爱德华完全远离了王庭，远离了父母，也远离了国王的家人：在青少年的成长时期，他一直处于安东尼·伍德维尔的监护下。

1478 年，爱德华的叔叔克拉伦斯公爵乔治的倒台可能并没有太多地触动他——我们将会在本章稍后的部分更为详细地讲述——无论大家族里发生了什么巨变，他都继续接受自己的教育。罕见的是，我们确实能从当时制订的有关管理其府邸的条例中了解到一些关于他的日常行程的详细内容。在起床之后，他会在自己的房间里聆听晨祷，接着是和家臣一起吃早餐和做弥撒。然后是上课——"他这个年纪的人此时应接受的道德品行教育"——其他餐食、"玩耍和运动"及消遣活动都被安排进了时间表。[2] 当爱德华忙于学习课程和练习剑术时，关于他婚事的商讨开始了。爱德华四世不想让他的儿子犯下和自己一样的错误；他要寻找一个能带来国际政治优势的外国新娘。有很多关于婚配的提议，包括和西班牙、米兰及勃艮第的联姻，但最重要的候选人显然是布列塔尼公国的女继承人安妮；1481 年缔结了婚约，当时双方分别是 10 岁和 4 岁。[3]

1483 年 4 月，爱德华在边界地区的平静生活被打破了，当时他的父亲突然出人意料地去世了，就在过完 41 岁生日之后不久。[4] 继承他的人选是毫无疑问的，问题是由新国王的年龄引发的。如果爱德华四世活到 50 岁——并非不合理的设想——他的继承人就会是 20 多岁；哪怕他成功地活到 45 岁，他也能将王位留给 17 岁而非 12 岁的国王，这是非常不同的。但他放荡的生活产生了不良影响，而英格兰将会承担后果：又出现了一位未成年国王。

当消息传来时，爱德华正身处勒德洛，他立即被称颂为爱德华五世。他成为众所周知的爱德华五世以及被纳入英国君主名录这件事，表明了数个世纪以来王位继承的程序是如何演变的。正如我们前面所说的，在盎格鲁-诺曼时期和金雀花王朝初期，加冕礼是最为重要的，直到王冠被戴在头上和涂油，继承人才会成为国王。如果"是前任国王的长子"或者"是被指定的和公认的继承人"是即位的必要条件的话，那么英格兰在 1087 年就会有一位罗贝尔国王，在 1135 年就会有一位玛蒂尔达女王了。但事实并非如此。在爱德华五世之前第一位以这种方式获得认可的英国君主是爱德华一世，在他父亲去世时，他正在进行十字军东征，直到一年后才返回英格兰。如果他在此期间去世了，那是否还会被称为"爱德华一世"就值得商榷了，但在已经有了为人认可和支持的先例的情况下，当然没有人会试图在继承人不在场的情况下自立为王，就像 1100 年亨利一世和 1135 年斯蒂芬所做的那样。至 15 世纪晚期，"长子"和"公认的继承人"的双重身份已经足以让小爱德华成为爱德华五世了，即便他还没有——且永远不会——加冕。

然而，在 1483 年 4 月，还没有人会知道这件事，在听说父亲去世时，爱德华的加冕礼就已经准备就绪了。因此，他在舅舅里弗斯伯爵和同母异父的哥哥理查·格雷（伊丽莎白·伍德维尔的第一段婚姻所生的两个儿子中的小儿子）的陪同下从勒德洛出发，前往伦敦。格雷和他的哥哥托马斯——此时正在伦敦陪在伊丽莎白身边——都比爱德华五世大很多岁，此时分别大约是 28 岁和 26 岁；他们是容易引发危险的，就像亨利六世同母异父的都铎兄弟那样，除了和国王同母异父的关系之外，他们没有任何前途，因此可能会为了获得更多的利益铤而走险。

正是在这个紧要的时刻，伍德维尔家族和仅存的约克王室成员，即格洛斯特的理查之间酝酿的仇恨和冲突变得越发明显起来。其中令人担忧的是——不仅格洛斯特，其他人也在担忧——伍德维尔家族和格雷家族这两个没有王室血统的新贵在新政权中会发挥多大的影响力；此时，他们是正陪伴在新任国王身边的主要顾问成员。理查立刻主动出击。他一直待在北方，听说他哥哥去世的噩耗时，也赶往了伦敦。他在白金汉郡的斯托尼斯特拉特福德（Stony Stratford）碰上了他侄子的人马，立即就逮捕了里弗斯和格雷，声称他们正在密谋武力夺权。[5] 他将他们带到了自己位于约克郡的腹地，宣布他会亲自护送爱德华前往伦敦。"因此，"（有位后来非常偏袒都铎的作家说道），"新国王和他的王室忠仆分开了，成了落入狼群之手的无辜羔羊。"[6]

理查的怀疑合理吗？诚然，他所采取的行动鲁莽且仓促，但就某种程度而言，这个问题的答案为"合理"，在伦敦发生的事件证明了这一点。在国王去世的时候，伊丽莎白王后及其长子多塞特侯爵托马斯·格雷一直在场，因此当消息还在传往北方和西方的时候，他们有更多的时间来筹划下一步行动。他们所做的事情之一就是试图影响王室委员会。国王的遗愿在他死后就不再具有法律约束力了，但在得知爱德华四世于临终之时给他的遗嘱加上了一条附加条款，即指定他的弟弟理查为小爱德华的监护人的情况下，还是有些人觉得应该将其付诸实施；或者至少，他们应该等理查到了伦敦再进一步讨论这件事。然而，伊丽莎白一派否决了这种想法，多塞特指出，"我们足够权威，因此就算没有国王的叔叔，我们也可以做出并执行这些决定。"[7]

在此期间，在斯托尼斯特拉特福德，理查不得不亲自面对爱德华，向他讲述自己罢免他那些最为亲近的顾问的原因。他陈述了自己的原因：这些人一直在怂恿爱德华四世放纵地生活，导致他年纪轻轻就去世了；他们会以同样的方式影响爱德华四世之子；他们密谋反对理查，暗中策划杀了他；他们想要推翻已故国王的遗愿，也就是让理查代小爱德华行事的遗愿。他得到了强烈的回应：

> 这位年轻人除了具有天赋和令人印象深刻的学识外，还和他父亲一样具有高尚的精神，他回复称，只会任用那些他父亲给予他的大臣；他认为，凭借其父亲的审慎，给予他的一定是优秀且忠诚的人。他没有发现他们有任何的邪恶之处，除非能证明这一点，否则他希望能放过他们。至于王国的管理事宜，他完全信任王国的贵族们和王后。[8]

对此有两种说得通的解释：要么是爱德华认为理查在撒谎，觉得理查是为了自己的利益而行事，想要告诫理查；要么是理查实际上是对的，爱德华已经完全被伍德维尔一派控制住了，让他脱离他们是非常难的。无论是哪种，看起来理查都低估了他的侄子，这也许会产生非常严重的后果。即便他现在成功地成为爱德华的摄政者，也只会持续短短的四五年——甚至连四五年都不到，如果原本的打算是在爱德华14岁的时候就宣布他成年的话——之后国王会有自己的势力；他会再次召来任何他喜欢的人来做他的顾问，他也许还会想要或者说怂恿进行报复。与此同时，如果被正式地排除在权力之外，伍德维尔一派——爱德华的母亲、同母异父的哥哥们及舅舅——有可能以非正式的方式对国王施加影响。相比理查而言,爱德华更了解的是他们,在爱德华人生的大部分时光中,理查一直待在北方,而爱德华驻扎在勒德洛。伍德维尔家族知道如何从这种影响力中获取最大利益。

当消息传到首都,说爱德华正在理查的陪同下而非伍德维尔亲戚的陪同下赶来时,伊丽莎白·伍德维尔和她的长子托马斯采取了更为直接的行动。没有协商的余地;他们打算直接出击,为武装冲突做好了准备。然而,他们并没有得到想要的回应:

> 当劝告某些已经来到这座城市的贵族和其他人拿起武器时,他们发现这些人不只是犹豫不决,而且全都对他们充满了敌意。有些人甚至公开说,让年轻的君主和他的叔叔而非舅舅及同母异父的哥哥们在一起是更合理和更有益的。[9]

庞大的伍德维尔家族在过去 20 年来的大部分时间里所掌握的权势已经引起了人们的注意,他们不怎么受欢迎。鉴于这种策略无法奏效,伊丽莎白和多塞特、她的女儿们及小儿子理查(此时当然就是王位的假定继承人)逃到了威斯敏斯特的避难所——小爱德华就是在 12 年前出生在这里的。时年 9 岁的理查一直和哥哥爱德华分开生活,但在这场王朝游戏中,他无非也是枚棋子。此时,他是个鳏夫:5 岁的时候,他就和已故的诺福克公爵唯一的女继承人 4 岁的安妮·莫布雷(Anne Mowbray)结了婚,成了诺福克公爵、瓦伦纳伯爵和诺丁汉伯爵,此外他自己还拥有约克公爵的头衔,他不到 7 岁就离开了王室育婴室。安妮在两年后就去世了,因此,理查能再次在婚姻市场上被利用起来了。此时，只要他能一直和他的哥哥爱德华分开，并处于伍德维尔的控制下，他在王权游戏中的价值就是难以估量的。

爱德华和他的叔叔于 1483 年 5 月 4 日到达伦敦。原定于该日举行加冕典礼，但鉴于需要些时间才能将这个消息传达给小国王，他还得在路上花些时间，因此在仅仅三个星期内就规划好典礼一定是费劲儿的。加冕典礼需要重新安排。在此期间，不出所料，格洛斯特的理查被指定为爱德华未成年期间的监护人——一般而言，这并非什么了不起的任命，因为王室的叔叔们之前就曾担任过（冈特的约翰是理查二世的监护人，而贝德福德公爵约翰则是亨利六世的监护人）；如果说要有一个监护人的话，他必定得是王室一脉中的成年男性，理查是唯一合理的人选。

此时，加冕典礼定于 6 月 22 日，爱德华住在伦敦塔里等待着。我们应该在此处指出，这完全是正常的程序：伦敦塔里有属于王室的房间，在加冕典礼之前，国王通常会住在这里，从这里出发前往威斯敏斯特教堂。然而，爱德华一定很担忧，或者至少感到惶恐，因为他的母亲和兄弟姐妹都躲到了避难所里，没有来迎接他。

事情急转直下，也许是太过急转直下了，对于一个茫然、失去了亲人和压力之下的小男孩来说，还难以理解正在发生的事情。简言之，格洛斯特的理查似乎丧失了理智。也许是他意识到了逮捕里弗斯和格雷是个错误，他低估了爱德华；也许是他惊慌失措了，想要找到一种方法来巩固自己的地位；也许是他一直在这么谋划着。6 月 10 日，他写信给自己在北方的拥护者，寻求支援，3 天后，他逮捕了已故的爱德华四世的主要盟友们，甚至在没有指控或者审判的情况下就立即处决了其中一人。

结果证明，6月16日采取的行动是关键性的。年迈的坎特伯雷大主教，也就是红衣主教鲍彻（Bourchier）被派去劝说伊丽莎白·伍德维尔，让她的小儿子离开避难所，去和伦敦塔的哥哥会合。根据某位（后来的都铎）编年史家所说，为了支持这一提议，他提出了几项论据："她一直将国王的弟弟留在那个地方看起来不仅强烈地引发了民众的怨愤［……］而且令国王感到悲伤和不快，对国王来说，让他的亲弟弟陪伴在旁是唯一的安慰。"[10] 甚至较为中立的曼奇尼也提到了对王后施加的压力："他［红衣主教鲍彻］说，将这个男孩子留在避难所里违背了他自己的意愿，应该把他放出去，因为这座避难所是由他们的祖先建立的，是用作避难，而非监禁的，这个男孩想要和他的哥哥在一起。"[11] 无论大主教是否是出于真诚才这么说（并没有理由认为他不真诚），无论是负罪感还是暗含的暴力威胁发挥了诱导作用，伊丽莎白都顺从了：理查离开了威斯敏斯特教堂，被带去和待在伦敦塔的王室房间里的爱德华会合。

这当然是一次巨大的战略失误——更不用说所导致的个人悲剧了——不过，我们也许能理解和体谅，因为此时的伊丽莎白处于几乎无法冷静思考的境地。小理查自己不太可能完全理解将要发生的事情；也许他渴望着脱离避难所里无聊的禁闭生活，和他的哥哥一起，有机会在新鲜的空气中四处奔跑。这必然只是推断，但在夏初时，有人看到两个男孩子在伦敦塔的空地上玩耍和练习射箭，人们并没有意识到他们的命运已经注定了。被关在伦敦塔里的亨利六世多年来还活着的唯一原因就是他的儿子和继承人依旧在逃，一直和他分隔两地；伤害亨利只会让王位继承权传给不太容易控制的人。同样，保护爱德华的最佳方式就是让他的弟弟远离他，处于严格的监管下。但此时他们在一起了，不妙的是，另一个王室的孩子也被抓起来了："格洛斯特下令将他的另一个兄弟克拉伦斯公爵时年10岁［原文如此］的儿子带到这座城市来；并且将这个孩子监禁在他的妻子，也就是这个孩子的姨妈的府邸。"[12]

在爱德华和理查于6月16日团聚时，加冕典礼再次推迟了，这次推迟到了11月。在那之后，势头明朗了；以爱德华五世的名义处理的事务逐渐减少。接着，在6月22日，决定爱德华命运的重磅炸弹袭来：他彻底不是国王了。

格洛斯特的理查至少是从两个方面双管齐下地散布抨击爱德华地位的信息的。第一个谣言就是爱德华四世是私生子，他根本不是约克公爵之子。这种流言蜚语在15世纪70年代一直在传播，当时沃里克伯爵和克拉伦斯公爵一直在试图败坏他的名声——但几乎每一个在国外出生的王子实际上都经历过类似的传言。此时传播这种谣言很可能没有太大用处，首先这是个旧传言，其次，这使理查处在了公开侮辱（此时仍旧健在的）母亲的两难处境中，也就是在宣称她犯了通奸。[13] 但顺利的是，恰在此时人们有了额外的"发现"，即爱德华四世和伊丽莎白·伍德维尔的婚姻是非法的，因此他们的孩子是没有王位继承权的私生子。

事实证明，这种说法具有惊人的合理性。众所周知，爱德华四世曾经是个风流成性的人——他所拥有的情妇和公开承认的私生子就是明证——公开的记录显示，他和伊丽莎白·伍德维尔是秘密结婚的，直到几个月后才揭露这件事。鉴于缺乏政治优势，因此，结婚的原因被归结为私人性的：除非结婚，否则伊丽莎白不会和他发生性关系，而她得偿所愿了。然而，据说［尤其是据巴斯和威尔斯（Wells）主教所说］实际上爱德华在和伊丽莎白结婚之前，还和另一个女人有过类似的安排——鉴于他的名声，人们很容易对此深信不疑——因此，他和伊丽莎白的婚姻是重婚，他们的孩子是私生子。私生子是没有继承王位的权利的。

当然，揭露的时机极为适当。虽然并不能完全排除会出现巧合，但这一发现似乎是格洛斯特的理查的政治权宜之计。一旦"秘密"被公开，事态实际上就急转直下了。6月22日，一次公开进行的布道散播了这一消息，并提醒公众私生子是无法继承的。要重申的是也要剥夺已故的克拉伦斯公爵的继承人的公权（否则，按照继承顺序而言，相比于理查，克拉伦斯公爵的儿子和女儿会拥有优先继承权，这一点我们将会在本章稍后的部分重新讨论）。因此，王位就给了理查，6月26日，他在威斯敏斯特坐上了国王的宝座——就是他父亲在1460年触摸过但未能带回的那个宝座——正式成为理查三世。

除了眼睁睁地看着周边的整个世界土崩瓦解，小爱德华束手无策。打击接踵而至：他可能还残留着希望，觉得这都是一场噩梦，他的叔叔会被阻止，但当7月6日理查及他的妻子安妮被加冕为国王和王后之时，一切都破灭了。[14] 也许大约在此时，他得知了自己的舅舅里弗斯伯爵安东尼·伍德维尔和同母异父的哥哥理查·格雷已经于6月25日在约克郡被处死了。就算他之前没有担心过个人安全，此时他也一定开始感到害怕了。

7月末，有人试图将爱德华和理查解救出伦敦塔，但没有成功。公开的犯罪嫌疑人都只是地位低下的人，但有理由怀疑是地位更高的人在背后指使的。从那时起，人们看到两个男孩子的次数就变得越来越少了：他们不能在空地上四处走动，只能待在室内；他们看起来只能待在有栅栏的窗户后面；之后，他们就再也没有出现过。至9月，反对理查三世的人开始聚集到一个意料之外的人物——亨利·都铎周围，这表明爱德华和理查已经死了，或者至少人们认为他们已经死了。

***

那么，发生了什么呢？数个世纪以来，对于这两个男孩子，也就是众所周知的"塔中王子"的命运，人们进行了大量的推断，但都没得到证实。然而，为免让已经看到这里的本书读者大失所望和找不到任何可能的阐释，我们将会进一步做出推测。笔者认为，爱德华和理查是被谋杀了，谋杀应该是发生在1483年夏末或者秋天的某个时候；谋杀者是按照理查三世的命令行事的；理查三世这么做的动机是出于担忧——这并非他最初的计划，但他让自己陷入了显然只能孤注一掷的处境中。

格洛斯特的理查曾经是他的哥哥爱德华最为忠诚的代理官。他经历了统治时期的起起落落——无论是在战斗中获胜的时期，还是逃亡的时期——从未让国王失望过。也许，环境不同的话，他会继续对他哥哥的儿子保持同样的忠心。然而，因伍德维尔家族，情况变得复杂了：他们对爱德华四世产生了很大的影响——对理查而言是不利的影响——有可能对爱德华五世产生了大得多的影响。这个孩子自记事时起，一直处于里弗斯伯爵安东尼·伍德维尔的照顾下，谁能说里弗斯没有给小爱德华灌输有关他自己家族的正面信息和反对理查的负面言论呢？多年来，伍德维尔家族的财富和影响力一直在增加，但他们没有完全控制住爱德华四世；然而，他的突然离世让他们有了完全操纵爱德华五世的机会，可以按照有利于他们的方式来统治英格兰了。这条路上的唯一阻碍就是格洛斯特的理查。不仅是因为他会努力为金雀花的利益着想，而且领主们和大众都期望他这么做，并将这视为合情合理的做法——他是已故国王唯一还在世的弟弟，也是唯一成年的王室男性。因此，对抗的舞台已经搭好了，但代价太高了，只有一方消灭另一方才能解决这件事情。这就是恐惧的来源——也是笔者的观点所在。

7岁的时候，理查和他的母亲及哥哥乔治坚守在勒德洛，独自面对即将到来的王室大军，而他的父亲、另外两个哥哥、叔叔和堂兄弟都逃跑了。他可能会遭到士兵们的袭击——被处决、被碎尸万段，身为孩子的他会想象出任何结果。尽管他确实逃过一劫，但那天令人难以想象的强烈恐惧可能一直萦绕着他。此时，他已经长大成人，可以自己作战了，但他也有个儿子，名为爱德华，这个孩子和经历了那灾难性一天的理查年龄相仿。如果伍德维尔家族想要除掉理查，他们也会灭掉他的继承人。一想到残忍的伍德维尔势力会逼近独自待在米德尔赫姆的小爱德华，理查就难以承受，也许会引发他的惶恐，进而导致他走上不归路。幸运的是，我们中的大多数人都不会面临这种问题，但是如果要在谋杀你的侄子和让其他人来谋杀你自己的儿子之间做出直接选择时，你会怎么做呢？

理查最初也许并不打算篡夺王位。他也许认为，只要将爱德华五世和伍德维尔家族的顾问们隔离开，一切就会彻底稳定下来，爱德华会在他叔叔的指导下进行统治。但理查完全低估了他侄子的性格和他所受到的影响：就本质上而言，爱德华并不是金雀花家族的，而是伍德维尔家族的。

逮捕里弗斯和格雷让理查自己处在了进退两难的境地：只要爱德华成年，他就会释放他们，并且进行报复，很可能不只会让理查赔上自己的性命，还有他儿子的性命。这就导致了下一步：就像之前他父亲那样，在任凭对敌人言听计从的国王摆布的情况下，他永远不会觉得自己安全，*因此*，唯一能够获得安全的方式就是自己夺得王位。这让他采取了极端的做法，永远无法回头了。[15]

其中的第一步就是推迟加冕礼。尽管爱德华已经被正式称为"爱德华五世"，但他仍旧只是被视为角逐王位者，因此也许会出现其他对手；一旦他加冕和受膏，情况就不同了。接着，理查必须找到一个爱德华并非合法国王的理由——以及理查是合法国王的理由。最终，他必须将王冠戴在自己的头上。

这一切几乎都非常轻松地就实现了，在1483年7月6日的加冕礼之后，国王理查三世可以庆祝自己的成功了。但还有最后一个问题：如何处理爱德华和他的弟弟？在这一点上，我们的推测必然会变得更天马行空，但是我们将坚持下去。理查从来没有拿出这两个男孩子还活着的证据来驳斥说他们已经死了的谣言——同样，他也没有拿出他们已经死了的证据来驳斥说他们仍旧活着的谣言。后者有助于镇压以他们的名义发起的叛乱（例如，正是出于这种原因，亨利六世的遗体才在死后被展示出来的），而这无疑证实他要为他们之死负责。在这个年代，童年和成年之间的界限并非完全固定，尤其是在涉及王室时，但看起来在17岁死于作战（比如，拉特兰的埃德蒙和兰开斯特的爱德华之死，虽然令人难过但至少还是可接受的）和12岁死于昏暗的房间里之间是界限分明的。

理查面对的主要问题是小爱德华本身并没有罪。之前被罢黜的英国国王——爱德华二世、理查二世和亨利六世——都被指控为暴虐、治理不善，或者（往好了说）是非常无能，甚至让国家陷入危难中；因此，这些被罢黜者之死都没有产生任何有害影响。实际上还是有利的，因为不会到处出现冒牌货。对于理查三世而言，情况相当不同，无论怎样，他都会被指责：如果他证实这两个男孩子已经死了，那么一定会出现很多说他是谋杀孩子的凶手的言论；而如果他不证实，那么他就得面对反复以他们名义发起的叛乱。

就其个人经验而言，理查认为如果有两位还健在的国王，那王国可能会陷入混乱之中；在亨利六世于 1470 年被带出伦敦塔的时候，他就被迫和他哥哥国王爱德华一起逃亡海外。亨利一直住在那里，因为没人想要杀掉他。对于这种情况，唯一切实可行的解决方法一直都存在，但并不会自行发生。如果爱德华五世是独自一人，那也许就能成功宣告他是自然死亡的了，但两兄弟突然离世——因为只除掉其中的一个而不除掉另一个是没用的——太过令人难以置信了。必定采取了一些措施，不过，国王究竟有多不愿意采取这些措施将永远笼罩在迷雾之中了。

爱德华和理查很可能是在 1483 年夏末或秋天死于伦敦塔的，当时分别是 12/13 岁和 10 岁。[16] 在所有关于政治和王位的讨论中，很容易忽视的事实是处于这一切中心的是一个惊恐的少年；也就是说是个孩子。对于爱德华来说，这一定是段泰山压顶、悲不自胜的时期。他学习过历史，知道被罢黜的国王会怎么样。他的父亲死了；他的舅舅里弗斯，也就是他整个人生中所熟知的保护人也死了；还有谁能帮助他呢？他被监禁了，惶惶不安，也许还承担着额外的责任，努力让他的弟弟保持乐观，让他远离最糟糕的情况。

我们所知的最接近当时爱德华情况的描述出自其个人医生（他将相关内容告诉了多米尼克·曼奇尼），其中表明爱德华知道了，或者说至少猜想到了他既定的命运：

内科医生阿根提纳（Argentine），也就是最后一个服侍国王的仆从声称，年轻的国王就像一个准备好了牺牲的受害者，每天都在为自己的罪而祷告和忏悔，希望得到宽恕，因为他认为死亡将会降临于他。[17]

他显然是对的。

＊＊＊

随着此时的理查三世登上王位，英格兰有了一位新的王室继承人：他唯一的儿子爱德华，也就是众所周知的米德尔赫姆（他的出生地）的爱德华。关于他的情况，我们知之甚少：奇怪的是，对于一位威尔士亲王来说，我们甚至不知道他的出生日期，他可能是在 1474 年或者 1476 年出生的。

正如我们之前所说的，理查所采取的行动中可能有很多或者说绝大部分都既是为了他儿子，也是为了他自己，他一加冕为王，就立即宣布了爱德华的继承人身份。他的愿望自然是由他的儿子继位，但他也非常清楚光有愿望是不够的；支持国王指定的继承人的承诺也可能没人理会，实际上早在 1135 年——当时亨利一世要将王位传给他的女儿玛蒂尔达的愿望就被漠视了——以及更近一些的前一年，也就是理查自己就证明了这一点。

因此，1483 年 8 月，爱德华被封为威尔士亲王，当时他差不多介于 7 岁到 9 岁之间。英格兰的领主们"宣誓效忠于理查三世唯一的儿子爱德华，如果他的父亲发生什么事情的话，将奉他为至高无上的君主"，[18] 还拟定了在约克，也就是最支持理查的地方举行正式册封仪式的计划。9 月 8 日，在约克大教堂（York Minister）举行了册封仪式，典礼和宴会持续了 4 个多小时。[19] 之后，爱德华返回了米德尔赫姆，而没有陪着他的父母返回伦敦；也许理查的计划是通过将王子的府邸安置在那里来稳固北部，基本上就像爱德华四世为稳定西部而将他的儿子安置在勒德洛那样。1484 年 2 月，议会认可爱德华为王位的法定继承人。[20]

然而，仅仅两个月后，理查的计划就落空了：

> 不久之后，人们就清楚地表明，如果想要在没有上帝的情况下安排自己的事务，那他们的计划会变得多么徒劳无用。接下来的［1484 年］4 月，也就是快到国王爱德华四世的忌日时，这个唯一的儿子——从诸多的宣誓誓言来看，他被倾注了所有继承王位的期望——在得病不久后就于米德尔赫姆城堡去世了。接着，你会看到待在诺丁汉的父亲和母亲收到这个消息时，突如其来的悲痛让他们几乎都丧失理智了。[21]

上面提到的爱德华四世的忌日——及关于他的儿子们的隐晦提示——和理查"在没有上帝的情况下"行事的观点，清楚地表明，至少在这位同时代人看来，这件事情的发生是神的审判。但理查和安妮的悲痛是千真万确的，尤其是在出乎意料地失去亲人的情况下。爱德华的早逝引发了对他整体健康状况的猜测，他常常被称为"体弱的"，但这一点并没有确切的或者同时代的证据（例如，对于爱德华的健康状况能否承受住令人筋疲力尽的 4 个小时的册封仪式，并没有人做出评论）。这种看法似乎是后见之明，因此就形成了一个循环论证：他年纪轻轻就去世了，因此他一定是体弱的；他是体弱的，所以他英年早逝了。但就算是健康的孩子也会以惊人的速度生病和死亡，爱德华也许就是其中之一。

失去儿子不仅对理查个人而言是个毁灭性的打击，而且是场政治灾难。他为了登上王位而努力奋斗，可能还杀了人，而此时他根本没有拥有自己血脉的继承人了。自与他同名的理查二世以来，还没有国王在没有孩子的情况下去世——那种情况当然不会有什么好结果。

理查已经时日无多了，但他自己并不知道。此时，对他的强烈反对让亨利·都铎本来还值得怀疑的王位继承权变得更加稳固了，亨利·都铎发动了入侵，在1485年8月的博斯沃思之战（Battle of Bosworth）中击败并杀害了国王，并自封为亨利七世。[22]

***

亨利七世的王位继承权是尤为薄弱的，因此他需要尽可能地以各种方式巩固自己的地位。他率先采取的步骤是迎娶约克的伊丽莎白，也就是爱德华四世和伊丽莎白·伍德维尔的长女，这样一来就让自己（以及他计划生下的继承人）获得了某些约克派的信赖。然而，约克派中还有最后一个处于继承序列的男性。

沃里克伯爵爱德华是克拉伦斯公爵乔治和妻子伊莎贝尔·内维尔之子；他的祖父是约克公爵理查，外祖父是"造王者"沃里克伯爵理查·内维尔。他出身尊贵，但他的地位因其父亲不可靠的行为而遭到了严重削弱。克拉伦斯的乔治曾经对每个人来说都是危险人物。他长相帅气，用一位同时代人的话来说，"他拥有出众的口才，以至于他下定决心做的事情，看起来没有一件是做不到的"；[23] 尽管从表面上看，他具有能吸引人的个性，但他根本没有政治敏锐性。他的哥哥登上王位时，他才12岁，他一直被视为王位继承人，直到爱德华有了自己的孩子；他拥有很多的资产和头衔。然而，关键是这些都是因他哥哥的成就及其在战场上血腥的胜利才得到的；并不是乔治自己赢得的。这也许是他觉得自己很重要而自我膨胀的原因之一——总之，他希望坐享其成。

由于对爱德华不满，乔治加入了沃里克的反叛队伍，一直热衷于传播爱德华是私生子的谣言，这当然意味着他——乔治——是名副其实的国王。然而，这种说法没有太多的吸引力，正如我们前面所见，沃里克将注意力转向了兰开斯特家族。乔治一发现他居于安茹的玛格丽特的儿子爱德华之下，就叛逃回了他哥哥那里——有点儿令人费解的是，他获得了原谅并且复位了。但他仍旧对自己的地位不满，最终又一次叛变了：他被剥夺了财产和公民权，并且被判犯有叛国罪。1478 年 2 月，他被处死，但是秘密执行的，并不知道具体的方式，不过很快就有流言传开，称他是溺死于一桶葡萄酒里的。他的尸体被带到图科斯伯里，埋葬了他妻子的身旁，他的妻子于 14 个月前死于分娩并发症。[24]

克拉伦斯留下了两个孤儿：时年 4 岁的玛格丽特和就快要过第三个生日的爱德华。对爱德华的监护和对其财产的监管都交给了伊丽莎白·伍德维尔的长子托马斯·格雷。尽管他的父亲被剥夺了财产和公民权，但他仍旧是有价值的；克拉伦斯自己的资产被没收了，因而无法被继承，但他凭借妻子的权利而拥有的领地并没有被没收，因此爱德华仍旧是沃里克伯爵和内维尔家族重要财产的继承人。

当然，被剥夺财产和公民权是可以被撤销的，这取决于当时的政治形势。理查三世认识到了这一点，在他自己争夺王位时，将爱德华带到了他自己的宫廷里："他担心如果所有国王爱德华［四世］的后裔都消亡了，这个也拥有王室血统的孩子会使他陷入困境。"[25] 然而，这是监护，而非监禁：爱德华和他的姐姐玛格丽特被带到了北方，也就是约克郡的谢里夫哈顿堡（Sheriff Hutton Castle），他们所住之处与他们的地位及他们与国王、王后的关系相称。

当理查之子米德尔赫姆的爱德华去世时，他没有继承人了。然而，他不能指定沃里克的爱德华为继承人：他自己的王位继承权是基于他两位哥哥的孩子都不能继承王位这一根据之上的，因此指定沃里克为继承人也许会引发有关沃里克为什么之前不能为王的质疑。26 他做出了不同的选择；虽然没有正式的声明，但人们普遍认为，他选择了自己的外甥林肯伯爵约翰·德·拉·波列 [John de la Pole，理查的姐姐萨福克公爵夫人（duchess of Suffolk）伊丽莎白的长子]，他一直待在谢里夫哈顿，担任爱德华和玛格丽特的监护人。27

在 1485 年 8 月理查三世死于博斯沃思之时，爱德华的处境变得尤为危险了。他是约克公爵理查的男性世系中唯一还在世的孙子辈成员；他也是爱德华三世之子兰利的埃德蒙的男性世系的唯一幸存者；他还是兰利的埃德蒙的哥哥安特卫普的莱昂纳尔的后裔。鉴于他的外祖母是塞西莉·内维尔，而她是冈特的约翰的后裔，甚至有人认为爱德华是约克和兰开斯特两个家族的后裔。28 而且，据说，在亨利六世重新登位期间，通过了一项《议会法案》，如果亨利六世自己的一脉未能延续下去的话，继承权就会被授予克拉伦斯公爵及其继承人。29

有把握的是，理查三世去世了，因此亨利七世不用再担心以其前任的名义发起的叛乱，因一个时而遭到忽略的因素，他的地位进一步巩固了：玫瑰战争期间的人员损耗率非常高，以至于所有潜在的王位继承人都是孩子。他把他们聚集到一起，安置到了他那位令人敬畏的母亲的府邸中：包括克拉伦斯的孩子爱德华和玛格丽特；爱德华四世的 5 个健在的女儿；7 岁的白金汉公爵，他是爱德华三世的第五子，即最小的儿子伍德斯托克的托马斯的后裔，他通过其远亲获得了自己的继承权。30 之后，通过迎娶爱德华四世的长女伊丽莎白，亨利让自己的地位更为稳固，也更为艰难了：更为稳固是因为他此时可以凭借他妻子的权利获得继承权了，这是爱德华四世一脉地位最高的后裔；更为艰难是因为他必须让他妻子的继承权再次合法化，这样一来，他妻子的继承权就位于爱德华五世和他的弟弟理查之后了（如果他们仍旧活着的话）。对于沃里克的爱德华而言也具有潜在的影响：如果私生子身份都可以撤销，那么剥夺财产和公民权为什么不能呢？

亨利效率很高。爱德华四世的其他女儿此时都是他的姻亲了，可以被嫁出去，也可以被送去教会，这样一来就都在他的控制之下了，对小爱德华的姐姐玛格丽特来说也是这样，1487 年，她被嫁给了亨利的表亲——一个地位远低于她的男性。顺带一提，玛格丽特会活得很久，但最终成了残忍、多疑的亨利八世的受害者，他推翻了多个世纪以来的传统，毫无顾忌地处决贵族女性，即便她们是他母亲的第一代堂亲。玛格丽特一直精明地过着自己的生活，管理自己的资产，供养家人，不惹是生非，但她对天主教信仰的拥护于 16 世纪 30 年代让她再次惹人注目，这也许还提醒了亨利，她是具有王位继承权的。她没有被判犯有任何罪行就被囚禁于伦敦塔了，一直在这里待了两年半，最终于 1541 年被拖出去斩首了。她当时 67 岁，由一位候补刽子手负责行刑，"一个恶劣、浮躁的年轻人［……］简直是以最令人怜悯的方式砍断了她的头和肩膀"。[31]

亨利七世的地位随着他儿子和继承人亚瑟在 1486 年的出生而提高了，但他仍旧担心约克派的叛乱，就在同一年，时年 11 岁的沃里克的爱德华被带离了王室监护，转而被囚禁于伦敦塔中。和他的远亲们不同，他没能住在舒适的王室住所内；他的监禁环境显然是恶劣的，根据

而后的一位评论者所说,他"被禁止与人往来,连野兽都不让见,他甚至连鹅和阉鸡都分辨不清"。³²

1487年出现了一个异常的插曲。一个叫兰伯特·西姆内尔的小男孩被训练着冒充爱德华;他自称"爱德华六世",并以他的名义举事。这么做很奇怪,因为亨利通过一个简单的应急方法就阻止了叛乱的发展:他下令将"年轻的沃里克伯爵爱德华带出伦敦塔,穿过伦敦的大街小巷,直到圣保罗大教堂。这位年轻的贵族(按照命令)公开地向每个人展示了自己[……]公开地和许多贵族人士交流"。³³爱德华自己并没有卷入这个计划不周的阴谋里,因此他逃过一劫——至少暂时如此。

随着时间的流逝,亨利也许认为自己安全了,但1494年出现了一个更为严重的威胁。没有人可以明确地证明塔中王子已经死了,此时一个年轻人出现在了舞台上,声称自己是约克公爵理查,也就是爱德华五世的弟弟。到目前为止,虽然非常令人难以置信,但这个冒充者得到了勃艮第公爵的遗孀玛格丽特的大力支持——她正是爱德华四世和理查三世的姐妹,因此也就是这个年轻人的姑妈,如果他确实是他所说的那个人的话。

在亨利心里,这些要求继承王位的人多年来一直是他的眼中钉,但最终他获胜了;那个年轻人被抓了,事实证明,他是一个叫作帕金·沃贝克(Perkin Warbeck)的佛兰德斯人,终究不是约克的理查。³⁴他最初被安置在王宫里,在他试图逃跑后被送到了伦敦塔,此时,沃里克的爱德华仍旧被监禁在这里,已经度过了他的大半生。1499年,沃贝克试图越狱,爱德华也被牵涉到了这一计划中(几乎可以肯定是误会)。沃贝克被判处了死刑,同时,亨利趁机为自己除掉了最后一名约克派男性世系继承人。都铎的历史学家波利多尔·维吉尔(Polydore Vergil)对

约克王朝没什么好感,但就连他也对这个时候的爱德华充满了怜悯:

> 为什么这个不幸的男孩实际上并不是因为他自己的过错,只是因为其家族的罪行就被关进监狱;为什么他被关在监狱里这么久;最后,这个值得尊敬的年轻人究竟在监狱里做了什么应该被处死的事情[……]很多人可能都不理解。[35]

就像许多在本书中担当主角的祖先们一样,爱德华并不具备个人威胁,也没有犯罪,只是他的血统对于满腹猜忌的国王而言是危险的。因此——又像很多其他人一样——他必须得死。1499年11月28日下午3点,他被带出个人牢房,被带到塔山(Tower Hill)。他当时24岁,自8岁以来一直被监管着,自11岁以来一直被关在监狱里;他的人生全都虚度了,在他磕磕绊绊地走向垫头木并把头放在上面的时候,可能都没有意识到正在发生的事情。

刀举了起来;刀落了下来;这一系列不幸的中世纪继承人中的最后一位也死了。

注释

1. 鉴于其人生和在位时间都很短暂,且缺乏有效的证据,爱德华不出所料地成了许多学术性传记关注的研究对象;我们可以在很多关于爱德华四世和理查三世,或者更广泛的关于玫瑰战争的作品中找到有关爱德华的大部分信息。此外还有,Horrox, R., "Edward V", ODNB 和 Hicks, M., *The Prince in the Tower: The Short Life and Mysterious Disappearance of Edward V* (Stroud: Tempus, 2007)。
2. Hicks, *Prince in the Tower*, pp. 76–77.
3. 事实证明,婚礼并未举行。在1488年父亲去世时,安妮继承了布列塔尼公国;她先是嫁给了神圣罗马帝国皇帝马克西米利安一世(Maximilian I),接着(非同寻常的是）她两度成为法国王后。她嫁给查理八世之后，生下了7个孩子，但都在婴儿时期夭折了，因此王位传给了查理的第二代堂弟路易十二世；路易想要控制住布列塔尼，因而和自己的妻子离婚，并迎娶了安妮。（路易十二世的爷爷奥尔良公爵路易一世是法国国王查理五世之子、查理六世之弟。——译者注）

4. 关于爱德华四世之死的原因各执一词，包括阑尾炎、因一次钓鱼而引发的中风或肺炎等 [Horspool, D., *Richard III: A Ruler and His Reputation* (London: Bloomsbury, 2015), p. 138]。无论到底什么原因，这种病都在数日内就杀死了这位国王，但并不是突然到没时间立遗嘱和安排继承事宜的。

5. CC, pp. 155–157.

6. CWR, p. 279. 所有的中世纪编年史家在内心深处都有自己的观点和忠于的对象（就像现代历史学家一样，如果我们实话实说的话），但对1483年事件的记述尤其会陷入错综复杂的赤胆忠心和马后炮中。我们会尽可能地试图理清这些内容。

7. Mancini, p. 75. 多米尼克·曼奇尼见证了这些事件，他是一位不偏不倚的目击者。曼奇尼是一名意大利人，于1482—1483年间在英格兰游历，为维埃纳（位于法国）的大主教写了一份阐释性的报告，这份报告依旧留存于世。他在其作品中承认，曾经就某一特定问题与某位目击者或者说线人交谈过，并在没有详细信息的情况下得出了自己的结论。因为曼尼克是在事件发生不久之后写下相关叙述的（他于1483年12月完成了自己的报告），而且任何派系的成功都不会让他成为既得利益者，因此他的文本很有用，会成为本章节中我们利用的主要资料。有趣的是，曼奇尼为自己的作品所取的名字，也就是相对中立的《理查三世对英格兰王位的占有》(*De Occupatione Regni Anglie per Riccardum Tercium*) 后来被一位编辑改为《理查三世的篡位》(*The Usurpation of Richard III*)，后者显然更有负面内涵。

8. Mancini, p. 77.

9. Mancini, p. 79.

10. Grafton, *Hist.*, vol. II, p. 166.

11. Mancini, p. 89.

12. Mancini, p. 89. 实际上，克拉伦斯的儿子爱德华是在1475年出生的，年仅8岁。

13. 关于所谓的爱德华四世的私生子身份，参见第八章；以及 Pollard, A. J., *Edward*

IV: The Summer King (London: Allen Lane, 2016), pp. 10–12。

14. 理查的妻子是安妮·内维尔，也就是沃里克伯爵理查的女儿、兰开斯特的爱德华的遗孀。她的姐姐伊莎贝尔嫁给了理查的哥哥乔治，这就意味着庞大的内维尔 / 沃里克 / 索尔兹伯里遗产会在他们之间瓜分。

15. 威廉·莎士比亚将理查塑造成了一个哑剧反派，但也许最能代表他的莎士比亚对白出自另一出戏剧："我已经两足深陷于血泊之中，要是不再涉血前进，那么回头的路也是同样使人厌倦的。"(《麦克白》，第三幕，第四场）

16. 爱德华的传记作家是这样总结日期的：最后一次目击到兄弟俩还活着是在 1483 年 7 月；至 11 月，他们"在政治上都死了"(也就是说政治形势的运行与他们无关了）；至 1483 年末，他们都被认定为已经死了；1484 年 1 月，法国王庭第一次出现了有关谋杀的指控（Hicks, *Prince in the Tower*, pp. 180–181）。

17. Mancini, p. 93.

18. CWR, p. 298.

19. Horspool, *Richard III*, pp. 192–193.

20. Pollard, A. J., "Edward of Middleham, prince of Wales, 1474×6–1484", ODNB.

21. CC, p. 171; CWR, p. 298.

22. 本书是关于继承人的，而非国王的，因此在此处，我们不会详细说明亨利篡夺理查之位的过程。有很多关于理查三世和亨利七世，以及博斯沃思之战的文学作品。在 2012 年发现理查的遗骨之后，有更多新近作品详细且令人毛骨悚然地叙述了理查的最后时刻：尤其可参见 Appleby, J. et al., "Perimortem Trauma in King Richard III: A Skeletal Analysis", *The Lancet*, 385 (2014), pp. 253–259。

23. Mancini, p. 63.

24. 这是一个非常扼要的总结，克拉伦斯的人生、行为和动机远比我们在此处讨论的更为复杂。关于进一步的信息，尤其可参见 Hicks, M., *False Fleeting Perjur'd Clarence: George, Duke of Clarence, 1449–78* (Stroud: Alan Sutton, 1980)。

25. Mancini, p. 89.

26. 这类似于我们在第一章中所讨论的情况，当时亨利一世在没有婚生子的情况下也不愿意指定其哥哥之子纪尧姆·克利托为继承人，就是出于同样的原因。参见第一章。

27. 此时的约翰·德·拉·波列正值 20 多岁，他是约克公爵理查的长外孙，作为理查三世的继承人是合情合理的选择。这个家族后来因他们与王室的血缘关系而历经坎坷：约翰和他的一个弟弟在作战中被杀了，另一个弟弟被处死了，最后一个在亨利八世治下死于狱中。
28. 塞西莉·内维尔的母亲是琼安·博福特，也就是冈特的约翰和情妇（后来成了他的第三任妻子）凯特琳·斯威福德之女。这意味着爱德华只能通过拥有合法继承权的博福特一脉的女性世系来继承；但是话说回来，亨利七世也是这么做的。
29. Pierce, H., *Margaret Pole, Countess of Salisbury 1473–1541* (Cardiff: University of Wales Press, 2003), ch. 1 (n. p.).
30. 7 岁的白金汉公爵爱德华·斯塔福德逃过了这次劫难，但结果证明，他所拥有的金雀花血统终究是致命的；1521 年，在亨利八世的命令下，他被处死了。
31. Pierce, H. "Pole, Margaret, suo jure countess of Salisbury", ODNB.
32. Edward Hall，引自 Pierce, *Margaret Pole*, ch. 1 (n. p.)。某些后来的历史学家将这一点作为证据，以证明爱德华一直都有智力缺陷，但没有证据显示在消失于伦敦塔之前，他的智商低于常人，而到了伦敦塔之后，他没有再接受过教育，他的发育显然被忽视了，他甚至可能一直被单独监禁着。
33. Grafton, Hist., vol. II, p. 166.
34. 更多关于帕金·沃贝克的内容，参见 Wroe, A., *Perkin: A Story of Deception* (London: Jonathan Cape, 2003)。
35. Polydore Vergil，引自 Pierce, *Margaret Pole*, ch. 1 (n. p.)。

延伸阅读精选

传　记

"耶鲁英国君主系列"包含了详细的关于本书中提及的所有加冕国王的学术传记；参见 http://yalebooks.yale.edu/series/the-english-monarchs-series。关于所有夺得王位者的更为简短的介绍，参见最近的"企鹅君主合集"：https://www.penguin.co.uk/series/PMO/penguin-monarchs/。关于本书中涵盖的所有人，无论是加冕的还是没有加冕的，都可以参见《牛津国家人物传记大辞典》，www.oxforddnb.com。

其他书本篇幅的传记——包括本书和其他书提出的主要对象——包括：

Aird, William M., *Robert Curthose, Duke of Normandy, c. 1050–1134* (Woodbridge: Boydell, 2008)

Asbridge, Thomas, *The Greatest Knight: The Remarkable Life of William Marshal, the Power Behind Five English Thrones* (London: Simon and Schuster, 2015)

Barber, Richard, *Edward, Prince of Wales and Aquitaine: A Biography of the Black Prince* (Woodbridge: Boydell, 1996; orig. 1978)

Barber, Richard, *Henry Plantagenet* (Woodbridge: Boydell, 2001; orig.

1964)

Bradbury, Jim, *Philip Augustus: King of France 1180–1223* (London: Longman, 1998)

Castor, Helen, *She-Wolves: The Women Who Ruled England before Elizabeth* (London: Faber and Faber, 2010)

Chibnall, Marjorie, *The Empress Matilda: Queen Consort, Queen Mother and Lady of the English* (Oxford: Wiley-Blackwell, 1991)

Church, Stephen, *King John: England, Magna Carta and the Making of a Tyrant* (London: Macmillan, 2015)

David, Charles Wendell, *Robert Curthose, Duke of Normandy* (Cambridge, MA: Harvard University Press, 1920)

Given-Wilson, Chris and Alice Curteis, *The Royal Bastards of Medieval England* (London: Routledge and Kegan Paul, 1984)

Green, David, *Edward the Black Prince: Power in Medieval Europe* (Harlow: Longman, 2007)

Green, Judith A., *Henry I: King of England and Duke of Normandy* (Cambridge: Cambridge University Press, 2006)

Hanley, Catherine, *Louis: The French Prince Who Invaded England* (London: Yale University Press, 2016)

Hanley, Catherine, *Matilda: Empress, Queen, Warrior* (London: Yale University Press, 2019)

Hicks, Michael, *False Fleeting Perjur'd Clarence: George, Duke of Clarence, 1449–78* (Stroud: Alan Sutton, 1980)

Hicks, Michael, *The Prince in the Tower: The Short Life and Mysterious*

Disappearance of Edward V (Stroud: Tempus, 2007)

Horspool, David, *Richard III: A Ruler and His Reputation* (London: Bloomsbury, 2015)

Johnson, Lauren, *Shadow King: The Life and Death of Henry VI* (London: Head of Zeus, 2019)

Johnson, P. A., *Duke Richard of York 1411–1460* (Oxford: Clarendon, 1988)

Jones, Michael, *The Black Prince* (London: Head of Zeus, 2017)

LoPrete, Kimberley, *Adela of Blois: Countess and Lord (c. 1067–1137)* (Dublin: Four Courts Press, 2007)

Maurer, Helen, *Margaret of Anjou: Queenship and Power in Late Medieval England* (Woodbridge: Boydell, 2003)

Norton, Elizabeth, *England's Queens: The Biography* (Stroud: Amberley, 2012)

Pierce, Hazel, *Margaret Pole, Countess of Salisbury 1473–1541* (Cardiff: University of Wales Press, 2003)

Strickland, Matthew, *Henry the Young King* (London: Yale University Press, 2016)

Turner, Ralph V., *Eleanor of Aquitaine: Queen of France, Queen of England* (New Haven: Yale University Press, 2009)

综合作品

Barlow, Frank, *The Feudal Kingdom of England 1042–1216*, 5th rev.

ed. (Harlow: Longman, 1999; orig. 1955)

Bartlett, Robert, *England under the Norman and Angevin Kings, 1075–1225* (Oxford: Oxford University Press, 2000)

Bates, David and Curry, Anne (eds), *England and Normandy in the Middle Ages* (London: Hambledon, 1994)

Beeler, John, *Warfare in England, 1066–1189* (Ithaca: Cornell University Press, 1966)

Beem, Charles, *The Lioness Roared: The Problems of Female Rule in English History* (New York: Palgrave MacMillan, 2008)

Bradbury, Jim, *Stephen and Matilda: The Civil War of 1139–53* (Stroud: Sutton, 1996)

Bradbury, Jim, *The Routledge Companion to Medieval Warfare* (London: Routledge, 2004)

Brown, R. Allen, *The Normans and the Norman Conquest*, 2nd ed. (Woodbridge: Boydell, 1985; orig. 1969)

Carpenter, David, *The Struggle for Mastery: The Penguin History of Britain 1066–1284* (London: Penguin, 2004)

Chibnall, Marjorie, *Anglo-Norman England, 1066–1166* (Oxford: Blackwell 1986)

Clanchy, M. T., *England and its Rulers, 1066–1272* (London: Wiley Blackwell, 1983)

Duggan, Anne (ed.), *Queens and Queenship in Medieval Europe* (Woodbridge: Boydell, 1997)

Dyer, Christopher, *Everyday Life in Medieval England* (London:

Hambledon and London, 2000; orig. 1994)

Dyer, Christopher, *Making a Living in the Middle Ages: The People of Britain 850–1520* (New Haven and London: Yale University Press, 2009; orig. 2002)

Erler, Mary and Kowaleski, Maryanne (eds), *Women and Power in the Middle Ages* (Athens, GA: University of Georgia Press, 1988)

Gillingham, John, *The Wars of the Roses: Peace and Conflict in Fifteenth-Century England* (London: Phoenix Press, 1981)

Gillingham, John, *The Angevin Empire*, 2nd ed. (London: Bloomsbury, 2001)

Gillingham, John, *Conquests, Catastrophe and Recovery: Britain and Ireland 1066–1484* (London: Vintage, 2014)

Hicks, Michael, *Who's Who in Late Medieval England* (London: Shepheard-Walwyn, 1991)

Hicks, Michael, *The Wars of the Roses* (London: Yale University Press, 2010)

Jones, Dan, *The Plantagenets: The Kings Who Made England* (London: William Collins, 2013)

Jones, Dan, *The Hollow Crown: The Wars of the Roses and the Rise of the Tudors* (London: Faber and Faber, 2015)

Keen, Maurice, *England in the Later Middle Ages* (London: Methuen, 1973)

Lander, J. R., *The Wars of the Roses* (Stroud: Sutton, 1992)

Lewis, Katherine J., *Kingship and Masculinity in Late Medieval*

England (Oxford: Routledge, 2013)

Leyser, Henrietta, *Medieval Women: A Social History of Women in England 450–1500* (London: Weidenfeld & Nicolson, 1995)

McGlynn, Sean, *By Sword and Fire: Cruelty and Atrocity in Medieval Warfare* (London: Weidenfeld & Nicolson, 2008)

Morillo, Stephen, *Warfare under the Anglo-Norman Kings 1066–1135* (Woodbridge: Boydell, 1994)

Morris, Marc, *The Norman Conquest* (London: Hutchinson, 2012)

Orme, Nicholas, *From Childhood to Chivalry: The Education of the English Kings and Aristocracy 1066–1530* (London: Methuen, 1984)

Orme, Nicholas, *Medieval Children* (New Haven and London: Yale University Press, 2001)

Pollard, A. J., *Richard III and the Princes in the Tower* (Stroud: Sutton Publishing, 1991)

Pugh, T. B., *Henry V and the Southampton Plot* (Gloucester: Alan Sutton, 1988)

Saul, Nigel, *A Companion to Medieval England 1066–1485*, 3rd ed. (Stroud: Tempus, 2005; orig. 1983)

Tyerman, Christopher, *Who's Who in Early Medieval England* (London: Shepheard-Walwyn, 1996)

Wagner, John A., *Encyclopaedia of the Wars of the Roses* (Santa Barbara, CA: ABC-CLIO, 2001)

Warren, W. L., *The Governance of Anglo-Norman and Angevin England, 1086–1272* (Stanford: Stanford University Press, 1987)

图书在版编目(CIP)数据

失落的王冠：中世纪英格兰盛期的王位继承战 /（英）J.F.安德鲁斯著；张三天译. -- 上海：上海社会科学院出版社，2025. -- ISBN 978-7-5520-4414-0

Ⅰ. I712.84

中国国家版本馆 CIP 数据核字第 2024W0J313 号

Lost Heirs of the Medieval Crown: The Kings and Queens Who Never Were
Copyright © J F Andrews, 2019
Original English edition © 2019 published by Pen and Sword History, an imprint of Pen & Sword Books Ltd.
This simplified Chinese edition © 2024 published by Shanghai Academy of Social Sciences Press.
All Rights Reserved.
上海市版权局著作权合同登记号：09-2023-0411

失落的王冠：中世纪英格兰盛期的王位继承战

著　　者：[英] J.F.安德鲁斯
译　　者：张三天
责任编辑：曹艾达
封面设计：杨晨安
出版发行：上海社会科学院出版社
　　　　　上海顺昌路 622 号　邮编 200025
　　　　　电话总机 021-63315947　销售热线 021-53063735
　　　　　https://cbs.sass.org.cn　E-mail：sassp@sassp.cn
照　　排：南京理工出版信息技术有限公司
印　　刷：上海盛通时代印刷有限公司
开　　本：890 毫米×1240 毫米　1/32
印　　张：7.5
插　　页：12
字　　数：202 千
版　　次：2025 年 4 月第 1 版　2025 年 4 月第 1 次印刷

ISBN 978-7-5520-4414-0/I·537　　　　　　　　　　　　定价：68.00 元

版权所有　翻印必究